U1001403

乡村旅游公共服务市场化供给研究

王　莹著

浙江工商大學出版社
ZHEJIANG GONGSHANG UNIVERSITY PRESS

图书在版编目(CIP)数据

乡村旅游公共服务市场化供给研究 / 王莹著. 一杭州：浙江工商大学出版社，2016.5

ISBN 978-7-5178-1462-7

Ⅰ. ①乡… Ⅱ. ①王… Ⅲ. ①乡村一旅游服务一研究 Ⅳ. ①F590.63

中国版本图书馆 CIP 数据核字(2015)第 306097 号

乡村旅游公共服务市场化供给研究

王　莹著

责任编辑　郑　建
封面设计　林朦朦
责任校对　何小玲
责任印制　包建辉
出版发行　浙江工商大学出版社
(杭州市教工路 198 号　邮政编码 310012)
(E-mail:zjgsupress@163.com)
(网址:http://www.zjgsupress.com)
电话:0571-88904980,88831806(传真)
排　　版　杭州朝曦图文设计有限公司
印　　刷　绍兴虎彩激光材料科技有限公司
开　　本　710mm×1000mm　1/16
印　　张　14.5
字　　数　252 千
版 印 次　2016 年 5 月第 1 版　2016 年 5 月第 1 次印刷
书　　号　ISBN 978-7-5178-1462-7
定　　价　39.00 元

版权所有　翻印必究　印装差错　负责调换

浙江工商大学出版社营销部邮购电话　0571-88904970

前　言

由于城乡二元经济结构的存在，我国乡村社区公共服务历来是薄弱环节，而旅游公共服务配置近年来也较多地关注城市，因此，尽管 30 多年来我国乡村旅游发展取得了巨大的成绩，但乡村旅游公共服务短缺十分明显。随着乡村旅游社区化、全域化和旅游消费的散客化、常态化，旅游者对乡村旅游深度体验要求不断提高，乡村旅游公共服务需求日益增加，充足、便捷、多元的旅游公共服务成为乡村旅游可持续发展的重要前提与保障。

体制原因所导致的我国公共服务大多由政府供给的现状在旅游业中也不例外。这种单一的供给模式既给政府带来了较大的财政压力和管理挑战，又是导致政府在公共服务中管理缺位、供给错位且效率低下的主要原因。在乡村旅游公共服务中的具体表现为思想认识模糊、操作经验不足，实际供给总量不足、质量不高、结构失调、区域失衡，与旅游者的实际需求不匹配，等等。

新公共管理理论中的多中心治理理论存在构建起政府、市场、社会多中心供给公共服务的研究框架，在社区公共服务和旅游公共服务领域研究中均取得了一定的成果，进一步明确了在多中心供给中政府的职责。在该理论框架下，本研究认为乡村旅游公共服务的供给应采用多中心配置，特别是市场化配置，它对于把握市场需求、体现公平受益等具有更为积极的作用。

然而，市场化供给同样存在一定的风险，一些企业投机行为明显，利用政策漏洞谋取企业私利，公共服务供给短期行为依然突出，因此，本研究引入产业链概念及产业价值链理论，通过对基于乡村旅游产业链的市场化供给模式的有效性研究，试图寻找高效的市场化供给模式，为规避市场化供给的风险，实现公共服务的长效供给提供思路；通过对乡村旅游产业链上的相关企业的调研问卷，真实了解企业的供给意愿、影响其供给行为的因子及其差异特征，为政府政策的制定以及激励性规制出台提供参考，为政府职能转变提供参考建议。

Preface

Public service provision in rural community China has always been insufficient due to the dominance of dual economic structure. In addition, most provision of tourism public service in recent years targets city area. Therefore, despite the significant development of rural tourism in the last three decades, the insufficiency of public service provision for rural tourism has been apparent. With the communitization and regionalization of rural tourism, decentralization and normalization of tourism consumption, expeltations of tourists increase towards thorough rural tour experience, leading to increasingly urgent demand for public service provision for rural tourism. As a result, sufficient, convenient and diverse tourism public service will become foundation for sustainable development of rural tourism.

As determined by the domestic political system in China, most of the public services are provided by the government. The public service provision for tourism as a specific case is of no exception, the single-headed provision model of which burdens the government with financial pressure and managing challenges. Furthermore, this model of provision is the prime contributor to lack of management, and inappropriate and low efficiency of service provision. In rural tourism specifically, the government-dominant provision model has problems including lack of theoretical and practical experience of the provider, insufficiency of provision quantity and quality, unbalance of provision structure, inequality of provision's spatial distribution and mismstching provision unable to fulfill tourists'need.

The multi-center governance theory of New Public Management establishes the multi-centrer public service provision model comprised of government, market and society. The theory has accomplishment in both domains of community and tourism public service research, and clarifies the government's responsibility in multi-center provision paradigm. Based on the multi-center governance theory, this study proposes that public service provision for rural tourism should adopt the multi-center provision model and emphasize the role of market as one of the providers particularly, as it is sensitive to the market demand and could maintain the equality of provision well.

However, the market supply also has shortages. For instance, some enterprises act opportunistically, making use of policy loopholes to seek self interests by offering temporary public service and dropping out for long term provision. Therefore, this study introduces concept of industry chain and theory of industry value chain. By studying efficiency of market supply based on rural tourism industry chain, this study attempts to propose an efficient form of market supply which could potentially avoid shortages of this type of provision and realize long term public service provision. By conducting surveys aiming at enterprises in rural tourism industry chain and learning the enterprises'will of provision, factors influencing their provision behavior, and the enterprises'different sensitivities to the factors, this study aims to provide insight into government policy-making and incentive regulation-making, and recommend on transformation of government's function in service provision.

目　　录

第一章 导 言

第一节 乡村旅游公共服务市场化供给提出的背景

一、旅游公共服务是旅游发展的保障，得到各级政府高度重视

近年来，我国旅游业发展快速，根据国家旅游局发布的信息整理，2014年，国内旅游接待约36.11亿人次，同比增长10.67%，国内旅游总收入达到30312亿元，同比增长15.4%，拥有全球最大的国内旅游市场；入境旅游接待约1.285亿人次，虽然下降1%，但仍位居世界第四大入境旅游接待国，入境旅游收入为569亿美元，位居世界第三；出境旅游首次突破1亿人次大关，达到1.14亿人次，总消费1.2万亿人民币，已成为世界第一大出境旅游消费国。随着旅游大众化、散客化趋势的日益明显，旅游者对旅游公共服务的需求快速增加，旅游公共服务的品质受到高度关注。

旅游公共服务是旅游发展的保障，也是社会进步与发展的体现。为了适应旅游发展新的趋势，各级政府不断加强和完善旅游公共服务的建设。2009年12月国务院出台的《关于加快发展旅游业的意见》(国发〔2009〕41号)中，明确提出“把旅游业培育成为国民经济的战略性支柱产业和人民群众更加满意的现代服务业”的新要求，并提出要加快对旅游公共服务的建设，加大对旅游公共服务的支持力度等；为了提高我国旅游公共服务发展的系统性、科学性与前瞻性，2011年底，国家旅游局出台了《中国旅游公共服务“十二五”专项规划》，成为我国旅游公共服务发展史上一个重要的里程碑；为全面提升我国旅游公共服务的质量和水平，2012年6月，国家旅游局又出台了《关于进一步做好旅游公共服务工作的意见》；2014年7月2日召开的国务院常务会议，进一步确定促进旅游业改革发展的政策措施，提

出“优化旅游发展软硬环境，加大对旅游基础设施、公共服务和人才培养等的投入”。更为重要的是，2014 年 11 月，中央七部委联合出台《关于实施乡村旅游富民工程推进旅游扶贫工作的通知》(发改社会〔2014〕2344 号)，再一次将乡村旅游发展推到一个新的高度，在提出的五大重点任务中大多与乡村旅游公共服务相关，其中“加强基础设施建设，改善重点村旅游接待条件”成为重中之重，可见，乡村旅游公共服务体系建设已引起政府的高度重视，成为发挥乡村旅游富民作用的关键。2015 年 1 月，国家旅游局在对未来三年工作部署中，进一步强调了“发动全国旅游厕所建设管理大行动，加强旅游公共服务体系建设”。2015 年 9 月，农业部发布《关于积极开发农业多种功能，大力促进休闲农业发展的通知》，其中明确了人员素质提升、设施改善、规范管理和品牌培育等相关任务。

旅游城市对旅游公共服务体系建设进行了有效的实践与探索。杭州市是城市旅游公共服务实践的先行者，在倡导从景点旅游向目的地旅游转变的过程中，始终将公共服务体系建设放在重要的位置。在 2003 年，杭州市便设立首个旅游咨询点，以整合和盘活旅游城市旅游公共服务资源、促进杭州市旅游营销；2007 年，杭州专门设立杭州市旅游目的地管理工作小组，使旅游公共服务体系的建设、运营、管理等落到实处；2008 年，杭州在全国率先运行免费公共自行车租赁系统，实行慢交通与公共交通的无缝对接。[1]解决了到景区最后 1 公里的问题。其他城市，如厦门市在 2007 年出台了《厦门市旅游公共服务体系建设规划纲要》，这是我国第一个关于城市旅游公共服务体系建设的纲要；2009 年，桂林成立了旅游公共服务管理处，成为我国最先对旅游公共服务管理体制进行建设的城市；2010 年，为配合世博会的召开，上海市旅游事业管理委员会就“建立世博旅游公共服务体系”进行探索；等等。“十二五”旅游规划与发展中，各级政府普遍将旅游公共服务设施建设与服务完善作为重要的内容，如 2012 年，山东省编制《城市旅游公共服务设施规划建设标准》，“好客山东旅游公共服务网”上线，完善旅游中心咨询点建设；2015 年浙江省制定旅游厕所三年行动计划，对通景公路、标志标识、停车场、房车露营地、高速公路服务区等旅游设施整体改造。这些变化都清晰地表明旅游公共服务在政府职能中的地位得到不断强化。

二、乡村旅游得到普及与发展，乡村旅游公共服务需求日益增加

乡村旅游是以乡村社区为活动场所，以乡村独特的生产形态、生活风情和田园风光为对象系统的一种旅游类型。[2]进入21世纪，我国的乡村旅游开始快速发展。据国家旅游局发布的数据，截止2014年底，全国共有农家乐190万家，乡村旅游特色村达10万个，全年接待游客达12亿人次，约占国内旅游接待总量的1/3，全年经营总收入达3200亿元，同比增长15%，受益农民超过3300万家，基本形成了依托城市、围绕名胜、展示山水、经营农事、特色农耕文明与现代文明融合发展的格局。同时，旅游投资加速向覆盖面更广的农村地区延伸，2014年全国乡村旅游实际完成投资1634亿元，同比增长69%，增速为历年最高，投资内容从单一产品建设向特色乡村民宿、乡村度假酒店、历史文化村落、养生休闲山庄、旅游风情小镇等多类型、多业态乡村度假产品拓展。

但是，与产业规模迅速扩大、乡村旅游需求持续旺盛之势不相适应的是，乡村旅游仍然存在组织化程度不高、服务规范性不足、低端竞争现象普遍等问题。其根源之一，与当前乡村旅游公共服务供给短缺有着直接的关系。如对于旅游者，若缺少信息、安全等公共服务，就会增加乡村旅游的安全隐患，特别当一些灾害信息不能及时送达，遭到险情不能及时得到救助时，旅游者的生命安全就会受到极大的威胁；而对于经营者，若市场信息服务、社区品牌塑造与营销推广、游客集散中心等公共配套服务不足，一些经营者，特别是以农家乐为主的微型企业由于缺少支持经营活动的公共服务，就会选择投入少、见效快的经营方式，即简单模仿，导致短期行为十分明显。可见，随着乡村旅游的社区化、常态化、散客化，乡村旅游公共服务的需求也日益增加，目前乡村旅游公共服务的供给不足已成为阻碍乡村旅游可持续发展的重大障碍。

三、政府为主体的单一供给模式弊端突出，市场化供给是重要途径

至于乡村旅游公共服务供给现状，客观来讲，近年来，政府重视程度不断加深，财政支持力度不断加大，项目的推进速度也得到不断提升。但是，随着乡村经济社会的发展、乡村旅游转型提升以及乡村旅游需求的日益多样化，乡村旅游公共服务面临的挑战越来越大，政府很难应付诸多繁杂的社会性事务。当前以政府为主导的单一模式暴露出来的问题也日益增多，如对乡村旅游公共服务内涵属性、公众诉求、供需特征等认识不足，供求错位、结构失衡、效率低下等，具体来说：总量上供给不足，即公共服务产品的

种类和数量无法满足乡村旅游者、经营者、社区居民对其多元化需求，在空间上则表现为示范村优先供给、过度供给，其他村供给不足甚至短缺；缺乏创新意识与竞争压力、公共服务供给效率低下；乡村旅游公共服务需求的真实信息滞后，受益群体对乡村旅游公共服务的需求不能及时得到满足。

市场化供给能更好地把握公共服务的需求特征，针对性、选择性、灵活性、竞争性和专业性均强则能节省成本、提高效率、提升旅游者的满意度，且容易促进民众的广泛参与，在乡村旅游公共服务供给中应发挥其积极作用。但由于政府在市场化供给管理中缺乏有效的引导、激励与监管，一些企业为片面追求政府红利，导致短期行为明显、缺乏持久的公共责任、与社区利益矛盾加剧等问题的产生。因此，对市场化供给的研究，不仅只是解决当前乡村旅游公共服务的短缺问题，更需要研究与选择合理的市场化供给模式与路径，这样才能建构起乡村旅游公共服务供给的长效机制。

第二节　乡村旅游公共服务市场化供给研究的意义

乡村旅游公共服务配置水平低下成为其转型升级的巨大阻力，各级政府虽然重视但在实际操作中困难重重。本研究基于产业价值链的视角，试图从利益角度讨论乡村旅游产业链各环节企业的公共责任，构建利益为纽带的公共服务供给的长效机制，丰富和深化公共服务市场化供给模式研究。

一、深化产业特色公共服务市场化供给模式的研究，为乡村旅游公共服务体系建设提供理论指导

不同经济特征的乡村社区在公共服务需求上存在差异性，本研究以当前最活跃的乡村旅游社区为对象，在探求乡村旅游公共服务供需特征的基础上，引入产业价值链理论，以利益为纽带，揭示产业链各节点企业参与乡村旅游公共服务供给的可行性与内在动因、障碍因素与激励需求，为公共服务市场化供给模式研究提供新的视角。

二、解决乡村社区公共服务供给短缺问题，推进乡村旅游升级与城乡统筹发展

利益嵌入下的市场化供给模式研究，就是要充分调动企业的积极性，

更好地激励与引导市场化供给，克服短期行为，维护公平性，提高供给数量，提升服务效率。站在区域发展角度，乡村旅游已经成为能把城市消费直接带入乡村区域，进而通过旅游业的辐射和拉动作用提升乡村综合经济发展能力，并同时促进城乡文化和社会领域全方位互动的一个优势产业。[3]通过配套完善乡村旅游公共服务，实现与社区居民的共享，既能缓解长期以来乡村社区公共服务供给不足问题，又能充分体现旅游的综合推动效应，化解社会矛盾，促进城乡统筹发展。

三、促进乡村旅游包容性发展，助于政府在乡村旅游公共服务中履行职责

开发乡村旅游的重要目的之一是要让更多的农村居民享受到发展的红利，但伴随着乡村旅游的发展，各种新的利益矛盾也由此产生，如“飞地化”开发、社区利益边缘化、“新穷人”问题等。基于乡村旅游产业价值链的乡村旅游公共服务供给模式研究，一方面有助于各环节企业正确认识自身价值以及与乡村旅游的共生关系，使各类企业更好地意识到自身的社会责任，自觉调整利益需求，自愿提供公共服务；另一方面，这也是一种利益调节机制，可以更好地对强势企业进行利益约束，对处于弱势地位的农民进行利益补偿，通过利益均衡保障社会公平；对于政府，则有助于厘清政府与社会的关系，从全能型政府变为服务型政府，通过激励机制研究，明确和强化政府在乡村旅游公共服务供给中的宏观调控、监督管理职责，并为服务型政府提供工作抓手。

第三节 乡村旅游公共服务研究现状

一、旅游公共服务体系研究综述

(一)国外文献综述

文献梳理发现，国外的公共服务研究起步较早，理论成果丰富，但涉及旅游公共服务，包括乡村旅游公共服务的研究大多散落于相关公共服务文献之中，系统性成果较少，一些学者多从交通、信息、教育和安全等公共设

施和公共服务角度来探索与旅游发展之间的关系。在交通方面，论证公共交通是休闲旅游发展的关键因素、交通运输体系建设在旅游目的地建设发展中的角色、交通基础设施建设与旅游发展的关系、公共交通满意度研究等等；[4]—[7]随着低碳环保理念的提出，旅游自行车交通受到关注，研究内容涉及自行车的旅游线路设计、车道建设及其对旅游发展的影响方面等。[8]如有学者以华沙为例，进行自行车租赁系统创新以促进旅游发展的相关研究。[9]在信息技术方面，主要涉及信息技术进步对旅游发展影响，信息通信技术提供了大量的信息搜索工具，丰富了旅游者的知识储备，极大的改善了整个旅游过程；[10]同时，信息技术改变旅游者获取信息及旅游产品方式的深层原因也不断受到关注，研究发现网络所蕴含的大数据、强大的搜索引擎、社交媒体的快速发展，以及移动计算机技术，如智能机、APP 等的技术创新是信息技术影响旅游发展的内在动力；[11]—[14]学者们根据网络技术在旅游中应用的发展趋势，提出互联网技术已成为旅游行程中获取信息的第一来源，而新型在线交流方式的出现在改变旅游者出游行为的同时，为旅游者进行旅游决策提供了充分的信息支持。[15]在旅游安全方面，则重点在于旅游、旅行安全的管理与监控等内容，如赫吉以美国国家公园为研究对象，发现与旅游灾祸关系更密切的是寻常性事件，如车祸、自杀、爬山远足等而非野生动物的攻击，基于此结论，赫吉提出发展预防性策略并进行持续监控和分析以应对旅游安全问题[16]；也有学者基于旅游安全影响旅游者出游意愿这一事实，研究影响旅游安全的四大因素，包括战争与政治因素、健康因素、犯罪因素和暴力因素，并且以马拉西亚布城为案例地，评估安全城市计划的有效性，分析计划中的犯罪预防措施对保证旅游安全水平的实际效果。[17]—[19]在教育培训方面，涉及公共服务部门应当承担责任，引导旅游从业人员提高其服务素质与技能，从而带动旅游目的地整体服务水平的提升，[20]而在现代化社会中，高效的信息技术对旅游发展起着决定性作用，因而旅游的教育培训更多的与信息技术相关，目标在于培养有知识、懂技术的新型从业者。[21]实践中，欧美等发展国家的政府非常重视公共服务对旅游发展的支持，[22]公共服务内容广泛且现代化程度高，客观上形成了较为完善的旅游公共服务体系。[23]

（二）国内文献综述

在我国，由于旅游产业地位的特殊性，旅游公共服务也得到各界重视。作为专门术语，旅游公共服务的概念始于 2006 年中央提出的建设服务型政府理念。2007 年，刘小军首次较系统地界定旅游公共服务内涵，将其划分为基础性旅游公共服务、市场性旅游公共服务、管理性旅游公共服务三大类型[24]；在国家旅游局制定的《中国旅游公共服务“十二五”专项规划》中，进一步明确旅游公共服务概念与主要类型，即是指政府和其他社会组织、经济组织为满足海内外旅游者的公共需求而提供的基础性、公益性的旅游公共产品与服务，主要包括旅游公共信息服务、旅游安全保障、旅游交通便捷服务、旅游惠民便民服务、旅游行政服务等内容体系[25]。

对旅游公共服务体系的研究也迅速成为学术热点，成果可归纳为两大方面。

1.旅游公共服务体系研究

这类研究视角多样，成果颇丰，有从系统、问题导向、供需主体等角度，也有从服务接触、政府职责、游客满意度、质量评价等角度进行研究。

站在系统角度研究旅游公共服务体系的基本内涵和框架，不仅涉及公共服务的基本内容，还涉及其供给模式、运作体系。特别是随着从景点旅游到目的地旅游的转变，目的地旅游公共服务建设得到极大重视，加强和完善目的地旅游公共服务已成为一项迫切的任务，许多学者将目光转向以城市为主的旅游目的地体系建设的研究。如有学者提出探索目的地旅游公共服务体系，应当充分把握旅游公共服务体系的“公共”属性，体现公益共享理念，强调政府主导和投入，以企业参与、市场化运作为补充[26]；要在全面系统、游客为本和需求导向、统筹规划、分类建设、有限政府等原则指导下构建旅游公共服务体系，完善其系统内的各要素[27]；认为城市旅游公共服务体系是由支撑系统、需求系统、供给系统和媒介系统构成的有机整体，并要在技术环境、经济环境和制度环境的支持和保证下进行有效运作。[28]

问题导向研究则主要通过对当前我国旅游公共服务体系建设存在问题进行分析，针对性地提出了公共服务体系建设的意见建议。针对现阶段旅游公共服务受益群体小、不具备共享性，公共服务体系建设的经济利益导向性明显，以及公共服务职能错位、薄弱等问题，有学者提出要通过完善公共服务体系，包括明确目标、规范范围以及探索公共服务社会化途径等方式加以解决[29]；针对当前城市旅游公共服务体系存在的问题，包括基础设施和接待配套设施相对落后，缺乏准确使用的有效信息，旅游安全保障乏力，旅游安全法律保障薄弱，则提出构建城市旅游公共服务体系的相应对策，如丰富旅游公共信息、建设旅游标识系统、完善旅游基础设施、健全旅游交通方式、培育安全救援机制、倡导义工志愿服务以及加强行业监督管理等[30]。在当前我国旅游公共服务紧缺的背景下，供需问题研究，特别是供给模式研究是学术界的热点，研究内容涉及旅游公共服务供需内容构成、供给与需求的主体、旅游公共服务的供给模式等问题（参见第二部分内容）。

需求是旅游公共服务研究不变的出发点，通过多维度研究，采用定性与定量相结合方法，使得这类研究成果得到不断丰富。如有学者以服务接触为新视角，以整个旅游活动的全程性旅游公共服务体系构建为目标，提出通过对服务接触点、服务接触链、服务接触情境三大核心要素的整合优化，以建立高质量、多功能的旅游公共服务枢纽[31]。较多的成果是从游客满意度视角出发进行的研究，主要成果可分为两大类，一类是研究旅游公共服务以及游客满意度问题，另一类则是研究旅游公共服务对旅游满意度的影响问题。对于前者，有学者系统研究城市旅游公共服务体系的构建和质量评价，通过分析城市旅游公共服务体系的影响因素，包括旅游公共服务需求、旅游地经济发展水平、旅游产业结构、旅游公共服务性质等，在统筹考虑城市旅游公共服务的供给主体及模式的基础上，对现有的城市旅游公共服务体系进行质量评价，促进其找出差距，不断改善[32]；一些学者采用结构模型等定量分析的方法，诊断旅游公共服务体系现存的问题，如旅游公共服务供需矛盾，供需错位等，并提出相应的改善对策，如调整旅游公共服务供给模式，实现多中心供给等[33][34]。对于后者，大多从旅游公共服务体系建设与游客对旅游目的地的满意度存在的关系入手进行研究，如有以桂林市为例，发现旅游公共服务系统的游客感知评价会影响其旅游满意度，其中旅游接待服务系统起着重要的中介作用[35]；同时研究还发现，旅游安全救助系统对游客满意度往往产生正面的显著作用[36]；而对黄山景区的实证研究表明满意度与景区形象和感知价值直接相关，提出供给方应加强旅游网站等信息渠道的建设[37]；在入境旅游市场中，旅游公共服务日显重要，通过研究入境游客对中国旅游服务质量的评价，发现游客对公共服务的感知偏低，旅游公共服务质量不高已经成为制约入境旅游发展的主要因素[38]。

由于旅游公共服务是一个较新的领域，其理论体系不够成熟，相关文献研究成果也较为有限，因此，在旅游公共服务体系研究中难免存在一些学术争议，如多中心治理理论、新公共服务理论等一些国外理论是否适合旅游公共服务的范畴等，有学者提出首先要认知旅游公共服务问题的基本框架，分析旅游公共服务的需要性，明确旅游公共服务的属性、边界和内容[39]。

2.单项旅游公共服务的实证研究

此类研究是结合旅游公共服务体系建设的实际,对某一类旅游公共服务体系建设或围绕服务某一事件的旅游公共服务体系建设进行系统研究。

安全是旅游业发展的基础,在我国旅游安全保障公共服务研究中,或从旅游者角度,探讨针对旅游者安全的公共服务体系的构建原则、基本结构和保障机制,并从事前、事中和事后三方面建设安全保障体系,内容包括基础性的法律法规、预警控制系统、应急救援服务、旅游保险等内容[40][41];或从不同的旅游类型入手,分析旅游安全的主要特征和表现形态,如在以海南省为例的休闲农业旅游中,其安全隐患主要为交通事故、饮食安全、疾病或人身伤害,而森林公园旅游安全则集中表现为犯罪类、火灾类、意外事故类及失踪迷路类[42][43];也有利用不同的理论模型对旅游安全进行评价,如在突变理论支撑下,旅游安全系统所包括的核心安全、辅助安全和保证安全三个子系统属于燕尾突变系统,又因三个子系统受体之间的关联作用,可归纳为互补燕尾突变系统,在此基础上对旅游安全体系进行评价并提出相应的改善措施[44];而熵权 TOPSIS 综合评价法则侧重于旅游安全预警评价指标的权重确定、重要性排序,并对安全状况进行客观分析,以此作为完善安全体系的基础[45]。

信息是旅游发展的翅膀,在当前网络技术发展、智慧旅游受到普遍重视的背景下,旅游信息公共服务研究成果丰硕。有的学者通过对厦门市的个案研究,从服务过程、服务内容两方面建立并充实了城市旅游公共信息服务系统的理论框架,提倡完善服务过程中引导信息、通道信息的建设,构建集旅游咨询服务、旅游解说服务、旅游网络信息服务及旅游公共信息管理于一体的旅游公共信息服务系统[46];也有以智慧城市为切入视角,结合顶层设计和底层建设,围绕智能化旅游公共信息服务平台及其供给模式进行研究,提出从战略体系维度、社会活动体系维度、经济活动体系维度、技术支撑体系维度和空间体系维度,构建 SSETS 五维架构,打造智能化旅游公共信息服务平台,实现多利益主体的价值供给创新和复合运营的商业经营模式创新[47];有学者基于市场需求考虑,以用户为导向,提出要构建旅游公共信息软硬件服务,适时适地地提供满足游客安全便利的知性与感性信息[48];在网络技术及信息平台建设方面,提出依托大数据实现旅游信息的实时整合,利用移动终端、APP 随时获取旅游资源信息,在智慧旅游背景下提升旅游公共信息服务,完善旅游公共信息服务网站建设,采用单独建设、融合建设方式,连接内容相关网站,实现游客和旅游企业信息共享,进而提高整个旅游服务质量[49][50][51];针对城市公共信息服务平台的建设,提出其方向及重点应在于以现有信息服务平台调研为基础、促进城市综合信息服务的科学整合，定位服务内容、完善城市公共信息服务平台，针对现代数字化应用现状、确定城市公共信息服务平台的信息通路，借鉴多城市公共信息服务平台经验、提供城市公共信息服务平台水平的建议[52]。

交通是旅游业发展的纽带，也是构成旅游活动中时间消费、费用消费的主要因素。旅游公共交通服务体系完善与否与旅游地可进入性、舒适性、便捷性有密切的关系。从内容看，既有研究公共基础交通与旅游业的关系，也有围绕旅游集散中心、旅游地公共停车场、自驾营地等旅游公共交通服务体系建设进行研究的，且都涉及公共设施建设以及运营管理两大方面。近年来，我国高速铁路、高速公路发展迅速，对旅游产生极大的影响，高速铁路的时空压缩优势有效地提高了节点城市的可达性，扩大了客源范围，对旅游市场规模、结构和整体旅游经济产生一定的影响[53]；高铁营业里程和客运量的增长对城市旅游接待人次和旅游收入的增长具有明显的促进作用，其带来的人流、物流聚集效应，为城市旅游产业结构的优化提供了内生动力，从而优化旅游节点的空间结构，形成高铁旅游圈[54]；随着高速公路在节假日的免费通行，对高速公路免费政策的感知与支持度及其出游行为的关系受到学者的重视，有学者以苏州市为例，对此进行专门研究，表明高速公路免费会降低出游质量，从而影响人们对高速公路免费政策的支持度；同时高速公路的公共能力不足也限制了居民的出游行为[55]。在旅游公共交通体系研究中，有涉及具体内容的，如以天津站交通枢纽为对象，研究如何更好发挥旅游集散中心作用，分析目前存在的主要问题即为尚未站在旅游发展的高度，针对游客人群提供有针对性的服务，指出要进一步完善面向游客的旅游公共服务体系各要素配置，并提出了相应的改善措施[56]；也有从规划建设的角度研究旅游公共交通服务的供给模式，如在分析旅游公共交通系统的发展需求基础上，将以公共交通为导向的发展(Transit Oriented Development，TOD)理念引入旅游公共交通系统规划，以支持旅游区用地布局和旅游业发展，并提高旅游区公共交通系统出行的便捷性、舒适性和满意度[57]。

惠民是旅游发展包容性的体现，也是旅游发展的终极目标。涉及惠民服务的研究十分广泛，主要分为两大方面：一是旅游与惠民之间的关系研究，包括站在旅游惠民意义作用角度，强调要充分利用旅游的经济拉动作用，带动民生发展，通过让旅游普及大众、提高旅游体验质量、扩大旅游就业空间、推进旅游扶贫工作和保障当地居民权益等措施有效改善民生[58]；站在开发模式转变角度，提出要重新审视民族地区旅游资源开发中重市场、轻民生的不足，探讨了民族地区全面重构政府、企业和社区融合参与的惠民型旅游资源开发系统模式[59]；对惠民性评价进行有意义的探索，专门构建了旅游业民生效应评价指标体系，内容涉及旅游业发展所带来的收入提升、就业提升、福利保障、文化教育、健康医疗、居住交通、社会安全和环境改善八个方面[60]。二是惠民服务体系建设，包括宏观政策类研究，其中较为关注的是国民休假制度，强调要落实人们的基本休假权，并对休假制度的改革创新、旅游公益性设施的建设完善等提出建议；惠民服务措施类研究，如通过借鉴日本城市旅游迎宾卡、区域联合型旅游设施优惠、折扣优惠等旅游优惠服务的做法，对广州市的旅游惠民性服务提出逐步实施旅游优惠服务、推行区域旅游联合、提供一日旅游乘车优惠券等优惠措施[61]；惠民设施建设类研究，如提出政府财政在部分公共休闲设施的建设中必须有所作为，进行大胆投入[62]；在惠民服务供给实践中，各地进行积极的尝试，如宁波市发放万张免费门票，通过旅游进社区、旅游下乡等活动，为百姓提供便捷的旅游服务[63]，湖州市专门推出《湖州旅游惠民工程实施方案》，实施旅游景区惠民服务、旅游交通惠民服务、旅游服务惠民服务、旅游设施惠民服务以及旅游就业惠民服务五大工程，以构筑旅游惠民长效机制[64]。

此外，也有一些围绕公共大事件的旅游公共服务体系建设研究的成果，针对性明显、可操作性强。如以十六届广州亚运会为实例，分析了游客对大型节事活动旅游公共服务的评价，根据游客的满意度、重要性认知，建议节事活动旅游公共服务从安全救助、信息服务、旅游环境、公共交通、综合管理和便利服务方面进行构建和完善[65]；在上海世博会期间，为更好的保证世博会的顺利进行，对所需要的公共服务设施的类型、规模和布局进行研究，如在整体旅游公共安全方面，提出组建上海世博会安保机构及构建安保警务模式，建设现代化的指挥中心及监控检测中心，并强化情报系统的建设，建构全方位、立体化的防范体系[66]。

在旅游公共服务旅游志愿者服务体系方面，研究认为目前存在的主要问题是社会层面的研究资源匮乏、社会重视程度不够、保障机制不健全，组织层面的管理体系不完善、评价激励机制缺乏、培训机制滞后，以及活动层面的服务内容单一、供需脱节，根据这些现存的问题，针对性地提出旅游志愿者服务体系的保障措施[67]。

二、旅游公共服务多元化和市场化供给

(一)多元化供给

多中心一词最早出现于迈克尔博兰尼(Michael Polanyi)1951年《自由的逻辑》一书[68],奥斯特罗姆(Ostrom)对该理论的创建起到积极作用,她强调公共物品具有多元化的供给结构,供给者包括政府、公共部门、私人部门、社区组织等,从而形成多元竞争的局面[69]。目前从全球范围看,政府直接干预旅游业的情况已趋于减少,公私合作蔚然成风[70]。随着我国旅游公共服务需求日益多样,多元化供给受到关注。引入多元化供给基本理论,结合我国旅游发展的实际,学术界对旅游公共服务多元化供给的研究内容既涉及理论与方式、具体模式与路径,也包括政府职能与监管等。

1.旅游公共服务多元化供给研究

完善旅游公共服务要强调三个融合,即旅游公共服务与社会公共服务相融合、旅游软件公共服务与旅游硬件公共服务相融合、旅游公共服务供给的市场与非市场相融合,以充分发挥旅游产业的综合功能,实现旅游公共服务资源的优化配置。在多中心治理视角下,要分析旅游公共服务多元化供给的理论依据,建立旅游公共服务多元化供给模式的理论分析框架,即要根据政府、市场和社会的不同角色和优势,构建政府、市场和社会三维供给框架,采用或是独立提供、或是合作提供等方式,创建多元化的旅游公共服务供给模式,同时,要厘清旅游公共服务供给主体职责,要从政府职能转变角度,研究旅游公共服务多元化供给中政府职能定位与模式选择,完善监督机制,建立绩效评估机制,优化多元化供给、协作互补的服务模式[71—75]。

针对某类旅游公共服务设施、跨行政区的旅游公共服务供给等研究。如旅游基础设施建设投资主体要多元化,要采用多种类型的融资方式,实现政府、企业、社会组织等之间的合作,充分发挥社会资本在旅游基础设施建设中的积极作用[76]。又如提出必须突破单一行政区或单项旅游公共服务层面以及单一提供主体等角度,而通过多维度包括时空——功能角度、提供主体角度、受益范围角度,解析一体化的旅游公共服务,建立以政府为主导,企业(市场)参与,综合有效制衡的旅游公共服务协调机制[77]。

用比较研究、路径依赖等方法思路,进一步阐述多中心供给问题。如在综述旅游公共服务供给的内容、供给的主体以及供给的方式等基础上,

对比分析旅游公共服务存在的相关供给模式，对政府主导型运营模式、市场主体型运营模式和社会志愿型运营模式进行利弊权衡后，提出建立伙伴式运营模式的供给体系，以公共利益为核心，有效整合国家和社会资源，形成互利、互补和互依的伙伴网络关系[78]。从我国旅游公共服务供给制度变迁所存在的路径依赖，即经济价值导向下旅游公共服务区域化、盈利化，政府主导战略下旅游公共服务供给过度、寻租设租行为等出发，对如何实现旅游公共服务的有效供给给出了相关建议，强调转变政府职能，实行有限政府主导模式，创建旅游公共服务供给政策保障体系[79]。

2. 实证研究

结合境内外旅游公共服务实践，通过经验总结与借鉴，提出多元化供给的思路与对策。如借鉴我国台湾地区旅游公共服务建设的经验，通过研究其特色的旅游公共服务的运作模式和管理机制，包括旅游公共服务的政府主导体系，供给的社会参与体系，“政府——社会”协同供给模式，对大陆旅游公共服务体系建设提出新的思路，即要从转变政府职能、完善相关机制、强化社会参与、引进科技手段等多重视角推进旅游公共服务体系的建设[80]；通过对广州市的旅游公共服务供给现状和存在的问题的分析，总结出旅游公共服务投入不足、供给有限，供需不对称，政府部门间合作不够是问题主要根源，最后提出了提升广州市旅游公共服务供给的措施，着重转变政府职能，创新决策机制，加强旅游公共服务的专项规划研究[81]；通过对安徽省的实证研究，得出其旅游公共服务存在的问题主要是内容单一，效率低下，供给导向偏离，服务体系不完整，供需不平衡等，提出需要通过完善旅游公共服务供给主体，扩大资金渠道，保障市场机制，完善监管机制等方面，促进供给的改善[82]。

(二)市场化供给

“市场化”的概念是美国管理学家德鲁克于 1969 年首先提出，20 世纪 80 年代，在新公共管理理论的指导下，西方国家大力推进公共服务市场化改革，围绕这一改革在学术界对引入竞争机制、市场化模式和政府职责开展大量的理论研究与探索，美国学者 E. S. 萨瓦斯在著作《民营化与公私部门的伙伴关系》(2002，中文版)中系统阐述市场化的内涵，对在公共服务中引入竞争机制的理论、技术和具体方式进行了系统地阐述，并重新审视政府的角色[83]；盖伊·彼得斯在《政府未来的治理模式》中，把公共服务市场化作为一种新的公共治理模式[84]；唐纳德·凯特尔在其著作《权利共享：公共治理与私人市场》中则从客观、中立与实证的角度，分析了不同时期的美国政府对不同公共产品或服务采用合同外包这种竞争机制后，在合同执行、管理过程中面临的不同问题、产生的不同效果[85]。

市场化概念引入我国始于20世纪90年代，在旅游领域的研究成果主要集中在市场化意义与模式探讨、政府职责转变等方面。

国家和政府应积极地推进旅游公共服务供给的市场化改革，从法律层面上保障旅游公共服务，健全旅游法制体系，正确选择监管模式，建立强效问责机制，构建多层次、多主体参与的现代监管体系，不断鼓励各种经济主体参与公共服务的建设[86]。

对旅游公共服务市场化内涵进行全面界定，认为政府提供公共服务过程中应积极引入市场竞争机制，以克服垄断经营固有的弊端，分析政府在旅游公共服务市场化中的作用，提出市场主导型旅游公共服务供给模式，即主要包括市场完全供给模式（M—M）和政府补贴下的供给模式（M—G），并指出政府旅游主管部门可以通过授权、特许经营等方式，让相关旅游企业对旅游公共服务进行供给，而政府部门对其加以监督，以维护旅游经济和旅游市场秩序的稳定。对旅游公共服务市场化供给的动力与可行性、条件与效率以及机制安排进行了深入的探讨，旅游公共服务市场供给以经济发展观为理论基础，以民间资本投资为经济基础，以市场效率优势为根本动力，以旅游政策环境为制度条件，通过技术进步、制度创新，实现旅游公共服务的提供和生产分离，建立市场化的旅游公共服务供给机制[87][88][89]。

在旅游公共服务决策、供给和评估三方面引入市场机制的基础上，分析旅游公共服务市场化中的政府作为，是旅游公共服务供给者和公共服务制度保障者职能行使方式在市场化过程中发生的改变，更多的受竞争机制的影响[90]。考虑到市场运作的利益导向性，政府应当为消费者提供信息及其他必要的支持，以保障游客的权益和安全。

三、乡村旅游公共服务研究

针对乡村旅游公共服务体系建设展开的研究，其成果当前较为零星与分散，多见于乡村旅游规划相关文件或设计中，学术上的研究成果亦十分有限，主要有：单新萍、魏小安（2008）认为乡村旅游本身是一种新型的公共产品，其发展具有公共属性，迫切需要政府对其加大支持的力度，并分析了乡村旅游发展的公共属性、政府责任与财政支持，提出公共财政支持应重视对乡村旅游公共服务产品的供给[91]。黄秀娟（2009）对乡村旅游公共物品和服务进行了探讨,这是国内学者首次对乡村旅游公共服务进行的较为直接的研究。她认为乡村旅游公共服务的主要类型包括旅游规划的编制和实施、旅游基础设施建设、旅游环境整治、旅游教育培训、信息化建设与营销以及公共资源的开发与保护,并利用博弈理论,对乡村旅游公共物品和服务供给进行了经济学分析,提出乡村旅游公共物品和服务供给与受益人数及经营者收入水平的相关性[92]。宋娜、郝颜革(2009)就休闲农业公共服务体系的创新动力进行了探讨[93]。徐晓娜(2010)分析了休闲农业公共服务体系存在的主要问题和路径选择[94]。郭焕成、韩非(2010)探讨了就交通、饮食、住宿及卫生环境等方面如何完善乡村旅游公共基础设施条件[95]。黄璜(2011)在探讨浙江省发展乡村旅游的经验与启示中提到要加快乡村旅游基础设施建设,保护乡村自然生态环境,提升乡村公共服务水平[96]。宋秋姝、王杜春(2011)在发展北京市乡村旅游的建议中提出要构建乡村旅游公共服务体系以及完善基础服务设施等等[97]。李俊梅(2012)从第三部门入手,研究志愿机制下的乡村旅游地公共服务供给,倡导政府就法制建设、监督管理和积极引导方面保障第三部门的乡村旅游公共服务供给,要求企业为第三部门供给提供完善的商业服务、资金支持,同时第三部门自身通过自我发展和自身建设以实现乡村旅游地公共服务的供给[98]。陈香兰等(2012)就乡村旅游卫生方面进行了探讨,针对乡村旅游开发、建设和经营活动所带来的生态破坏、环境污染问题,提倡分别从乡村旅游监管机制、乡村旅游环境保护宣传教育机制、乡村旅游环境市场保护机制、生态环境补偿机制、环境保护奖惩机制、景区环境预警机制等方面建设乡村旅游环保机制[99]。王莹、秦勤(2013)研究了目前乡村旅游的供需现状,通过个案分析,指出主要存在的问题有乡村旅游公共服务供需矛盾突出,结构性偏差显著,短期行为明显。建议实现乡村旅游公共服务多元化供给,完善表达机制并建立乡村旅游长效机制[100]。刘云刚、罗启亮(2014)则从增强旅游规划出发,着重分析了绿道建设与乡村旅游之间的关系。就经济效益看,绿道建设能促进农民就业、增收,激活农村集体经济;在社会效益方面,绿道建设能进一步提升旅游吸引力,推进乡村地区社区建设,促进城乡一体化发展;同时绿道建设还具有改善和保护生态环境、改善村庄居住环境、增强群众环保意识的环境效益[101]。

第四节　研究目标及主要内容

一、研究目标

1. 明确乡村旅游公共服务基本内容框架与供需特征。

2. 掌握乡村旅游公共服务供给现状与问题。

3. 论证基于产业价值链的乡村旅游公共服务市场化供给模式的有效性。

4. 探讨市场化供给主体提供乡村旅游公共服务的意愿、内在动因、存在障碍及激励需求。

5. 提出乡村旅游公共服务市场化供给的激励机制、配套政策与政府职能。

二、主要内容

本研究由三大部分九个章节组成。

(一)基础研究

第一部分为基础性研究。旅游经济发展的客观规律性以及乡村社区的固有特征决定了乡村旅游对公共服务需求的特殊性,这些特殊性影响着公共服务市场化供给的模式选择。因此,本部分的重点是对乡村旅游公共服务内涵、供需特征等进行研究,为本研究奠定基础。

第一章为导言,重点研究乡村旅游公共服务市场化供给提出的背景、乡村旅游公共服务市场化供给研究的意义、乡村旅游公共服务研究现状,阐述本研究的主要目标和主要内容、技术线路和研究方法及其创新。

第二章为乡村旅游公共服务基本内涵,重点研究乡村社区旅游公共服务供需特征、乡村旅游公共服务体系框架。通过借鉴国内外研究成果,结合我国实际,对乡村旅游公共服务内涵进行界定,根据研究需要提出合理的分类体系;通过分析乡村旅游社区的基本特征及对公共服务的需求,归纳总结出乡村旅游公共服务的基本特征;提出乡村旅游公共服务体系框架。

第三章为乡村旅游公共服务供需现状及市场化供给的必然性，重点研究乡村旅游公共服务供需现状、存在的问题及根源分析，最后提出乡村旅游公共服务市场化供给的必然性。本章在问卷调查与实地考察的基础上，系统分析当前乡村旅游公共服务的总体供需现状、分类供需现状及供给效率，并对不同受益群体进行差异化比较；从供需平衡、供给结构角度归纳当前存在的主要问题，分析问题产生的根源；最后提出了乡村旅游公共服务市场化供给的必然性。

第四章为乡村旅游公共服务市场化供给的理论基础，重点综述新公共服务理论、产业链理论、激励理论以及在本研究中的相关应用，进一步论证产业链依赖市场化供给的可行性以及激励性规制在市场化供给中的重要作用，是本研究重要的理论基础。

（二）核心研究

第二部分为本研究的核心内容。价值链是产业链对接的导向，缔结产业链的关键在于让产业链成为价值链，并形成合作、多赢、共享的联盟关系，实现产业价值增值，获得更大的利益。本部分重在构建乡村旅游产业价值链，并揭示企业提供公共服务的意愿、主要影响因子及其差异性。

第五章为基于产业链的乡村旅游公共市场化供给模式研究，重点研究乡村旅游产业链的形成、乡村旅游产业链以及乡村旅游产业价值链的构建。第一，界定乡村旅游产业链，包括对乡村旅游产业链中的核心企业和节点企业的界定，并对乡村旅游吸引物供给企业、支持企业或上行企业、中介企业或下行企业、配套企业 4 大类型进行了细化分类，分析 4 大类型企业的地位与作用；第二，探讨乡村旅游价值链，主要对 4 大类型企业的基本价值与辅助价值活动进行分析，明确价值分割以及价值交换的内涵，各类型企业之间的价值关系，以及与乡村旅游之间的利益关系；第三是对浙江省典型案例进行剖析，说明实践需求的迫切性，当前主要思路以及存在的现实困惑；第四是通过揭示产业链企业供给公共服务的内在动因，即企业在价值链中的辅助价值活动，除对自身内部的基本价值活动具有支持作用以外，还对整个产业链上的其他相关企业的有关价值活动起支持作用，正式提出基于产业链的乡村旅游市场化供给模式。

第六章为企业供给乡村旅游公共服务的影响因子，重点研究企业的供给意愿、影响因子及差异性。企业是市场化供给的主体，企业对乡村旅游公共服务的认知、态度和能力影响着乡村旅游公共服务市场化供给的水平、规模和效率，研究从内在动力、障碍因子与激励需求三个维度出发，通过企业问卷，探索影响企业公共服务供给行为的主要因子，并对不同企业类型和公共服务类型进行差异化研究，为激励性规制方式选择和针对性政策制定提供依据。

（三）对策研究

第三部分为对策措施研究。在以上两部分研究的基础上，提出针对性的激励性规制措施以及相应的对策，最后总结研究结论并提出本研究的不足与对未来的展望。

第七章为乡村旅游公共服务市场化供给激励性规制研究，重点探讨了激励性规制的现实意义和主要方法。本章从分析当前政府激励性规制中存在的困惑出发，提出激励性规制的现实意义；参考国外激励性规制的方法，结合国内乡村旅游发展实际需求，提出乡村旅游公共服务化供给激励性规制的基本要求、需要解决的核心问题、激励性规制的基本原则以及针对不同类型公共服务的激励选择。

第八章为乡村旅游公共服务市场化供给对策研究，重点提倡大力培育乡村旅游产业链及实现政府职能转变。产业链是本研究提出的乡村旅游公共服务市场化供给模式的基础，因此首先需要加大产业链的培育力度。本章在分析我国乡村旅游产业链现状问题的基础上，探讨了针对性的培育措施；提出了相应的政策体系，并阐明要加快政府职能转变，从中央、地方和基层政府三个层面，厘清政府应承担的主要职能，明确其主要任务。

第九章为研究结论与展望。重点归纳总结了本研究的主要结论，并从方法与过程角度分析了本研究的局限性，提出进一步研究的思路。

第五节　研究技术线路和研究方法

一、技术线路

本研究在实地调查、充分掌握乡村旅游公共服务供需现状的基础上，应用新公共管理理论、产业价值链理论和激励理论，分析研究利益嵌入下产业链各节点企业的利益关系，揭示各类企业提供乡村旅游公共服务的内在动力，探讨适合乡村旅游公共服务市场化供给的激励机制及对策措施。（如图 1-1 所示）

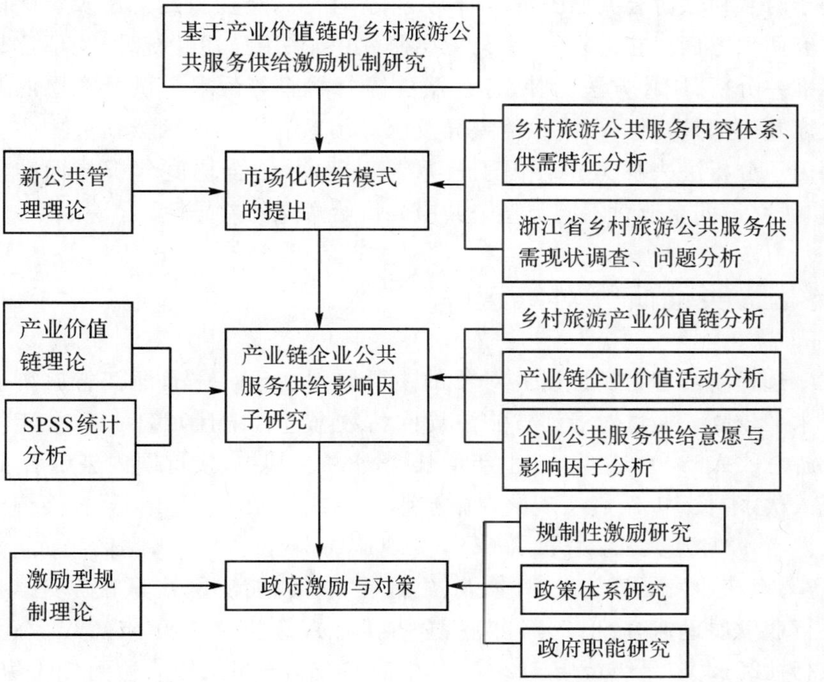

图 1-1　研究技术线路图

二、研究方法

根据以上研究思路，主要采取以下研究方法。

文献研究法。对新公共管理理论、产业价值链理论、激励理论等进行研读与把握，对国内外关于旅游公共服务体系框架、市场化供给以及政府职责研究成果进行梳理与归纳，对相关统计文献进行数据收集与分析，以把握理论基础，拓展研究思路，掌握最新方法。

调查研究法。调查研究法包括典型跟踪调查和问卷抽样调查。重点对浙江省乡村旅游发展的"衢州模式"进行跟踪调查，掌握该模式实施成效与存在的问题等相关信息。对浙江省典型乡村旅游发展地区进行实地和问卷调查，获取各利益群体对公共服务的诉求，掌握第一手资料；对乡村旅游产业链相关企业进行访谈与问卷调查，掌握企业提供公共服务的意愿以及影响因素。

统计分析法。利用 SPSS 统计软件对调查数据进行统计与分析，主要用于对乡村旅游公共服务诉求研究与效率研究、企业供给意愿及影响因素研究两大方面。在诉求、效率与意愿研究中，采用描述性统计、均值比较和标准差分析、IPA方法，判断各利益群体公共服务诉求与供给意愿的先后次序及内部差异性，研究供需差异及服务绩效。在影响因素研究中主要采用因子分析法来探索主导因子及重要程度，并结合均值分析与标准差分析，研究不同企业对不同类型公共服务供给意愿的差异性。

三、实证研究对象选择

选择浙江省为实证研究对象的主要原因在于：首先，浙江省旅游业发展水平较高。通过对浙江省旅游局网站数据进行统计，2014年，全年实现旅游总收入6300.6亿元，比上年增长13.8%。其中，接待国内旅游者4.79亿人次，增长10.2%，实现国内旅游收入5947亿元，增长14.3%；接待入境旅游者931万人次，增长7.5%，实现旅游外汇收入57.5亿美元，增长6.7%。产业发展日趋成熟，景点、旅行社、饭店、旅游网站等旅游支撑和相关行业发展迅速，截止2014年底，全省共有A级旅游景区(点)337家；共有旅行社2212家；星级饭店722家，其中四星级和五星级饭店达到264家，结构进一步优化。其次，浙江省乡村旅游相对发达。近年来，浙江省乡村旅游发展迅速，已经成为升级农村产业结构、促进县域经济增长、提高乡村农民生活质量的重要途径。截止到2014年，全省共拥有乡村旅游村(点)3246个，经营农户14 840户，接待床位20万张，餐位113万个。而全省乡村旅游共计接待游客1.8亿人次，同比增长25.1%；直接营业收入141.2亿元，同比增长26%；直接从业人员14.3万人，同比增长6.7%[①]。第三，浙江省旅游市场化程度较高。通过旅游综合改革，浙江省坚持走市场化发展道路，勇于探索，敢于创新。旅游公共服务体系建设走在全国前列，在乡村旅游公共服务多元化、市场化供给中也涌现出“衢州模式”“长兴模式”“桐庐模式”等典范，为研究提供了案例基础。

第六节 研究的创新

本研究最大的创新与突破在于利用产业价值链理论寻找适合乡村旅

① http://www.tourzj.gov.cn

游公共服务市场化供给的路径，提出利益嵌入下的市场化供给模式。

一、以产业价值链分析破解乡村旅游社区公共服务市场化供给中的利益分割难题

乡村旅游发展外部效应突出，公共服务搭便车现象明显，根本原因在于各利益群体之间利益关系模糊、职责不清，公共服务供给的权与利得不到应有的保障。特别是随着乡村旅游的深入发展，乡村旅游产业链得到不断延伸与拓展，各节点企业类型多样、规模不一、参与旅游经营程度不同、企业属性存在较大差异等，这些不同类型的企业在乡村旅游发展中的利益诉求不同，其公共服务供给的意愿存在很大差异。本课题通过乡村旅游价值链分析，揭示各利益群体之间的相互价值关系以及对应的利益关系，让参与企业明确其在产业发展中合理的利益诉求与必要的公共责任，为乡村旅游社区公共服务市场化供给中的利益分割与分配提供理论依据。

特别是，针对乡村旅游产业链核心企业构成的特殊性，即相当一部分是以农民家庭为经营单位的农家乐，他们的小、散、弱特点明显，在产业链中没有优势地位，无法为自己争取利益，更无法在乡村旅游产业发展中发挥龙头作用，通过价值链分析，揭示和突出乡村旅游核心企业——农家乐的核心价值，为其获得合理的利益提供理论支撑。

二、以激励型规制突破乡村旅游社区公共服务市场化长效供给研究中的难点

针对当前乡村旅游社区公共服务市场化供给动力不足、一些企业为追求政策性收益而选择短期供给行为等难题，本课题将从激励性规制的角度对激励机制进行系统研究，建立起适合乡村旅游发展的公共服务市场化供给的长效机制。激励性规制就是利用市场化规制工具，为被规制者提供选择和行动的机会，引导、激励被规制者主动服从规制要求，从而实现规制目标。在实践中，由于利益分配方式的不同而导致产业链企业道德风险与投资策略的差异，本研究将利益作为激励机制研究的切入点，从政策体系建设与政府职能转变入手，强化激励的约束作用，更好地控制产业链企业在提供乡村旅游公共服务时的方向和行为规范，并保障该模式能长期有效地运行。

第二章　乡村旅游公共服务基本内涵

第一节　乡村旅游公共服务概念与内涵

一、公共服务概念

公共产品(Public Goods)也称公共物品,最早对其进行严格定义的学者是P·萨缪尔森,他认为公共产品即是指该种商品的效用扩展于他人的成本为零,无法排除他人参与和共享[102],并在1954年所著的《公共支出的纯粹理论》中进一步指出,公共产品的任何个人消费不会导致别人对该产品消费的减少,它具有三个明显的特性:效用的不可分性、消费的非竞争性以及受益的非排他性[103]。之后,P·萨缪尔森提出的公共产品的概念得到诸多学者的响应,如美国学者曼瑟尔·奥尔森认为一个集团中的任何个人消费而又并不排除集团中其他人消费的任何产品便属于公共产品[104];斯蒂格利茨认为公共产品属于这样一类产品,即是在增加一个人对其分享时并不会使其成本发生增长,而排除他人对其分享却要花费非常大的成本[105]。但是,以P·萨缪尔森为代表的概念无法包含对所有公共产品的解释,美国学者布坎南在1965年发表的《俱乐部的经济理论》中首次提出或者只具有非排他性,或者只具有非竞争性的准公共产品概念,也被称作混合公共产品理论或俱乐部产品理论,这进一步拓展了公共产品外延,为市场提供公共产品奠定了理论基础[106]。总之,公共产品理论将社会产品分为纯公共产品、准公共产品和私人产品,纯公共产品具有完全的非竞争性和非排他性,需要由政府提供,通过税收支付,如果由企业来提供,则其成本得不到补偿;对于准公共产品,政府、市场及私人都有供给的责任,可以通过市场机制或通过政府一定的行政程序混合提供;私人产品则是指有竞争性和排他性的产品或服务，可以通过市场白企业向公众提供。

对于公共服务，学界大致有以下几种不同的解释：特纳认为公共服务不仅包括通常所说的公共产品，还包括那些市场供应不足的产品或服务[107]；休斯认为公共服务隶属于公共产品，是政府向居民用户提供的各种服务的总称[108]；亨利认为广义的公共服务是不由市场提供的所有公共产品，如国防、教育、法律等，狭义的公共服务是指由政府所提供的基础服务设施和公共服务事业[109]。国内学者曹闻民认为公共服务属于政府部门管理职能的主要内容之一，其经营方式可以多样化，政府需要做好掌舵人，部分地参与划桨，同时积极引导和发挥其他主体的划桨功能[110]；汤敏轩、李习彬认为公共服务通常是由政府及公共组织为为社会提供具有公共正向外部性的服务，一般以公众利益为目标，以社会公平为最核心的价值取向[111]；宿一兵、汤庆熹将公共服务纳入公共产品的范畴，认为公共服务应是一种具有非竞争性和非排他性的社会服务，并通过一定的信息、技术或劳务等形式表现出来[112]；句华认为广义的公共服务，既包括促使市场经济有效运作的法律制度等，也包括为纠正市场失灵所制定的政策和采用的体制等公共产品，而狭义的公共服务指的是由政府负责安排的具体的公共服务的项目[113]；唐娟认为，广义的公共服务包括公共服务机构、满足公共需要的活动及这些活动的成果，而狭义的公共服务只包括后面两层含义[114]；廖晓明、黄毅峰则将公共服务看作是政府存在的基础，是政府的基本职能，认为其不仅包括不具有消费竞争性和利益排他性的纯公共服务和产品，也包括政府出资建设或是直接提供的消费者需要支付合理费用才能享用的具有公共性质的一般产品[115]。

公共产品和公共服务这两个概念涉及的内容具有交叉性，但提出这两个概念的出发点是不同的。公共产品，是相对于私人产品提出，即在消费或使用上具有非竞争性和非排他性，而并非只局限于从物质形式去定义；而公共服务，主要是在21世纪公共行政和政府改革中提出的核心理念，强调要以合作为基础，强调政府的服务性以及公民的权利。因此，要根据不同的研究需要采用不同的概念体系，本文研究属于公共服务范畴，但也涉及公共产品概念，即应该是由政府、市场和第三方等其他社会组织提供的，可以供社会全体成员使用或享受的公共产品和服务。

二、乡村旅游公共服务内涵

（一）旅游公共服务内涵

学术界对旅游公共服务的概念与内涵没有达成统一的认识，定义的角度和表述不尽相同。从公共服务的本质特征出发，杨大明（2006）认为旅游公共服务是政府管理部门向社会提供的、不以营利为目的的旅游类服务[116]。从服务过程出发，李爽（2008）强调旅游公共服务是指在旅游目的地范围内及周边区域，由政府或其他组织（企业、非营利组织等）等服务主体为旅行前、旅行中和旅行后的旅游者（现实的和潜在的）提供的，具有明显公共性的，满足旅游者共同需要的公共产品和服务的总称[117]。从公共服务共享出发，温锦英（2008）认为旅游公共服务一方面是对既有的、城市正常的公共服务适应旅游所提出的特殊要求而开展的整合与提升；另一方面是为应对旅游所特别提供的、有针对性的公共服务产品，要使游客感到安全、便捷和舒适[118]。从实际建设需求出发，上海“世博旅游公共服务体系研究”课题（2006）中提出“世博旅游公共服务体系”的概念，即是指在世博园区规划红线范围内及周边区域，由政府或其他社会组织提供的，不以营利为目的的，满足游客需要的直接和间接服务的总称，具有区域性、集中性和特殊性[119]；而广州亚运会对旅游公共服务的定义则是围绕亚运会这一主题事件，即是指政府和其他组织为满足亚运旅游者的需要所提供的具体旅游公共服务和产品的总称[120]。从促进旅游经济出发，董培海、李伟将我国的旅游公共服务定义为为促进区域旅游业的发展而由公共部门、社会组织等多个主体针对旅游者的特定需求所提供的，同时也能为非旅游者所共享的各种设施和服务[121]。

在众多的旅游公共服务概念中，受益群体或服务对象一直是关注的热点。部分学者以旅游者为中心提出相关概念，如张泰城、王伟年（2009）认为旅游公共服务就是政府及其行政管理部门向社会提供的，不以营利为目的的，满足游客需要的直接和间接服务的总称[122]；李爽、黄福才等（2010）认为旅游公共服务是指由政府或其他社会组织提供的，以满足旅游者共同需求为核心的，不以营利为目的，具有明显公共性的产品和服务的总称[123]。也有学者将服务对象延伸，如黄燕玲、罗盛锋等（2010）认为旅游公共服务是包括旅游主管部门在内的政府部门和社会组织团体（民间组织、非政府组织、非营利组织）乃至具备相应条件的私营部门向旅游者、旅游目的地的公众、旅游企业及其就业人员提供公共产品和服务[124]；张萌、张宁等(2010)则从广义和狭义的角度对旅游公共服务进行了阐释，广义是指由政府提供或主导提供的，现实或潜在旅游者与旅游经营者、从业人员无论其国别、消费水平和地位、旅游形式如何都可以普遍享有的，市场或单个企业无力或不愿提供的服务和公共产品；狭义是指上述范畴中仅针对旅游者而设计与提供的旅游公共服务[125]。

徐菊凤(2013)在其专著《旅游公共服务：理论与实践》中系统梳理了已有研究对该概念的界定，认为以往文献对有关旅游公共服务的界定主要围绕旅游公共服务的提供者、旅游公共服务的对象、旅游公共服务的特质及形态三个方面展开，其中公益性和共享性在绝大多数学者的定义中都有所体现；同时提出旅游公共服务是为满足旅游者的普遍需求而由旅游等相关公共部门主导提供的具有公益性、共享性特点的产品和服务的总称[126]。

国家旅游局为更好地指导与规范我国旅游公共服务体系建设，在《中国旅游公共服务"十二五"专项规划》中对旅游公共服务的概念及内涵也进行了明确的界定，即旅游公共服务是指政府和其他社会组织、经济组织为满足海内外旅游者的公共需求而提供的基础性、公益性的旅游公共产品与服务[127]。

(二)乡村旅游公共服务内涵

乡村旅游与城市旅游和景区旅游有着本质的区别。城市由于人口集聚，基础公共服务配套优于乡村，通过整合，旅游可以搭便车；景区是以开发旅游为主，发展目标明确，功能分区与社会关系相对简单，旅游公共服务内容相对单一；而乡村旅游是以乡村社区为活动场所，以乡村独特的生产形态、生活风情和田园风光为对象系统的一种旅游类型[128]，各种社会关系与产业关系复杂，生产、生活与旅游空间重叠，加上长期以来城乡二元结构导致的乡村社区基础性公共服务薄弱等，研究乡村旅游公共服务的内涵必须要从乡村旅游的本质特征及现实的需求出发。

"社区"一词源自拉丁语，意思是共同的东西和亲密的伙伴，麦基文(R. M. Maclver)于1917年发表的《社区：一种社会学的研究》中把社区看作人类在其中共同生活的区域，这个区域可大可小，村庄、小镇是社区，城市、国家乃至整个地球也可以被看作是一个社区[129]。根据社区地理区位、社会结构及其功能表现，我国一般将社区划分为城市社区、城镇社区和乡村社区。"乡村社区"从地域概念上讲与"村落"同义，亦可称"村落社区"，它是在以农业为主体的一定地域范围里，由于地缘的关系，把许多个家庭、家族、邻里、企业、协会、学校和其他各类村级管理、服务组织组合到一起，通过相互联系、互帮互助，形成具有密切社会关系、一定社会秩序、共同价值观和文化体系、共同社会政治经济生态功能的一定规模的社会生产生活的共同群体，是中国乡村社会的基本组织形式和基本结构单位[130]；在地域空间上表现为具有相对稳定和完整的结构、功能以及动态演化特征。

我国乡村旅游的发展，有力地促进了乡村旅游社区的建设，并成为乡村社区中十分重要的一种类型。所谓乡村旅游社区，就是以农村自然风光、人文遗迹、民俗风情、农业生产、农民生活及农村环境等农村旅游资源为依托，能够吸引一定规模数量的旅游者来此开展旅游活动，具有密切社会关系、享有共同利益的，旅游功能突出的特定区域。其基本特征包括：第一，乡村旅游社区是当地居民生产生活空间和旅游者开展旅游活动空间的融合体，必定是当地人的生产生活空间与旅游者的休闲生活空间的重叠，这较好地排斥了位于乡村地区但又独立于乡村生产生活的旅游景区；第二，具有共同性，即主要指当地居民、旅游经营者、旅游者具有共同利益与共同需求，同时也要承受旅游活动所带来的生态环境、社会文化等的消极影响，或者旅游消费活动带给居民的负外部性；第三，具有完整的政治、经济、文化、社会管理功能以及旅游功能，包含诸多的与旅游相关的组织单位，且各功能之间相互协调，社会关系密切；第四，具有一定的人口和地域规模，人口构成有长期生活在乡村的当地村民、外出务工临时回乡的村民、以合同期限为制约的外来旅游经营户以及流动性极强的旅游者；第五，会随着旅游产业链延伸、旅游活动范围拓展、乡村建设发展、外界组织（如旅游开发企业）不断介入而发生动态变化，需要进行不断地磨合和制度创新。

总之，从乡村社区的基础条件与乡村旅游特征出发，根据乡村旅游促进美丽乡村建设的客观要求与现实紧迫性，本研究认为对乡村旅游公共服务的认识，应该站在保障乡村旅游顺利进行，改善乡村经济社会、生态环境，提升农村居民生活水平的前提下进行思考，即不仅要满足乡村旅游者的普遍需要，还要满足乡村旅游经营者的普遍需要，并兼顾乡村社区居民的普遍需要。因此，本研究对乡村旅游公共服务的界定是站在广义的角度，强调乡村旅游公共服务是政府、企业及其他社会组织为乡村旅游者、乡村旅游经营者以及乡村旅游目的地的社区居民提供的基础性、公益性的旅游公共服务。

三、乡村旅游公共服务的内容

关于旅游公共服务的内容与分类，学者们的认识差异也较大。刘小军(2007)认为旅游公共服务包括基础性旅游公共服务、市场性旅游公共服务和管理性旅游公共服务三大类，其中基础性旅游公共服务是指政府公共部门生产的、提供全体社会成员平等消费和享有的无差别公共服务；而市场性旅游公共服务是既能满足公共需要，又能满足企业和个人需要，可以吸收企业、非政府组织共同参与，通过市场竞争方式进行生产的公共服务；管理性旅游公共服务是指政府为了维护旅游经营公平，建立有序的旅游市场秩序，对旅游经营单位所产生的管制性公共服务[131]。徐菊凤(2013)认为要将可共享的、无须特别提供给旅游者的一般性公共基础设施/服务，与需要特别向旅游者提供的旅游公共服务有所区分，并明确每类旅游公共服务的提供主体，基于这一思路，将旅游公共服务分为旅游基础设施、旅游市场推广和旅游权益保障三大类型，其中旅游基础设施包括一般基础设施，由国家和地区政府提供，而公共旅游吸引物则是由各级政府提供为主、其他机构提供为辅，旅游公共交通，由目的地政府交通和旅游部门提供；旅游市场推广包括旅游市场推广与培育、目的地形象营销、目的地信息服务，均由目的地政府旅游部门提供；旅游权益保障包括旅游市场秩序监管/保障，由各级旅游管理部门提供，游客权益保护，由目的地旅游、相关公共部门和消费者协会等组织提供，旅游者素质培养，由客源地和目的地旅游部门及其他组织提供，旅游消费环境由中央和地方政府提供。

在《中国旅游公共服务"十二五"专项规划》(简称《规划》)中，则将旅游公共服务分为旅游公共信息服务、旅游安全保障服务、旅游交通便捷服务、旅游惠民便民服务、旅游行政服务五大类。

本研究认为，乡村旅游公共服务是基于乡村旅游需求的旅游公共服务在乡村社区的表现形式，因此，在内容上应该与《规划》提出的内容保持一致，以便于纳入国家旅游公共服务体系建设系统，更具有实际可操作性。因此，本研究以《规划》分类为主要依据，对乡村旅游内容及分类进行界定，即将乡村旅游公共服务分为乡村旅游公共交通服务、乡村旅游公共信息服务、乡村旅游安全保障服务、乡村旅游惠民便民服务、乡村旅游行政服务五大类。其中，乡村旅游公共交通服务包括乡村观光巴士或乡村旅游专线车的开通、车站及旅游集散中心建设、交通引导标识及旅游导示牌建设、停车场建设、自驾车旅游营地建设、乡村旅游交通的通达性及便捷度等内容；乡村旅游公共信息服务包括乡村旅游咨询服务中心建设、乡村旅游热线电话的开通和手机短信服务、乡村旅游政务网及资讯网的建设与服务水平、乡村旅游信息户外平台建设等内容、获取乡村旅游信息的便捷性、乡村旅游信息服务内容丰富性、乡村旅游信息获取渠道多样性等内容；乡村旅游安全保障服务包括乡村旅游安全预警及提示服务、乡村旅游紧急救援及突发事件处置服务、乡村旅游保险服务、乡村旅游安全设施建设及旅游安全标识、住宿安全、饮食安全及医疗保障服务等内容；乡村旅游惠民便民服务包括乡村旅游社区厕所建设、水电供应、通信条件、金融服务、治安条件、娱乐休闲设施建设、乡村景区/景点建设、环境与卫生条件等内容；乡村旅游行政服务包括旅游者权益保护及各种投诉处理服务、乡村旅游消费环境的监督及监测、乡村旅游政策法规的制定与落实、政府财政支持、乡村旅游规范和标准的制定、从业人员职业技能培训服务、乡村旅游规划制定与实施、乡村旅游形象宣传与推广、乡土文化保护挖掘与弘扬、乡村旅游专业人才培养、乡村旅游优惠券的发放等内容。

此外，本研究的重点是乡村旅游公共服务市场化供给模式以及政府激励机制的探索，由于不同属性的公共服务供给需要不同的激励对策，只有从公共服务的本质属性出发，才能更好地思辨所需要的激励手段，实现既定的激励目标。因此从研究需求出发，站在公共服务本质属性角度，即从公共产品竞争性和排他性的有无及其程度出发，将乡村旅游公共服务划分为公共池塘资源类、收费产品类和纯公共产品类三种，以便更好地探究不同类型公共服务市场化供给问题。其中非排他性是指一个人在消费这类产品时，无法排除他人也同时消费这类产品；非竞争性是指增加一个消费者不会减少任何一个人对该产品的消费数量和质量，其他人消费该产品的额外成本为零，即增加消费者的边际成本为零。

公共池塘资源类指具有不可排他性和竞争性特点的旅游公共服务，如乡村景观、景点建设，社区休闲设施等，主要涉及社区基本设施建设与公共环境改造；收费产品类旅游公共服务具有可排他性和非竞争性，如乡村旅游专线车、旅游停车场等，主要涉及旅游活动保障性公共服务；纯公共产品类旅游公共服务同时具有不可排他性和非竞争性，如乡村旅游资讯网站、热线电话/手机短信平台、乡村旅游目的地营销、专业人员培养、乡土文化保护等内容，主要涉及基础性公共服务和行政性公共服务，如表 2-1，2-2 所示。

表 2-1　根据产品的公用性和排他性划分的旅游公共服务

排他性	公用性	
	分别使用(竞争性)	共同使用(非竞争性)
可排他性	(1)私人产品和服务	(3)收费产品
不可排他性	(2)公共池塘资源	(4)纯公共产品

表 2-2　乡村社区旅游公共服务的构成

类　型	主要内容
公共池塘资源类	乡村景观/景点建设、乡村旅游游客服务中心(办事咨询窗口、媒体旅游触摸屏、旅游解说服务)、社区休闲设施、车站及旅游集散中心、社区环境与卫生条件(旅游厕所、垃圾桶等)等
收费产品类	乡村旅游观光巴士/旅游专线车、停车场建设、自驾车旅游营地、旅游保险、社区水电供应、社区通信、社区金融服务等
纯公共产品类	乡村旅游政务网站及资讯网站、乡村旅游信息户外平台建设、热线电话/手机短信平台、旅游者权益保护及各种投诉处理、消费环境监督与监测、乡村旅游形象宣传与推广、乡村旅游安全监测/预警/提示、旅游公共突发事件应急救助及突发事件处置、乡村旅游标识系统、社区治安、乡村旅游政策法规制定与落实、乡村旅游规划编制、乡村旅游规范和标准制定、从业人员职业技能培训、乡村旅游专业人才培养、乡土文化保护挖掘与弘扬(大型旅游公益活动、旅游节庆活动)、饮食住宿安全服务、乡村旅游优惠券的发放等

第二节　乡村旅游公共服务特征

旅游经济发展的客观规律性以及乡村社区固有的特征决定着乡村旅游公共服务需求的特殊性,进而影响着公共服务多元化供给模式的选择。掌握乡村旅游社区公共服务供需特征,选择符合乡村旅游经济发展的供给模式,有助于建立长效供给机制,真正提高公共服务效率、维护公共服务公平性。

一、乡村旅游社区基本特征及对公共服务的需求

随着乡村旅游内涵的不断丰富，农家乐体验、乡村度假、乡村观光、乡村露营、乡村娱乐等类型逐渐多样化，乡村旅游社区的经济社会活动表露出与其他乡村社区的显著区别，对旅游公共服务的需求增长极为快速。

（一）经济活动的社会性

旅游是综合性产业，支撑旅游活动不仅需要旅游产品和服务的产生者，而且还需要与之配套的旅游服务组织与政策环境。乡村旅游活动的开展需要多样化的乡村旅游吸引物以及大量的信息发布、营销宣传、基础配套、安全保障、旅游专业教育培训等多种服务的支撑。但是，在我国农村家庭联产承包责任制不变的大前提下，以农户为单位的小规模经营的“农家乐”仍然是当前乡村旅游主要产品。在开放的、流动的、分工的旅游系统中，旅游经营活动与原来传统的小农经济生产模式下的经营活动相距甚远，经营者需要承担旅游市场的不确定性所带来的更大风险，这是长期以来习惯于以家庭为单位的经营者无法承受与化解的。因此，迫切需要建设和完善旅游公共服务体系来保障乡村旅游可持续发展、促进乡村旅游的转型升级，如需要提供专业的持续的营销推广与品牌塑造服务，以利于形成稳定的客源市场，化解农户投资旅游带来的经营风险；需要通过大量持续的教育与培训，来改变农户的传统观念、提升农户的基本素质及其旅游服务的基本技能等。

（二）产业发展的融合性

乡村旅游是以农业为基础，旅游为主导，融农产品加工、交通运输、乡村文化、乡村建筑等一、二、三产业于一体的综合性产业。在乡村旅游社区，产业融合发展是基本特征，通过产业融合，不断创新乡村旅游业态，当前新型业态不断出现，从传统的农家乐到洋家乐、文化民宿、乡村庄园、乡村颐养院，从休闲农场、高科技农业园区到市民农园、国家农业公园、乡村营地、乡村博物馆、文化创意农园等，延伸和拓展乡村旅游产业链，促进乡村旅游社区产业升级和结构优化。但产业融合发展、产业链的高效运作、产业综合效益的发挥，均需要以科学的规划、合理的制度设置、公平的市场环境、充足的信息服务、便捷的交通服务以及高素质的人才支持等作为前提，乡村旅游产业发展壮大已越来越依赖于社会提供的公共服务。

(三)文化社会的交融性

旅游者的大量涌入,工商企业介入乡村旅游开发,乡村旅游社区外来人口多,流动性强。这些主要来自城市的旅游者和掌握一定市场化经营理念的企业人员给乡村旅游社区带来诸多的外界信息、先进理念与城市时尚文化,它们不断冲击传统乡土文化和人们的思想观念,导致一些乡村在旅游发展中迷失方向,对传统文化的信念逐渐丧失,最终放弃自己原本的乡土文化而盲目追随城市文化。而对于乡村旅游发展来说,保持乡土性、田园性与原生态性是其可持续发展的根本所在,因此,迫切需要在保护乡土建筑、传承传统文化以及培养文化传承后人和提升乡村居民素质等方面提供大量的公共服务。

二、乡村旅游公共服务的基本特征

乡村旅游公共服务既有一般旅游公共服务所具有的公益性、共享性、受益广泛性等特点,又受到来自乡村社区和乡村旅游固有特点的影响,具有鲜明的特征。

(一)从服务内涵分析,具有多样性与差异性

由于我国乡村地区经济社会发展水平相对较低,人口分布密度较小,基础设施投入普遍不足,借助乡村旅游的发展促进公共服务的配置是乡村社区改善公共服务的途径之一,因此,乡村旅游公共服务的配置需要多方面地考虑各利益群体的需求,既要考虑满足旅游者的需求,又要兼顾经营者与社区村民的需求。美国经济学家伯顿·韦斯布罗德认为,由于个人在教育水平、财富、收入等方面存在一定程度的差异,人们对公共物品和公共服务的需求有所不同[132]。对于旅游者,性别、年龄、收入水平、教育水平、旅游偏好等都会影响其对乡村旅游公共服务的需求,特别是80、90后消费群体的突起,他们的消费理念已发生很大变化;对于乡村旅游经营者,当地农家经营户与外来的工商企业在经营能力、营销推广、服务意识等方面也存在很大差异,所需要的公共服务也会有所不同;对于社区居民,也会因为其文化程度、旅游参与程度等不同对公共服务有不同的诉求。

此外,乡村旅游发展模式的多元化也是导致公共服务需求差异的主要原因,如生态依托型乡村旅游社区一般在偏远山区,以乡村度假为主,对旅游交通等基础配套设施公共服务、村民素质和经营业务培育等要求高;城

郊周边型乡村旅游社区可以依赖城市基础公共服务体系，村民经营能力也相对较强，专业性旅游公共服务，旅游公共厕所、旅游咨询中心、旅游标识等要求相对较高。同样，乡村旅游经营模式不同，对公共服务的需求也是不同的，如“龙头企业＋农户”型乡村旅游经营模式，在品牌树立与推广、旅游配置设施建设等方面能力较强，但需要更多的利益协调等行政服务类公共服务。

（二）从需求特征分析，具有波动性

从乡村旅游需求市场分析，乡村旅游一般以城镇游客为主，旅游时间主要集中在双休日、黄金周，季节性很强[133]；从乡村旅游供给市场分析，乡村旅游以田园风光、农事活动和乡土风情为吸引物，时令性明显，导致乡村旅游公共服务的需求波动性大。并且，旅游者具有追逐热点的习惯，在当前乡村旅游产品特色不明显、重复性强、产品深度开发不足的现实背景下，新的乡村旅游地的出现很容易就会导致对原有乡村旅游地的冲击，如当前诸多的采摘项目，大多为简单重复的采摘活动，如果没有与当地文化结合或没有进行产业链开发，可替代性强，会进一步导致游客市场不稳定，风险增大。

乡村旅游市场的供需特征决定了对旅游公共服务需求的不确定性，给公共服务的配置带来很大困惑，若以传统的思路、固定的配置标准去思考、衡量乡村旅游公共服务体系建设，就会导致旅游公共服务设施利用率低下。因此，乡村旅游公共服务供给必须要根据需求的变化进行灵活多样的配置，如乡村旅游公共交通服务，不是只开通道路、建停车场就能解决问题的，而是要根据乡村旅游的季节性、时令性、时段性，合理提供公共运输服务，包括旅游专线的设置、乡村旅游巴士的配置、乡村旅游时刻表的调整等等。

（三）从受益程度分析，具有局限性

乡村旅游的疏散性、附属性、季节性特征，导致公共服务受益的局限性，主要表现在：第一，受益群体的局限性，由于村民参与旅游程度不同、途径不同，其享受的旅游公共服务程度不同，如政府对经营者的免费培训、为旅游经营活动配套建设的停车泊位等，对于非经营者来说就没有得到享受的机会；第二，一些旅游公共服务设施对不同需求主体外部性表现也存在差异，如公共厕所对于旅游者来说是正向的，但对于当地居民来说也许是厌恶或中立的；第三，停车场等基础配置设施的建设，对旅游者和经营户来说是受益的，但对居民来说则会影响其生活环境的改变，有时是弊大于利。可见，由于旅游活动和生活空间的高度重叠导致有些旅游公共服务在为旅游者带来便利的同时，也可能会影响居民的生活质量，要求在配置时必须全面均衡各种利益关系。

第三节　乡村旅游公共服务体系

一、旅游公共服务体系

根据公共服务体系建设的目标以及公共服务的类型和内容，公共服务体系可以看作是由各种保障公民生存、发展和追求幸福的基本公共服务组成的完整体系[134]，并且通常情况下，该体系以政府为主导、以提供基本而有保障的公共产品为主要任务，从而促使人人都能均等的享有公共服务[135]。一个完整的公共服务体系不仅包括公共服务内容，还应包括服务供给形式、服务机制、服务政策等。公共服务体系的建设完善对于社会和谐稳定，对于企业的健康发展、竞争力的增强，对于节约社会资源、提高服务效率等都具有非常重要的意义。站在农村公共服务体系建设的角度，则要在坚持"覆盖面广、水平适度、兼顾公平与效率"的原则下，构建多样化多层次的服务网络，创新公共服务机制，包括应急机制、评价监督机制、财政机制、社会救济机制等，探索新型公共服务供给方式和机制，同时加强制度、法律的保障体系建设[136]。

旅游公共服务体系是指在一定的旅游公共服务供给模式与政策规范下，依据一定的旅游公共服务的供给方式而形成的旅游公共服务系统[137]。旅游公共服务体系建设就是要有效整合旅游公共服务资源，为旅游公共服务的运行提供保障。

旅游公共服务体系的建立有赖于旅游目的地地域范围内完善的公共服务系统（如目的地基础设施 、公共交通 、综合环境 、公共信息服务以及公共安全救助、卫生设施、金融服务设施等）的支持 ，公共服务系统是旅游公共服务体系运作的基础和重要支撑，在此基础上才构建了旅游公共服务体系的架构，如图 2-1 所示。

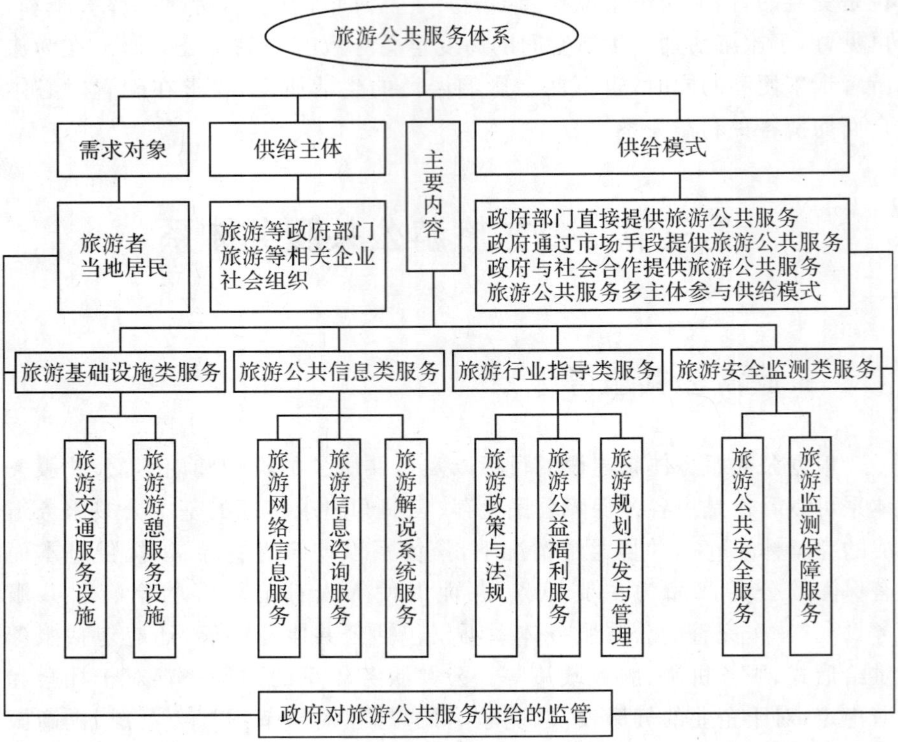

图 2-1 旅游公共服务体系的架构

二、乡村旅游公共服务体系

对乡村旅游公共服务体系的认识，必须从乡村旅游促进新农村建设视角和乡村旅游自身特征角度出发，不但要考虑到原有公共服务基础薄弱，需要通过发展旅游促进公共服务的供给的现实紧迫性；也要考虑乡村固有的地域空间特征和乡村旅游公共服务需求的特殊性，明确乡村旅游公共服务的内容、选择合适的供给模式、构建针对性的保障机制与政策。本研究认为，乡村旅游公共服务体系应重点包括以下内容。

（一）乡村旅游公共服务需求

受益者的需求是乡村旅游公共服务体系形成和建设发展的源动力，乡村旅游公共服务受益群体不仅包括旅游者，还必须包括经营企业 、社区居民等。并且根据其受益程度和受益内容的差异，可进一步细分需求的层次，如旅游者中的现实旅游者和潜在旅游者，经营企业中的农家乐经营户、外来小微企业和大中企业，社区居民中的直接参与者、间接参与者和非参与者。不同乡村旅游社区，其公共服务需求因地域环境、乡村旅游的开发模式及开发阶段等不同而存在一定的差异性，如在对江西省乡村旅游公共服务的实证研究中发现，社区居民对环境卫生、医疗保健、福利保障等方面的服务满意度高，但对文化娱乐建设、培训教育服务、社会安全保障等需求量大[138]。因此，乡村旅游公共服务体系建设，首先要根据乡村旅游发展的实际，充分了解公共服务的需求群体、需求内容、需求时间、需求规模、需求水平等等，为有针对性地合理配置乡村旅游公共服务奠定基础。

（二）乡村旅游公共服务供给内容

根据乡村旅游发展的实际与国家旅游局的规范，乡村旅游公共服务主要内容可归结为乡村旅游公共交通服务、乡村旅游公共信息类服务、乡村旅游安全保障服务、乡村旅游行政服务、乡村旅游惠民便民服务，但在供给中，除了要遵循根据需求来提供供给的总原则以外，还需要考虑以下因素：第一，乡村旅游发展依赖的空间就是社区居民的生产生活空间，因此，乡村旅游公共服务供给一定要纳入乡村社区的基本公共服务体系建设之中，在供给中进行统筹考虑，避免重复配置，如乡村旅游咨询服务中心完善可以纳入乡村社区服务中心建设之中，不需要独立选址；第二，要充分认识乡村旅游的基本特征，明确符合乡村旅游发展需求的公共服务的配置标准，在配置的形式、内容上要体现灵活性、实用性，不能照搬城市旅游公共服务配置标准，如在旅游厕所、垃圾箱等配置中，可以根据乡村旅游的季节性，配置移动性的公共设施，又如，可根据区域内乡村旅游发展的实际，像咨询中心、停车场等旅游公共设施可以以乡镇为单位进行整体考虑、统筹配置。

（三）乡村旅游公共服务的供给模式

充分发挥政府、企业、第三方组织的力量，采取包括政府部门直接提供、政府通过市场手段提供、政府与第三方组织合作提供以及各种多元化的组合形式，形成与需求相适应的、与供给的高效率目标相吻合的可供多样化选择的供给模式。积极探索与乡村旅游公共服务供需特征相适应的供给模式，如探索乡村旅游专业合作社在乡村旅游整体品牌塑造、经营户的业务培训与经营管理指导等公共服务供给中的积极作用；探索旅游企业在乡村旅游公共信息服务、乡村旅游宣传营销、自驾车营地等乡村旅游休闲设施建设、指示系统等旅游配套设施建设等公共服务供给中的作用；探索城市公共服务体系向乡村延伸的路径与方式，特别是与乡村旅游密切相关的文化服务、交通服务、养老服务等，提高乡村旅游公共服务的供给效率。

（四）乡村旅游公共服务体系运作机制

乡村旅游公共服务需求满足、供给充分、模式运作都需要有良好的机制作为保障。主要包括。

1. 沟通机制

要畅通各种信息渠道，包括畅通民意的表达渠道、市场信息的获取渠道等，实现需求与供给的有效对接、政府与企业和第三方组织的有效对接，减少信息不对称带来的供需错位、供给效率低下等问题。

2. 激励机制

要厘清政府自身及各供给主体的职责，明确供给边界，根据不同的供给内容和供给模式，制定合适的激励目标、激励方式、激励强度，鼓励企业、第三方组织进行供给。

3. 竞争机制

要通过引入竞争机制来优化资源配置，提高服务效率，公共服务供给的实践表明，单一模式下的乡村旅游公共服务效率低，如政府主导下的单一模式由于信息不对称，政府的供给偏好与市场实际需求有可能产生偏离，政府的供给能力与实际需求也不一定符合，并且还因监督缺位而导致缺乏改进的动力，通过引入竞争机制，改变以政府为单一主体的供给方式，引入多元化的公共服务供给模式，利用各具优势的市场、社会第三方带来的资金和人力、物力支持，有助于打破政府的垄断，形成有效竞争，进而提高服务效率[139]。同时，在政府与企业或第三方组织合作时同样需要引入竞争机制，通过竞争压力，让承担方更好地实现有效供给。

4. 监督机制

为确保乡村旅游公共服务供给的公平与公正、合法与合理，构建并形成了政府、市场（企业）、社会第三方多元供给主体之间的相互监督机制，以平衡多主体的特殊利益与社会的整体利益[140]。采用体制内和体制外的多种形式对政府供给行为进行监督，而政府则要采用多种方法对企业、第三方组织进行监管。鼓励专业化的行业监督机构、行业协会组织、新闻媒体、社会公众等参与监督，并规范其监督行为，避免媒体时代的信息误导。

乡村旅游公共服务体系具体框架如图 2-2 所示。

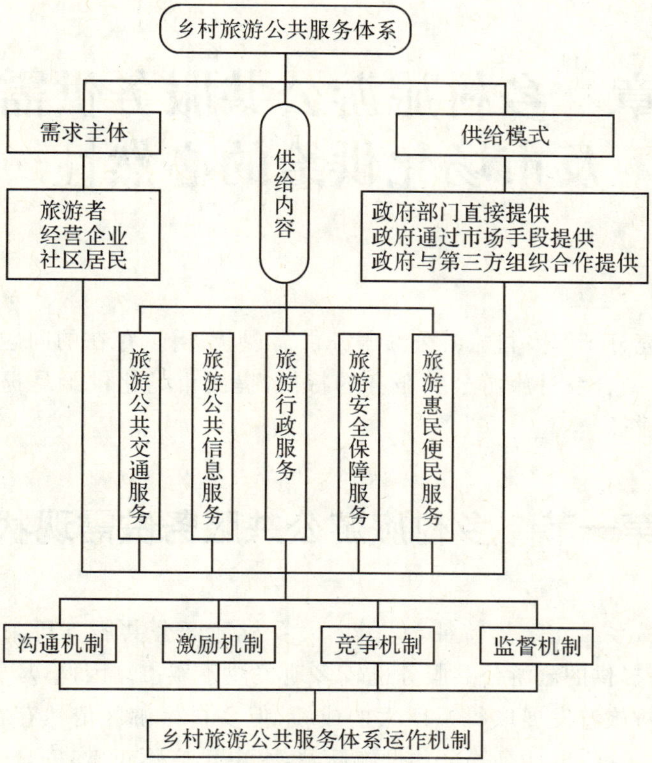

图 2-2　乡村旅游公共服务体系具体框架

本研究就是在乡村旅游公共服务体系建设的总体框架下，首先调研乡村旅游公共服务供需现状，通过对旅游者、经营者、社区居民的调查，发现当前存在的主要问题，分析其产生的根源，提出市场化供给的必要性。其次，从产业链角度，通过价值分析，提出基于产业链依赖的市场化供给是有效的供给模式。第三，从规制性激励角度，探索企业提供乡村旅游公共服务的主要激励方式。第四，从保障模式运作角度，提出强加乡村旅游产业链培育等相关对策以及政府职能转变的相关建议。

第三章　乡村旅游公共服务供需现状及市场化供给的必然性

通过充分了解乡村旅游公共服务供需现状，揭示存在的问题并找出其根源所在，结合乡村旅游公共服务的特征，提出市场化供给是提高供给效率的理想途径。

第一节　乡村旅游公共服务供需现状

由于城乡二元结构特征，我国广大乡村地区公共服务历来是薄弱环节，而政府提供的旅游公共服务也较多地关注于城市。因此，尽管 30 多年来我国乡村旅游发展取得了巨大的成绩，但乡村旅游区依然存在着道路、停车场、洗手间、电话亭等公共设施简陋，水电供应不正常，安全无保障，干线公路到乡村景点的交通连接不通畅，缺少指示标志等问题，暴露出当前我国乡村旅游公共服务的短缺与不足。为充分认识和了解乡村旅游公共服务的供需现状及存在的问题，本研究以浙江省为例进行了实地调研。

一、乡村旅游公共服务供需现状调研

（一）调查目的

本次调研对象为乡村旅游公共服务受益主体，通过对其乡村旅游公共服务重要程度及满意程度的认知调研与数据分析，掌握乡村旅游公共服务的供需现状及存在的主要问题。

1. 总体了解乡村旅游公共服务供需现状，分析判断存在的主要问题。以重要程度反映受访者对旅游公共服务的需求与期望水平，以满意程度反映受访者对旅游公共服务供给水平现状的认知以及公共服务供给的绩效

表现情况，通过均值分析、标准差分析、IPA分析，总体把握各类公共服务的供需现状。

2.掌握不同类型受访者对旅游公共服务的认知以及他们的差异化需求。从旅游者（现场旅游者和潜在旅游者）、经营者和社区居民的角度出发，分析他们对旅游公共服务的需求水平与满意程度，通过比较分析，掌握他们的差异化认知与需求。

（二）调查内容设计

调查问卷包括受访者基本信息和对乡村旅游公共服务的认知两大部分。受访者信息根据其身份类型的不同进行分别设计；乡村旅游公共服务内容则主要包括：乡村旅游公共交通服务、乡村旅游公共信息服务、乡村旅游安全保障服务、乡村旅游惠民便民服务、乡村旅游行政服务五大方面，并且为了更好地综合性地了解乡村旅游社区旅游环境现状，补充了乡村社区软环境类型，内容包括乡村的自然风光、村容村貌、居民态度、休闲氛围等，总体涉及六大类和四十六个具体内容选项。为了得到对每一类乡村旅游公共服务所包括选项的客观评价以及大类的总体评价，分别设计题项。问卷采用李克特五级量表，以“1”表示不重要（不满意），“2”表示不太重要（不太满意），“3”表示一般，“4”表示比较重要（比较满意），“5”表示非常重要（非常满意），要求受访者根据自己的经历与经验分别对各选项的重要程度以及满意程度进行评价，详见附1。

（三）调查对象

从受益角度，调查对象以乡村旅游者为主，但也包括乡村旅游经营者和社区居民。调查地点分两大类：一类是乡村旅游社区，选择在衢州市黄土岭村、杭州市龙井村、梅家坞村、临安市白沙村、富阳市黄公望村五个浙江省省级农家乐特色村，以入户调查为主，对现场旅游者、经营者和社区居民进行调查；另一类是在城市社区，集中在杭州市城市广场、主要景点和地铁站附近，针对杭州市本地居民、来杭旅游者进行调查，他们是乡村旅游的潜在消费者。

（四）调查过程

调查时间分为两段，第一段在2013年8～9月，鉴于乡村旅游者大多在周末出行，调查选在周末进行，同时考虑到受访者对乡村旅游公共服务认知程度不高，特别是一些农家乐经营者和社区居民文化水平相对较低，调查采用现场指导方式进行，即以问卷作为访谈提纲，通过聊天的方式将这些问题解释给受访者，并由调查人员进行填写，尽量保证信息准确性与客观性；本次调查共发放问卷600份，回收率为100%，有效问卷552份，有效率达92%。第二段在2014年6～7月进行，以同样的方式进行调查，本次调查共发放问卷415份，回收率为100%，有效问卷413份，有效率达99.5 %。

（五）受访者信息描述性统计分析

问卷共发放1015份，有效问卷967份。第一次问卷包括现场旅游者350份、经营者110份、社区居民140份，其中有效问卷分别为现场旅游者322份、经营者104份、社区居民126份。第二次问卷为非现场调查，但可以看作是乡村旅游潜在游客。受访者总体男女性别比例相当，但就受教育程度看，旅游者群体明显高于经营者和乡村社区居民两类群体。

1.现场乡村旅游者

有效问卷中现场乡村旅游者对公共服务的需求与供给有直观的深切体会，他们的意见十分重要。从力求信息的准确性角度出发，本次调查对年龄与学历都有一定的控制，如表3-1所示。

表3-1 旅游者样本基本特征表

样本基本情况	类 型	人 数	百分比(%)
性别	男	167	51.9
	女	155	48.1
年龄(岁)	15～24	55	17.1
	25～34	107	33.2
	35～44	80	24.9
	45～54	40	12.4
	55～64	21	6.5
	65以上	19	5.9

续　表

样本基本情况	类　型	人　数	百分比(%)
受教育程度	小学及以下	10	3.1
	初中	32	9.9
	中专、高中或职业学校	58	18.1
	大专或本科	181	56.2
	研究生或以上	41	12.7
职　业	公务员	9	2.8
	企事业管理人员	56	17.4
	专业/文教技术人员	27	8.4
	机构/公司职员	58	18.0
	私营企业主	33	10.2
	离退休人员	34	10.6
	工人	11	3.4
	农民	2	0.6
	军人	2	0.6
	学生	59	18.3
	其他	31	9.6
月收入水平(元)	无收入	44	13.7
	1000 以下	15	4.7
	1001～3000	70	21.7
	3001～5000	95	29.5
	5001～8000	46	14.3
	8001～10000	22	6.8
	10001～30000	18	5.6
	30001 以上	12	3.7
客源地构成	调查点本地	77	23.9
	浙江省内(除调查点本地外)	158	49.1
	浙江省外	87	27.0

续 表

样本基本情况	类　型	人　数	百分比(%)
交通方式	私家车	210	65.2
	公共交通	112	34.8
本次旅游了解渠道	亲朋好友	192	59.6
	网络媒体	79	24.5
	报纸、电视等传统媒体	16	5.0
	政府宣传促销	9	2.8
	旅行社	20	6.2
	当地城市宾馆	1	0.3
	其他	5	1.6

2. 乡村旅游经营者

考虑到乡村旅游经营主体越是小微企业，越需要旅游公共服务，因此问卷对象以农家乐经营者为主，重点对以家庭接待为主要形式、资金投入基本在100万元以下的经营户进行调查，有效问卷中如表3-2所示。

表3-2　农家乐经营户的样本基本特征表

样本基本情况	类　型	人　数	百分比(%)
性别	男	52	50.0
	女	52	50.0
婚姻状况	已婚	94	90.4
	未婚	10	9.6
年龄(岁)	15～24	5	4.8
	25～34	18	17.3
	35～44	40	38.4
	45～54	29	27.9
	55～64	6	5.8
	65以上	6	5.8

续 表

样本基本情况	类 型	人 数	百分比(%)
文化程度	小学	13	12.5
	初中	52	50.0
	中专、高中或职业学校	27	26.0
	大专或本科	12	11.5
所在地	本地	95	91.3
	外地	9	8.6
经营类型	农家乐(家庭农场)	79	75.9
	生态农业园	1	1.0
	市民农园	9	8.6
	度假休闲农庄	13	12.5
	乡村旅游服务公司	1	1.0
	其他	1	1.0
投资金额(万元)	小于 10	22	21.2
	11～50	30	28.8
	51～100	37	35.6
	101～500	12	11.5
	501～1000	2	1.9
	1001 以上	1	1.0
发展依托	城市依托型	18	17.3
	产业依托型	14	13.4
	文化依托型	11	10.6
	景区依托型	20	19.2
	生态依托型	40	38.5
	其他	1.0	

3. 乡村社区居民

以社区为依托的乡村旅游，旅游公共服务不仅为旅游者和经营者服务，更是要实现与社区居民的共享，居民的需求也是旅游公共服务供给中需要考虑的重要因素，有效问卷中如表 3-3 所示。

表 3-3 社区居民样本基本特征表

样本基本情况	类　型	人　数	百分比(%)
性别	男	59	46.8
	女	67	53.2
婚姻状况	已婚	97	77.0
	未婚	29	23.0
年龄(岁)	15～24	13	10.3
	25～34	32	25.4
	35～44	35	27.8
	45～54	24	19.1
	55～64	14	11.1
	65 以上	8	6.3
受教育程度	小学及以下	20	15.9
	初中	43	34.1
	中专、高中或职业学校	40	31.7
	大专或本科	21	16.7
	研究生或以上	2	1.6

4. *潜在游客*

潜在游客主要指未来的乡村旅游者，但有相当一部分受访者均有乡村旅游的经历。非乡村社区现场问卷，使受访者能更好地综合以往历次乡村旅游经历，对选项做出更为客观的判断，而避免受现场乡村旅游公共服务供给状况的影响，如表 3-4 所示。样本 90 后、80 后消费者较多，他们消费观念新颖，乐于发表意见，对乡村旅游公共服务的认识也比较准确。由于一些受访者还处于学生阶段，所以无收入者比例较大，但有父母资助，不妨碍其进行乡村旅游消费。

表 3-4　潜在(一般)游客样本基本特征表

样本基本情况	类　型	人　数	百分比(%)
性别	男	195	47.2
	女	218	52.8
年龄(岁)	15～24	198	47.9
	25～34	143	34.6
	35～44	38	9.2
	45～54	19	4.6
	55～64	9	2.2
	65 以上	6	1.5
受教育程度	小学及以下	43	10.4
	初中	21	5.1
	中专、高中或职业学校	58	14.0
	大专或本科	222	53.8
	研究生或以上	69	16.7
职业	公务员	9	2.2
	企事业管理人员	21	5.1
	专业/文教技术人员	29	7.0
	机构/公司职员	83	20.1
	私营企业主	11	2.7
	离退休人员	13	3.1
	工人	10	2.4
	农民	7	1.7
	军人	9	2.2
	学生	197	47.7
	其他	24	5.8

续 表

样本基本情况	类 型	人 数	百分比(%)
月收入水平(元)	无收入	168	40.7
	1000 以下	26	6.3
	1001～3000	77	18.6
	3001～5000	90	21.8
	5001～8000	37	9.0
	8001～10000	10	2.4
	10001～30000	4	1.0
	30001 以上	1	0.2
客源地构成	调查点本地	71	17.2
	浙江省内	165	39.9
	浙江省外	177	42.9

二、乡村旅游公共服务供需现状总体分析

运用 SPSS19.0 对所有的问卷进行描述性统计分析，通过满意度和重要度的均值与标准差分析了解乡村旅游公共服务供需状况，并引入 IPA 方法，进一步分析乡村旅游公共服务绩效表现。

IPA 方法是由 Martilla 和 James 于 1977 年提出，用以测量汽车产业的满意度[141]。Evans 首次将 IPA 引入旅游研究，用以评价旅游政策[142]，之后，IPA 方法在旅游诸多领域得到应用。IPA 方法就是以重要性为 I，满意度即绩效表现情况为 P，将重要性列为 X 轴，绩效表现列为 Y 轴，分别以受访者的重要性、绩效表现评价之总平均值为 X—Y 轴的分割点，从而将空间分为四个象限。第一象限为优势区，重要性和绩效表现都比较高；第二象限为保持区，重要性较低，但绩效表现良好；第三象限为改进区，重要性和绩效表现都比较低；第四象限是弱势区，重要性高，但绩效表现差。I－P 为重要性和绩效表现均值之差，IPA 指数$=\frac{I-P}{I}\times 100$，代表受访者对各指标供给绩效的满意程度，指数分为五级制，≤1.00，1.01～5.00，5.01～10.00，10.01～15.00，≥15.01，分别代表很满意、比较满意、一般满意、不满意、很不满意。由于 IPA 分析以受访者的感知为基础，因而存在一定的

相对性，结合本研究实际，即六大类乡村旅游公共服务的总体评价与其具体四十六项相关服务评价并不完全具有一致性。

为确认本研究是否可进行 IPA 分析，运用 SPSS19.0 软件对数据进行配对样本 T 检验，如果 Sig.＜0.05，表明指标具有显著差异性，IPA 分析具有意义，反之，则无需进行 IPA 分析。结果显示，六大类乡村旅游公共服务中，最小配对结果是乡村旅游软环境，数值为 1.174，最大的为乡村旅游公共交通服务，数值为 1.781，配对均值皆为正数，且所有的 T 检验显著性概率 Sig.＜0.05，表明各类乡村旅游公共服务在受访者心中的重要性和实际表现满意度具有显著差异性，对其进行 IPA 分析具有实际操作性，如表 3-5 所示。

表 3-5　乡村旅游公共服务配对样本 T 检验表

对比因子		均值	标准差	T	df	Sig(2-Tailed)
乡村旅游公共交通服务	重要性—绩效表现	1.781	1.391	39.81	964	0.00
乡村旅游公共信息服务	重要性—绩效表现	1.554	1.256	38.50	964	0.00
乡村旅游安全保障服务	重要性—绩效表现	1.668	1.150	45.12	964	0.00
乡村旅游惠民便民服务	重要性—绩效表现	1.437	1.211	36.92	964	0.00
乡村旅游行政服务	重要性—绩效表现	1.496	1.200	38.77	964	0.00
乡村旅游软环境	重要性—绩效表现	1.174	1.164	31.36	964	0.00

(一)总体供需情况分析

1. 六大类总体分析

对乡村旅游公共交通服务(Q7)、乡村旅游公共信息服务(Q15)、乡村旅游安全保障服务(Q23)、乡村旅游惠民便民服务(Q32)、乡村旅游行政服务(Q44)、乡村旅游社区软环境(Q52)六大类以及总体综合评价(Q53)进行重要性和满意度的均值、I—P 和 IPA 指数统计分析发现，六大类乡村旅游公共服务和总体评价的重要性均值都大于 4.13，且整体均值达到 4.31，满意程度均值处于2.5～3.1之间，整体满意度均值仅为2.76，两者均值差距达到1.55，且IPA指数皆大于15.01。说明受访者对乡村旅游公共服务重要性感知强烈，但实际乡村旅游公共服务供给明显不足，受访者对乡村旅游公共服务的实际供给情况并不满意，需求远远大于供给。

从重要程度排序分析，依次为乡村旅游安全保障服务（Q23）、乡村旅游公共交通服务（Q7）、乡村旅游社区软环境（Q52）、乡村旅游惠民便民服务（Q32）、乡村旅游行政服务（Q44）和乡村旅游公共信息服务（Q15）；I—P的结果显示，Q7乡村旅游公共交通服务供需差距最大，达到1.78，其次是Q23乡村旅游安全保障服务，均值差为1.67，最小的是Q52乡村旅游社区软环境，均值差为1.17。数据表明，受访者对乡村旅游安全保障服务需求和乡村旅游公共交通服务需求最为迫切，对乡村旅游社区软环境最为满意。标准差分析进一步发现，对重要性的认知内部差异性略大于对满意度的认知差异，说明对需求程度的认识分歧较大，如表3-6所示。

表3-6 六大类乡村旅游公共服务的重要程度、满意程度及IPA分析

要素层	重要性		满意度		I—P	IPA指数
	均值	标准差	均值	标准差		
乡村旅游公共交通服务 Q7	4.30	1.173	2.52	1.047	1.78	41.40
乡村旅游公共信息服务 Q15	4.13	1.039	2.58	0.961	1.55	37.53
乡村旅游安全保障服务 Q23	4.41	1.040	2.74	0.940	1.67	37.87
乡村旅游惠民便民服务 Q32	4.24	1.093	2.80	0.974	1.44	33.96
乡村旅游行政服务 Q44	4.14	1.106	2.65	0.948	1.49	35.99
乡村旅游社区软环境 Q52	4.27	1.145	3.10	0.991	1.17	27.40
总体评价 Q53	4.31	0.721	2.76	0.939	1.55	35.96

如图3-1所示，六大类型中没有一类落在第一象限优势区，落在第二象限保持区的是乡村旅游惠民便民服务（Q32）和乡村旅游社区软环境（Q52），落在第三象限改进区的是乡村旅游公共交通服务（Q7）、乡村旅游公共信息服务（Q15）和乡村旅游行政服务（Q44），落在第四象限弱势区的是乡村旅游安全保障服务（Q23）。说明六大类乡村旅游公共服务中，没有一类是受访者认为既重要又满意的，但对惠民便民服务和社区软环境相对满意；对公共交通、公共信息和行政服务认知不足，满意度也不高；对旅游安全服务认知充分，但满意程度低（注：为了便于阅读，以下图中只表述数

字，不加字母 Q，如 Q7 在图中仅表示为 7）。

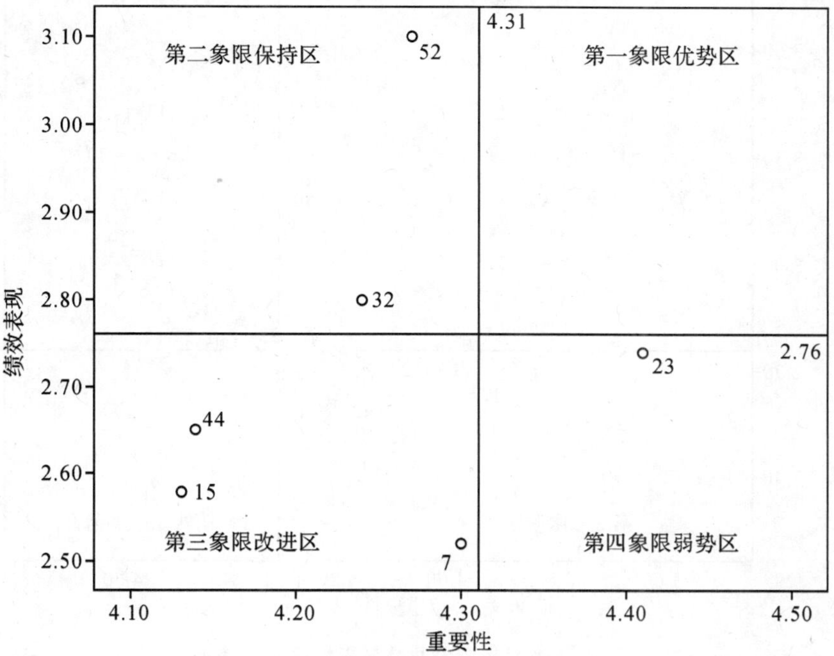

图 3-1　六大类乡村旅游公共服务 IPA 模型

2. 四十六项具体内容总体分析

对六大类中的具体四十六项乡村旅游公共服务的 IPA 模型进行分析发现，大部分选项分布于第一象限和第三象限，与六大类总体分布存在一定的差异，这说明，涉及到具体的指标内容，受访者还是会根据实际进行独立的判断，如图 3-2 所示。

在第一象限优势区中，主要有旅游导示牌/交通引导标识建设（Q4），获取乡村旅游信息的便捷性（Q8），乡村旅游安全预警/提示服务（Q16），乡村旅游设施安全性/旅游安全标识（Q19），住宿安全（Q20），饮食安全（Q21），医疗保障水平（Q22），乡村旅游社区厕所建设（Q24），社区水电供应（Q25），社区通信条件（Q26），社区治安条件（Q28），社区环境与卫生条件（Q29），乡村整体环境（Q45），乡村的村容村貌（Q47），乡村社区居民态度（Q48）和经营者及服务人员的素质（Q49），共十六个指标。大部分属于乡村旅游社区软环境、乡村旅游安全保障服务和乡村旅游惠民便民服务，表明这三大类型中部分内容做的相对较好，供给在一定程度上满足了需求。

位于第二象限保持区的有乡村旅游规范和标准的制定（Q38），乡村旅

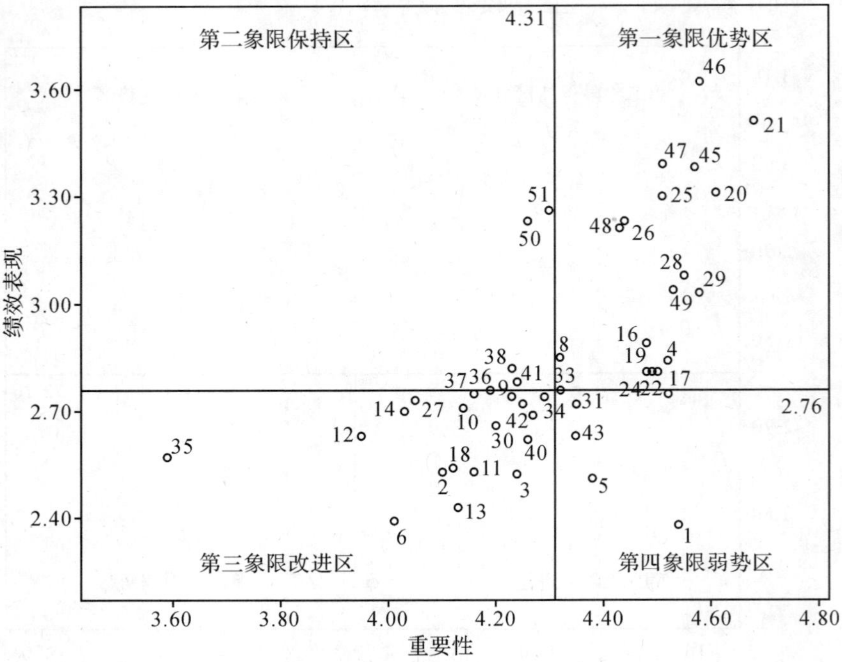

图 3-2 乡村旅游公共服务指标层 IPA 模型

游形象宣传与推广（Q41），语言交流便利（Q50）和当地休闲度假/旅游氛围（Q51）共 4 项指标，这意味着乡村旅游目的地的宣传和氛围营造上获得较大的认可，产生较好的效果，未来应继续保留这些优势。

位于第三象限改进区的有乡村观光巴士/乡村旅游专线车（Q2），车站及旅游集散中心建设（Q3），自驾车旅游营地建设（Q6），乡村旅游信息服务内容的丰富性（Q9），乡村旅游信息获取渠道多样性（Q10），乡村旅游咨询服务中心建设（Q11），乡村旅游热线电话/手机短信服务（Q12），乡村旅游网站服务水平（Q13），乡村旅游信息户外平台建设（Q14），乡村旅游保险服务水平（Q18），社区金融服务（Q27），社区娱乐休闲设施建设（Q30），乡村旅游消费环境的监督及监测（Q34），乡村旅游优惠券的发放（Q35），乡村旅游政策、法规的制定与落实（Q36），政府财政支持（Q37），乡村旅游专业人才培养（Q40）和乡村旅游规划制定与实施（Q42），共十八项指标，大部分属于乡村旅游公共交通服务、乡村旅游公共信息服务、乡村旅游行政服务，表明这些公共服务受访者认知上相对不足，供给存在严重不足。

处于第四象限弱势区的有交通的通达性及便捷度（Q1），停车场建设（Q5），紧急救援及突发事件处置服务（Q17），乡村旅游景区/景点建设

(Q31)和乡土文化保护、挖掘与弘扬(Q43),这些指标是各类乡村旅游公共服务供给中绩效最低的项目,认知高、满意度低,需求大于供给,应该引起高度重视。

(二)分类供需情况分析

1.乡村旅游公共交通服务

涉及乡村旅游公共交通服务内容包括交通的通达性及便捷度(Q1)、乡村观光巴士/乡村旅游专线车(Q2)、车站及旅游集散中心建设(Q3)、旅游导示牌/交通引导标识建设(Q4)、停车场建设(Q5)和自驾车旅游营地建设(Q6)六个方面。

统计表明,六个方面的乡村旅游公共交通服务重要性均值均在4以上,排在前二位的是Q1旅游交通的通达性及便捷度(均值4.54)和Q4旅游导示牌/交通引导标识建设(均值4.52),得分最低的是Q6自驾车旅游营地建设(均值4.01),并有3.4%的人对其选择并不清楚,认知的内部一致性也较差。相对于重要程度而言,受访者对乡村旅游公共交通服务的满意程度却较低,特别是对Q6自驾车旅游营地建设(均值2.39,不满意比例达到23.1%)、Q5停车场建设(均值2.51,不满意比例达到19.6%)、Q3车站及旅游集散中心建设(均值2.52,不满意比例达到17.4%)和Q2乡村观光巴士/乡村旅游专线车(均值2.53)满意度偏低。I—P分值相差最大的是Q5停车场建设。IPA指数皆超过35,远大于15.01,表明受访者对乡村旅游公共服务实际供给情况并不满意,如表3-7、3-8所示。

表3-7　乡村旅游公共交通服务的重要程度、满意程度及IPA分析

指标层	重要性		满意度		I—P	IPA指数
	均值	标准差	均值	标准差		
交通通达性及便捷度Q1	4.54	0.842	2.83	1.028	1.71	37.67
乡村观光巴士/乡村旅游专线车Q2	4.10	1.138	2.53	1.000	1.57	38.29
车站及旅游集散中心建设Q3	4.24	1.051	2.52	1.051	1.72	40.57
旅游导示牌/交通引导标识建设Q4	4.52	0.805	2.84	1.028	1.68	37.17
停车场建设Q5	4.38	0.939	2.51	1.097	1.87	42.69

续 表

指标层	重要性		满意度		I—P	IPA 指数
	均值	标准差	均值	标准差		
自驾车旅游营地建设 Q6	4.01	1.218	2.39	1.064	1.62	40.40

表 3-8　对乡村旅游公共交通服务的重要程度及满意程度认知　单位:%

	不重要	不太重要	介于中间	比较重要	非常重要	不清楚	不满意	不太满意	介于中间	比较满意	非常满意
Q1	0.8	1.9	3.1	25.8	61.5	0.9	8.8	31.0	30.9	25.4	3.5
Q2	2.3	4.0	11.7	34	45.7	2.3	15.0	34.7	32.5	15.4	2.0
Q3	1.2	3.0	7.7	35.6	50.3	2.2	17.4	30.8	32.1	17.0	1.9
Q4	0.5	1.1	4.2	30.2	63.1	0.9	9.4	29.0	32.4	25.5	3.5
Q5	0.8	2.6	7.1	30.7	57.5	1.2	19.6	32.4	27.3	17.1	3.2
Q6	1.9	5.4	12.3	33.9	43.1	3.4	23.1	30.1	32.3	11.3	2.8

IPA 模型显示，Q1 交通的通达性及便捷度和 Q4 旅游导示牌/交通引导标识建设这两方面供需相对平衡，政府投入具有效益；Q2 乡村观光巴士/乡村旅游专线车和 Q3 车站及旅游集散中心建设，其重要性感知虽然不是很强烈，但乡村旅游专线车作为与外界的连接通道，其供给具有一定必要性，应继续保持；Q6 自驾车旅游营地建设，其重要程度认知和满意程度都比较低，随着乡村旅游的发展，这部分内容应得到重视并加以建设；Q5 停车场建设，受访者重要性认知高，但实际供给不足，满意程度低，供需差距大，如图 3-3 所示。

2. 乡村旅游公共信息服务

乡村旅游公共信息服务内容包括获取乡村旅游信息的便捷性(Q8)、乡村旅游信息服务内容的丰富性(Q9)、乡村旅游信息获取渠道多样性(Q10)、乡村旅游咨询服务中心建设(Q11)、乡村旅游热线电话/手机短信服务(Q12)、乡村旅游网站服务水平(Q13)和乡村旅游信息户外平台建设(Q14)七个方面。

统计表明，在重要程度认知方面，除 Q12 乡村旅游热线电话/手机短信服务(均值 3.95)以外，其余均值在 4 以上，排前二位的是 Q8 获取乡村旅游信息的便捷性(均值 4.32)和 Q9 乡村旅游信息服务内容的丰富性(均值 4.23)，其中对 Q11 乡村旅游咨询服务中心建设有 2.5%的人选择不清楚。

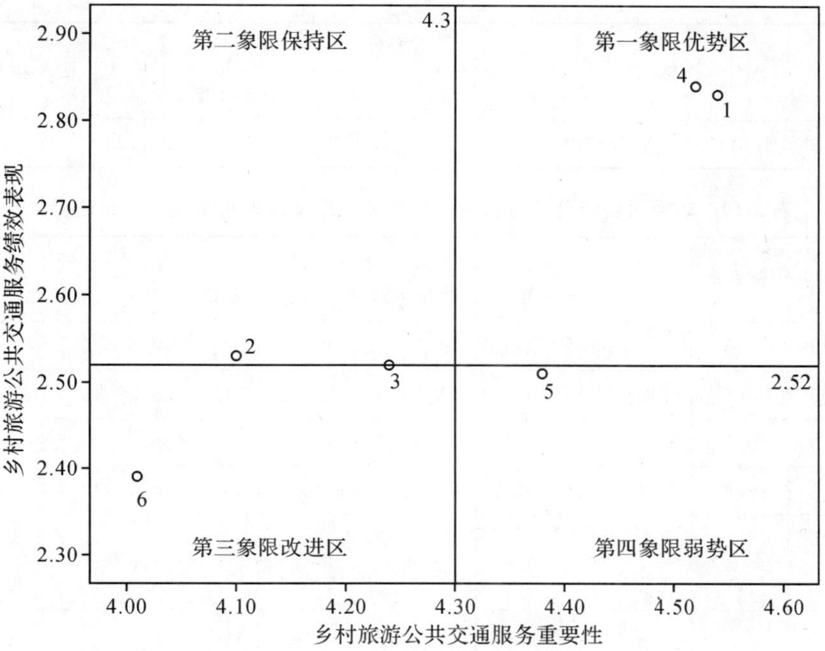

图 3-3　乡村旅游公共交通服务 IPA 模型

在满意程度方面，最不满意的是 Q13 乡村旅游网站服务水平(均值 2.43，不满意比例达到 20.0%)和 Q11 乡村旅游咨询中心建设(均值 2.53，不满意比例达到 16.8%)。I—P 分值差距最大的是 Q13 乡村旅游网站服务水平。各项指标 IPA 指数都超过 30，大于分界数 15.01，表明受访者对实际乡村旅游公共信息服务并不满意，如表 3-9、3-10 所示。

表 3-9　乡村旅游公共信息服务的重要程度、满意程度及 IPA 分析

指标层	重要性		满意度		I—P	IPA 指数
	均值	标准差	均值	标准差		
获取乡村旅游信息的便捷性 Q8	4.32	0.882	2.85	0.935	1.47	34.03
乡村旅游信息服务内容丰富性 Q9	4.23	0.855	2.74	0.915	1.49	35.22
乡村旅游信息获取渠道多样性 Q10	4.14	0.953	2.71	0.933	1.43	34.54
乡村旅游咨询服务中心建设 Q11	4.16	1.019	2.53	1.083	1.63	39.18
乡村旅游热线电话/短信服务 Q12	3.95	1.091	2.63	0.965	1.32	33.41
乡村旅游网站服务水平 Q13	4.13	1.056	2.43	1.055	1.70	41.16

续 表

指标层	重要性		满意度		I—P	IPA 指数
	均值	标准差	均值	标准差		
乡村旅游信息户外平台建设 Q14	4.03	1.009	2.70	0.955	1.33	33.00

表 3-10 对乡村旅游公共信息服务的重要程度及满意程度认识 单位:%

	不重要	不太重要	介于中间	比较重要	非常重要	不清楚	不满意	不太满意	介于中间	比较满意	非常满意
Q8	0.5	1.7	5.5	42.9	48.0	1.4	7.3	26.3	40.6	23.7	1.7
Q9	0.3	2.2	8.1	47.9	40.4	1.1	6.2	34.2	38.5	18.6	2.0
Q10	0.5	1.9	11.0	46.5	48.2	2.0	7.1	35.5	35.9	19.2	1.7
Q11	0.4	2.6	10.1	42.2	42.2	2.5	16.8	31.4	30.1	17.9	2.4
Q12	1.0	5.8	14.9	42.2	33.7	2.4	9.8	35.9	35.1	16.3	2.2
Q13	1.2	3.7	9.5	40.5	42.8	2.2	20.0	33.9	28.1	15.3	1.9
Q14	1.7	3.5	12.5	46.8	34.1	1.7	8.6	34.1	37.2	16.9	2.8

IPA 模型显示,Q8 获取乡村旅游信息的便捷性、Q9 乡村旅游信息服务内容的丰富性和 Q10 乡村旅游信息获取渠道多样性的重要性和满意程度相对都比较高,表明服务的供需相对良好;Q12 乡村旅游热线电话/手机短信服务和 Q14 乡村旅游信息户外平台建设供给相对完善,但重要性的认知程度不不高;Q11 乡村旅游咨询中心建设和 Q13 乡村旅游网站服务水平有待加强,如图 3-4 所示。

3. 乡村旅游安全保障服务

涉及乡村旅游安全保障服务的内容包括乡村旅游安全预警/提示服务(Q16)、紧急救援及突发事件处置服务(Q17)、乡村旅游保险服务水平(Q18)、乡村旅游设施安全性/旅游安全标识(Q19)、住宿安全(Q20)、饮食安全(Q21)和医疗保障水平(Q22)七个方面。

统计表明,受访者对安全保障服务要求很高,在重要程度均值在 4 以上,尤其是 Q21 饮食安全(均值 4.68)和 Q20 住宿安全(均值 4.61),但相对来说,Q18 乡村旅游保险服务水平的关注程度偏低,均值得分最低(均值 4.12),并有 3.2%选择不清楚,对该选项的内部差异也最大。在满意程度方面,均值相对较高的也是 Q21 饮食安全和 Q20 住宿安全,但对 Q18 乡村旅游保险服务水平(均值 2.54)、Q17 紧急救援及突发事件处置服务(均值

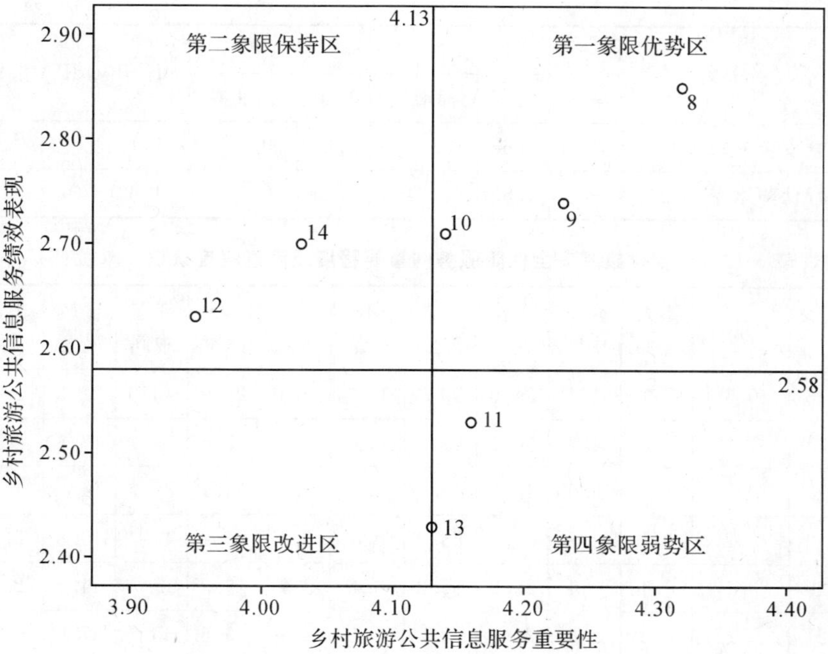

图 3-4　乡村旅游公共信息服务 IPA 模型

2.75)和 Q19 乡村旅游设施安全性/旅游安全标识(均值 2.81)满意度相对较低。I—P 分值差异最大的则是 Q17 紧急救援及突发事件处置服务。各项指标 IPA 指数都超过 25,大于分界数 15.01,表明受访者对实际乡村旅游公共信息服务不满意,如表 3-11、3-12 所示。

表 3-11　乡村旅游安全保障服务的重要程度、满意程度及 IPA 分析

指标层	重要性		满意度		I—P	IPA 指数
	均值	标准差	均值	标准差		
乡村旅游安全预警/提示服务 Q16	4.48	0.768	2.89	0.893	1.59	35.49
紧急救援及突发事件处置服务 Q17	4.52	0.688	2.75	0.918	1.77	39.16
乡村旅游保险服务水平 Q18	4.12	1.074	2.54	0.957	1.58	38.35
乡村旅游设施安全性/安全标识 Q19	4.49	0.742	2.81	0.927	1.68	37.42
住宿安全 Q20	4.61	0.639	3.31	0.908	1.30	28.20

续　表

指标层	重要性		满意度		I—P	IPA 指数
	均值	标准差	均值	标准差		
饮食安全 Q21	4.68	0.600	3.51	0.938	1.17	25.00
医疗保障水平 Q22	4.50	0.745	2.81	0.917	1.69	37.56

表 3-12　对乡村旅游安全保障服务的重要程度及满意程度认识　单位：%

	不重要	不太重要	介于中间	比较重要	非常重要	不清楚	不满意	不太满意	介于中间	比较满意	非常满意
Q16	0.3	1.1	4.4	34.6	58.7	0.7	5.3	26.9	43.0	22.3	2.2
Q17		0.8	4.7	30.1	63.3	1.1	6.3	33.8	39.2	17.8	2.5
Q18	0.2	3.2	9.6	42.7	41.1	3.2	12.8	34.1	36.9	14.0	1.2
Q19	0.2	0.9	4.8	34.7	58.7	0.6	6.4	29.2	41.7	19.8	2.4
Q20		0.4	3.1	29.8	66.3	0.4	3.7	19.2	39	34.9	2.8
Q21		0.2	2.4	24.3	72.7	0.4	4.1	19.6	35.1	37.6	3.1
Q22	0.2	0.7	4.6	34.7	59.0	0.7	6.1	29.5	42.8	18.4	2.7

IPA 模型显示，除了对 Q18 乡村旅游保险服务水平认知水平和满意度较低以外，Q16 乡村旅游安全预警/提示服务、Q17 紧急救援及突发事件处置服务、Q19 乡村旅游设施安全性/旅游安全标识、Q20 住宿安全、Q21 饮食安全和 Q22 医疗保障水平都处于第一象限优势区，受访者的重要性认知强烈，同时也相对满意，说明政府在安全保障服务各项投入绩效较高，如图 3-5 所示。

4. 乡村旅游惠民便民服务

涉及乡村旅游惠民便民服务的内容包括乡村旅游社区厕所建设（Q24）、社区水电供应（Q25）、社区通信条件（Q26）、社区金融服务（Q27）、社区治安条件（Q28）、社区环境与卫生条件（Q29）、社区娱乐休闲设施建设（Q30）和乡村旅游景区/景点建设（Q31）八个方面。

统计表明，重要程度的均值均在 4 以上，受访者最注重的是 Q29 社区环境与卫生条件（均值 4.58）、Q28 社区治安条件（均值 4.55）和 Q25 社区水电供应（均值 4.51），关注度相对较低的是 Q27 社区金融服务（均值 4.05）。在满意程度上，均值相对其他几类较高，但对 Q30 社区娱乐休闲设施建设（均值 2.66，不满意比例达到 15.7%）和 Q31 乡村旅游景区/景点建

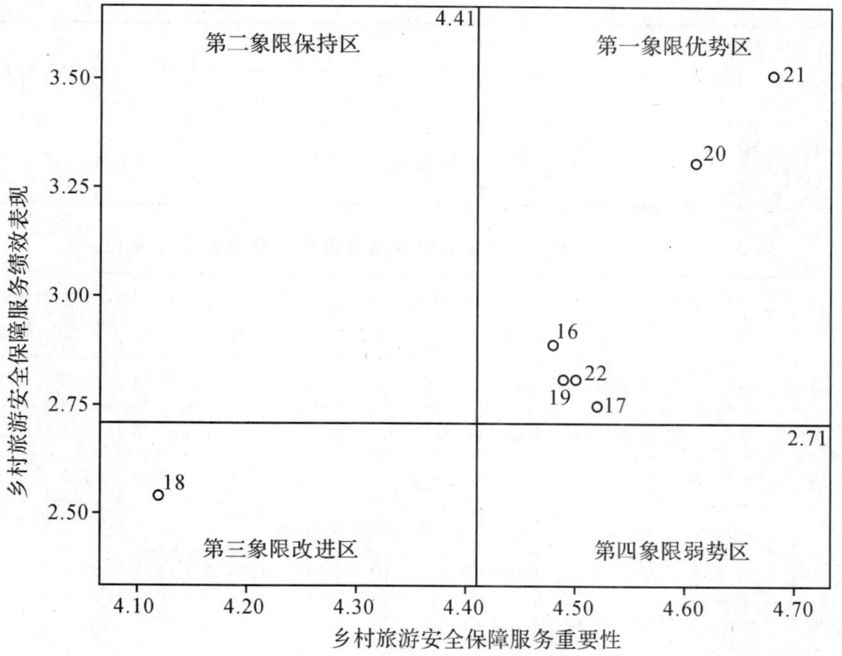

图 3-5 乡村旅游安全保障服务 IPA 模型

设(均值 2.72,不满意比例达到 16.1%),Q27 社区金融服务(均值 2.73)满意度相对较低。I—P 分值差异最大的是 Q24 乡村旅游社区厕所建设。各项指标 IPA 指数都超过 25,大于分界数 15.01,表明受访者对实际乡村旅游公共信息服务存在不满意,如表 3-13、3-14 所示。

表 3-13 乡村旅游惠民便民重要程度、满意程度及 IPA 分析

指标层	重要性		满意度		I—P	IPA 指数
	均值	标准差	均值	标准差		
乡村旅游社区厕所建设 Q24	4.48	0.751	2.81	0.985	1.67	37.28
社区水电供应 Q25	4.51	0.651	3.30	0.887	1.21	26.83
社区通信条件 Q26	4.44	0.756	3.23	1.573	1.21	27.25
社区金融服务 Q27	4.05	1.001	2.73	1.001	1.32	32.67
社区治安条件 Q28	4.55	0.725	3.08	0.887	1.47	32.31
社区环境与卫生条件 Q29	4.58	1.459	3.03	1.378	1.55	33.84
社区娱乐休闲设施建设 Q30	4.20	0.906	2.66	1.015	1.54	36.67

续　表

指标层	重要性		满意度		I—P	IPA 指数
	均值	标准差	均值	标准差		
乡村旅游景区/景点建设 Q31	4.35	0.803	2.72	1.052	1.63	37.47

表 3-14　对乡村惠民便民服务的重要程度及满意程度认识　单位:%

	不重要	不太重要	介于中间	比较重要	非常重要	不清楚	不满意	不太满意	介于中间	比较满意	非常满意
Q24	0.3	1.0	6.6	32.1	59.6	0.4	9.4	28.9	35.8	23.3	2.7
Q25		0.7	5.5	35.4	58.3	0.1	3.0	14.4	35.8	42.4	4.2
Q26	0.2	1.6	6.2	35.8	55.8	0.4	2.6	17.9	40.3	35.5	3.5
Q27	1.0	4.1	15.7	40.4	37.3	1.3	12.5	26.5	38.0	20.8	2.1
Q28		0.9	4.9	29.5	64.1	0.6	3.8	20.5	41.8	30.8	2.9
Q29	0.1	0.9	5.0	30.4	63.0	0.5	4.9	25.3	37.1	28.7	3.6
Q30	0.5	2.6	10.7	42.7	42.4	1.1	15.7	25.2	37.7	19.6	1.7
Q31	0.2	1.2	8.7	39.7	49.4	0.7	16.1	21.8	38.7	20.6	2.7

IPA 模型显示,Q24 乡村旅游社区厕所建设、Q25 社区水电供应、Q26 社区通信条件、Q28 社区治安条件和 Q29 社区环境与卫生条件,受访者对其供给比较满意,绩效表现好;Q27 社区金融服务和 Q30 社区娱乐休闲设施建设关注程度和满意程度相对较低;Q31 乡村旅游景区/景点建设是需要重点提升的内容,受访者的重要性感知强,但实际供给不足,如图 3-6 所示。

5. 乡村旅游行政服务

乡村旅游行政服务内容包括旅游者权益保护和各种投诉处理服务(Q33)、乡村旅游消费环境的监督及监测(Q34)、乡村旅游优惠券的发放(Q35)、乡村旅游政策、法规的制定与落实(Q36)、政府财政支持(Q37)、乡村旅游规范和标准的制定(Q38)、从业人员职业技能培训服务(Q39)、乡村旅游专业人才培养(Q40)、乡村旅游形象宣传与推广(Q41)、乡村旅游规划制定与实施(Q42)和乡土文化保护、挖掘与弘扬(Q43)十一个方面。

统计表明,在重要程度方面,除 Q35 乡村旅游优惠券的发放(均值 3.59)以外,其他均值均在 4 以上,其中 Q43 乡土文化保护、挖掘与弘扬(均

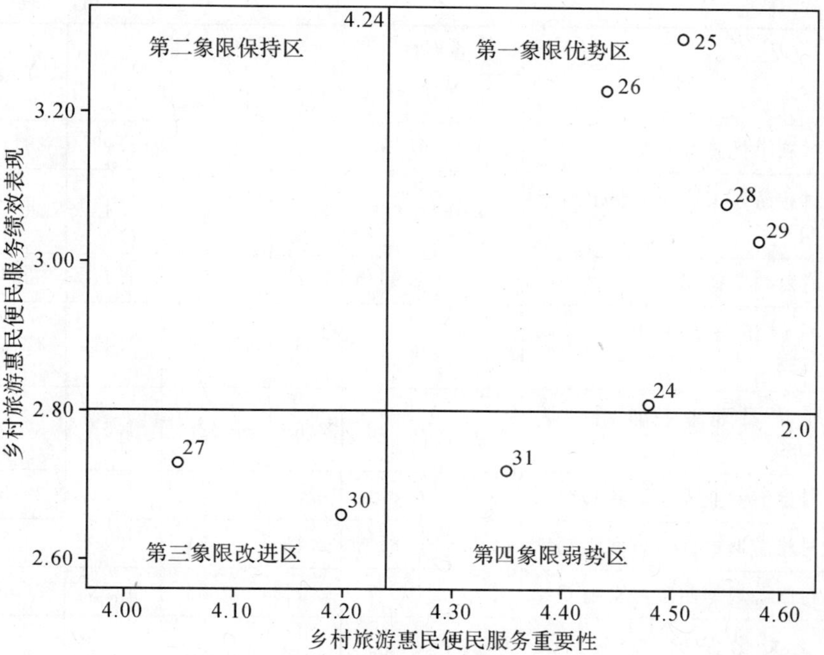

图 3-6　乡村旅游惠民便民服务 IPA 模型

值 4.35)和 Q33 旅游者权益保护和各种投诉处理服务(均值 4.32)均值略高,对 Q35 乡村旅游优惠券的发放有 4.8%选择不清楚,内部认识的一致性最差。满意程度普遍偏低,排最后 3 位的是 Q35 乡村旅游优惠券的发放(均值 2.57,不满意比例达到 16.9%)、Q40 乡村旅游专业人才培养(均值 2.62)和 Q43 乡土文化保护、挖掘与弘扬(均值 2.63)。I—P 分值差距最大的是 Q43 乡土文化保护、挖掘与弘扬。除 Q35 乡村旅游优惠券发放以外,其他各项指标 IPA 指数都超过 33,远远大于 15.01,表明受访者对乡村旅游行政服务存在诸多不满意,如表 3-15、3-16 所示。

表 3-15　乡村旅游行政服务的重要程度、满意程度及 IPA 分析

指标层	重要性		满意度		I—P	IPA 指数
	均值	标准差	均值	标准差		
旅游者权益保护和投诉处理 Q33	4.32	0.945	2.76	0.903	1.56	36.11
乡村旅游消费环境监督及监测 Q34	4.29	0.904	2.74	0.903	1.55	36.13

续 表

指标层	重要性		满意度		I—P	IPA 指数
	均值	标准差	均值	标准差		
乡村旅游优惠券的发放 Q35	3.59	1.293	2.57	0.983	1.02	28.41
乡村旅游政策法规的制定与落实 Q36	4.19	0.965	2.76	0.903	1.43	34.13
政府财政支持 Q37	4.16	0.998	2.75	0.894	1.41	33.89
乡村旅游规范和标准的制定 Q38	4.23	0.877	2.82	1.056	1.41	33.33
从业人员职业技能培训服务 Q39	4.27	0.842	2.69	0.925	1.58	37.00
乡村旅游专业人才培养 Q40	4.26	0.851	2.62	0.941	1.64	38.50
乡村旅游形象宣传与推广 Q41	4.24	0.850	2.78	0.934	1.46	34.43
乡村旅游规划制定与实施 Q42	4.25	0.827	2.72	0.883	1.53	36.00
乡土文化保护、挖掘与弘扬 Q43	4.35	0.841	2.63	0.970	1.72	39.54

表 3-16 对乡村旅游行政服务的重要程度及满意程度认识 单位:%

	不重要	不太重要	介于中间	比较重要	非常重要	不清楚	不满意	不太满意	介于中间	比较满意	非常满意
Q33	0.6	1.6	6.8	38.4	50.8	1.9	7.8	28.3	44.6	17.1	2.0
Q34	0.2	1.6	8.1	41.1	47.5	1.7	7.5	30.4	42.9	16.9	2.0
Q35	2.3	10.9	18.7	38.3	25.1	4.8	16.9	24.1	44.1	12.9	1.6
Q36	0.7	2.0	10.0	43.1	42.3	1.9	7.0	29.9	42.9	17.9	1.9
Q37	0.6	2.1	9.3	44.9	40.7	2.4	8.4	27.4	47.1	14.7	2.4
Q38	0.2	1.6	7.2	49.2	40.1	1.7	5.3	30.2	44.6	18.0	1.9
Q39	0.4	1.6	8.2	45.5	43.3	1.0	7.8	34.1	39.2	16.2	2.1
Q40	0.1	1.8	8.2	45.4	43.3	1.2	10.4	35.1	37.8	14.5	2.2
Q41	0.2	2.1	9.1	45.3	42.3	1.0	7.8	30.5	39.0	20.6	2.1
Q42	0.3	1.0	9.5	46.7	41.4	1.0	7.2	33.4	41.4	16.3	1.7
Q43	0.4	1.6	7.5	39.2	50.4	0.9	12.1	32.2	38.1	15.0	2.6

IPA 模型显示，Q33 旅游者权益保护和投诉处理、Q34 乡村旅游消费环境的监督及监测、Q36 乡村旅游政策、法规的制定与落实、Q37 政府财政支持、Q38 乡村旅游规范和标准的制定、Q39 从业人员职业技能培训服务、Q41 乡村旅游形象宣传与推广和 Q42 乡村旅游规划制定与实施，受访者对这些服务比较满足；Q35 乡村旅游优惠券的发放，存在认知不足，并不满意；Q40 乡村旅游专业人才培养和 Q43 乡土文化保护、挖掘与弘扬，重要性认知高，但供需差距大，如图 3-7 所示。

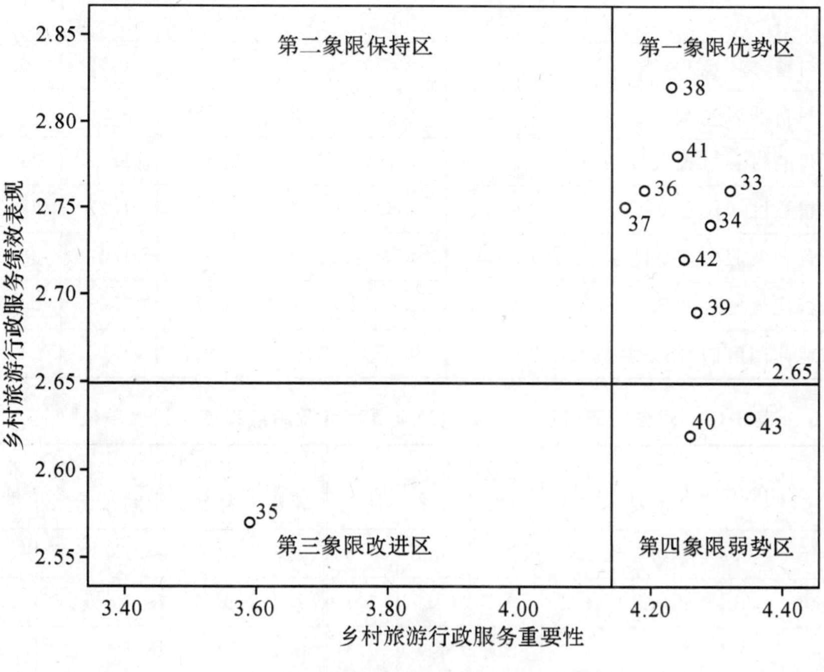

图 3-7　乡村旅游行政服务 IPA 模型

6. 乡村旅游软环境

乡村旅游软环境的内容包括乡村整体环境（Q45）、乡村自然风光（Q46）、乡村的村容村貌（Q47）、乡村社区居民态度（Q48）、经营者及服务人员的素质（Q49）、语言交流便利（Q50）和当地休闲度假/旅游氛围（Q51）七个方面评价。

统计表明，重要程度均值均在 4 以上，排在前二位的是 Q46 乡村自然风光（均值 4.58,）、Q45 乡村整体环境（均值 4.57），但对 Q45 乡村整体环境的重要程度认识一致性较差，排在最后的是 Q50 语言交流便利（均值 4.26）。满意程度方面分值都较高，最满意的是 Q46 乡村自然风光（均值为

3.62，选择非常满意的比例达到9.2%）；最不满意的是对Q49经营者及服务人员的素质（均值3.04）；标准差分析则表明，Q46乡村自然风光、Q47乡村的村容村貌现状满意程度均存在较大的内部分歧。I—P分值差异最大的是Q49经营者及服务人员的素质。各项指标IPA指数在20以上，在6大类中为最少，说明相对较为满意，如表3-17、3-18所示。

表3-17 乡村旅游社区软环境的重要程度、满意程度及IPA分析

指标层	重要性		满意度		I—P	IPA指数
	均值	标准差	均值	标准差		
乡村整体环境Q45	4.57	1.679	3.38	0.833	1.19	26.04
乡村自然风光Q46	4.58	0.669	3.62	1.778	0.96	20.96
乡村的村容村貌Q47	4.51	0.690	3.39	1.569	1.12	24.83
乡村社区居民态度Q48	4.43	0.826	3.21	0.871	1.22	27.54
经营者及服务人员的素质Q49	4.53	0738	3.04	0.956	1.49	32.89
语言交流便利Q50	4.26	0.885	3.23	0.871	1.03	24.18
当地休闲度假/旅游氛围Q51	4.30	0.853	3.26	0.821	1.04	24.19

表3-18 对乡村旅游社区软环境的重要程度及满意程度认识 单位：%

	不重要	不太重要	介于中间	比较重要	非常重要	不清楚	不满意	不太满意	介于中间	比较满意	非常满意
Q45	0.4	0.6	4.6	33.5	60.5	0.3	1.5	13.0	35.2	45.7	4.6
Q46	0.1	0.7	4.2	29.8	64.7	0.3	1.4	9.3	29.0	50.9	9.2
Q47	0.1	0.7	4.3	35.8	58.6	0.4	2.1	12.9	38.6	40.2	6.0
Q48	0.2	0.7	6.0	35.9	55.9	1.2	2.4	15.6	42.8	34.9	3.8
Q49	0.1	0.7	4.8	31.0	62.7	0.7	5.4	22.2	39.0	29.0	4.2
Q50	0.9	3.3	9.7	38.5	47.2	0.4	3.1	14.2	42.4	36.2	3.8
Q51	0.6	2.2	7.2	42.0	57.2	0.8	1.8	13.5	44.0	37.0	3.4

IPA模型显示，Q45乡村整体环境、Q46乡村自然风光、Q47乡村的村容村貌、Q48乡村社区居民态度和Q51当地休闲度假/旅游氛围重要性大，满意度高；Q50语言交流便利认知不高但较为满意；Q49经营者及服务人员的素质受访者对其十分重视，但实际的服务质量与其期望有一定差距，如图3-8所示。

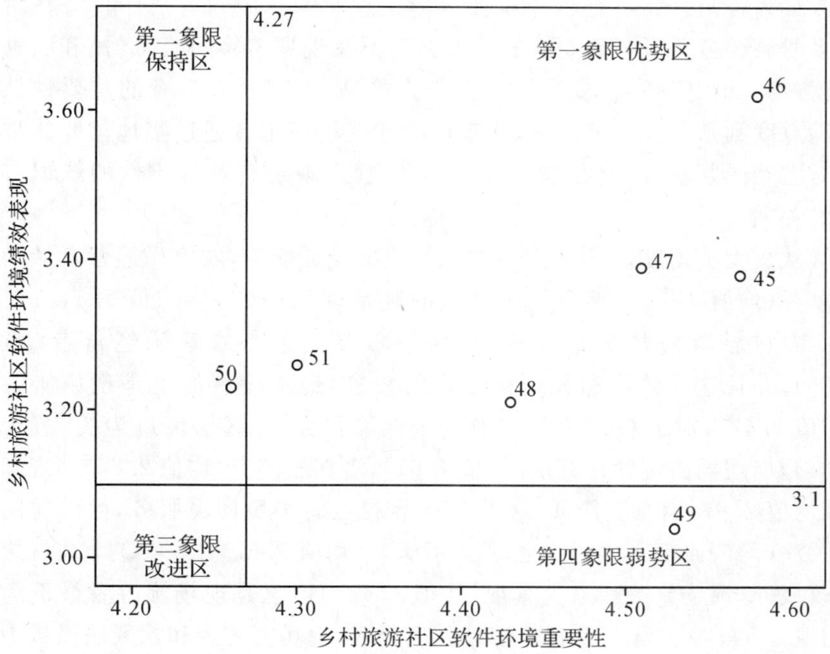

图 3-8　乡村旅游社区软环境 IPA 模型

三、乡村旅游公共服务供需差异化评价与分析

为进一步了解现场旅游者、潜在旅游者以及经营者、社区居民对乡村旅游公共服务的需求状况以及满意水平，分别对四类受访者的重要程度及满意程度的均值、I—P、IPA 指数进行分析对比，如表 3-19 所示。

(一)总体差异分析

均值分析发现，现场旅游者、农家乐经营者、社区居民对乡村旅游公共服务重要性认识程度较为一致(均值分别为 4.49、4.51、4.54)，潜在旅游者相对较低(均值 4.05)；而对于满意度，最不满意的是现场旅游者(均值 2.42)，社区居民与农家乐经营者认知基本一致(均值分别为 2.75、2.77)，满意度相对较高的是潜在旅游者(均值 3.01)。各类受访者的 IPA 指数皆大于 15，表明其对乡村旅游公共服务供给的绩效都不满意；不同类型的受访者对乡村旅游公共服务供给的感知具有差异性，现场旅游者的 I—P、IPA

指数最大，潜在游客指数最小，社区居民和农家乐经营者居中。潜在游客对乡村旅游公共服务重要性的认识程度不及现场游客、社区居民和农家乐经营户高，但其满意程度比以上三类人群高，而现场旅游者的重要性认知和满意度则是四类中最低的，这有可能是现场旅游者通过实地体验能进行相对准确的判断，而潜在游客因为不在现场，缺乏直观的感性的认识有一定的关系。

从六大类角度，对于Q7乡村旅游公共交通服务，农家乐经营者认为最为重要(均值4.79)，满意程度最低的则是现场旅游者(均值2.34)；对于Q15乡村旅游公共信息服务，认为最重要的也是农家乐经营者(均值4.68)，并且这一数值领先排第二位的较多，最不满意的也是现场旅游者(均值2.42)；对于Q23乡村旅游安全保障服务，社区居民最为关注(均值4.63)，但现场游客紧跟其后(均值4.61)，潜在旅游者(均值2.66)和现场游客(均值2.67)满意度最低；对于Q32乡村旅游惠民便民服务，社区居民最为关注(均值4.57)，现场旅游者最不满意(均值2.67)；对于Q44乡村旅游行政服务，现场旅游者最为重视(均值4.43)，但也是现场旅游者最不满意(均值2.5)；对于Q52乡村旅游社区软环境，现场旅游者和社区居民最为重视(均值4.57)，潜在旅游者最不满意(均值2.89)。I—P、IPA指数分析进一步表明，四类受访者的重视程度和绩效评价存在差异，其中绩效最低的是乡村旅游公共交通服务(Q7)，现场旅游者、农家乐经营者、社区居民的IPA指数皆大于其他类型公共服务，表明乡村旅游公共交通服务供需差距明显；乡村旅游社区软环境(Q52)供给绩效最高，表明乡村旅游社区软环境供需差距最小。

表 3-19 各类受访者的重要性、满意度及 IPA 分析

要素层	现场旅游者				农家乐经营户				社区居民				潜在游客			
	重要性均值	满意度均值	I—P	IPA指数	重要性均值	满意度均值	I—P	IPA指数	重要性均值	满意度均值	I—P	IPA指数	重要性均值	满意度均值	I—P	IPA指数
Q7	4.61	2.34	2.27	49.24	4.79	2.43	2.36	49.27	4.57	2.63	1.94	42.45	3.86	2.65	1.21	31.35
Q15	4.37	2.42	1.95	44.62	4.68	2.50	2.18	46.58	4.38	2.72	1.66	37.90	3.74	2.68	1.06	28.34
Q23	4.61	2.67	1.94	42.08	4.49	3.14	1.35	30.07	4.63	2.91	1.72	37.15	4.18	2.66	1.52	36.36
Q32	4.52	2.67	1.85	40.93	4.51	2.95	1.56	34.59	4.57	2.88	1.69	36.98	3.84	2.83	1.01	26.30
Q44	4.43	2.50	1.93	43.57	4.39	2.73	1.66	37.81	4.41	2.76	1.65	37.41	3.78	2.71	1.07	28.31
Q52	4.57	3.16	1.41	30.85	4.44	3.64	0.8	18.02	4.57	3.18	1.39	30.42	3.91	2.89	1.02	26.09
Q53	4.49	2.42	2.07	46.10	4.51	2.77	1.74	38.58	4.54	2.75	1.79	39.43	4.05	3.01	1.04	25.68

IPA模型显示，对于Q23乡村旅游安全保障服务、Q32乡村旅游惠民便民服务和Q52乡村旅游社区软环境3大类公共服务，现场旅游者和社区居民认为其重要性和满意度都比较高；农家乐经营户虽认为这三项内容重要性相对较低，但对供给现状比较满意；潜在游客对Q32乡村旅游惠民便民服务和Q52乡村旅游社区软环境供给比较满意，但认为Q23乡村旅游安全保障服务实际供给不足，跟不上需求。对于Q15乡村旅游公共信息服务，现场旅游者、社区居民和潜在游客皆对其重要性认知不足，对其供给并不满意；农家乐经营户意识到其重要性，但对供给情况不满意。对于Q44乡村旅游行政服务，社区居民相对满意，而现场旅游者、农家乐经营户和潜在游客持一致意见，认为其供给不足，重要性认知不够。对于Q7乡村旅游公共交通服务，现场旅游者和社区居民认为重要程度高，但满意度低；农家乐经营户和潜在游客的重要性认知相对偏低。研究表明，不同利益主体对乡村旅游公共服务的诉求不一致，在乡村旅游公共服务的实际供给中，应当充分考虑各类主体需求上的差异性，如图3-9～3-12所示。

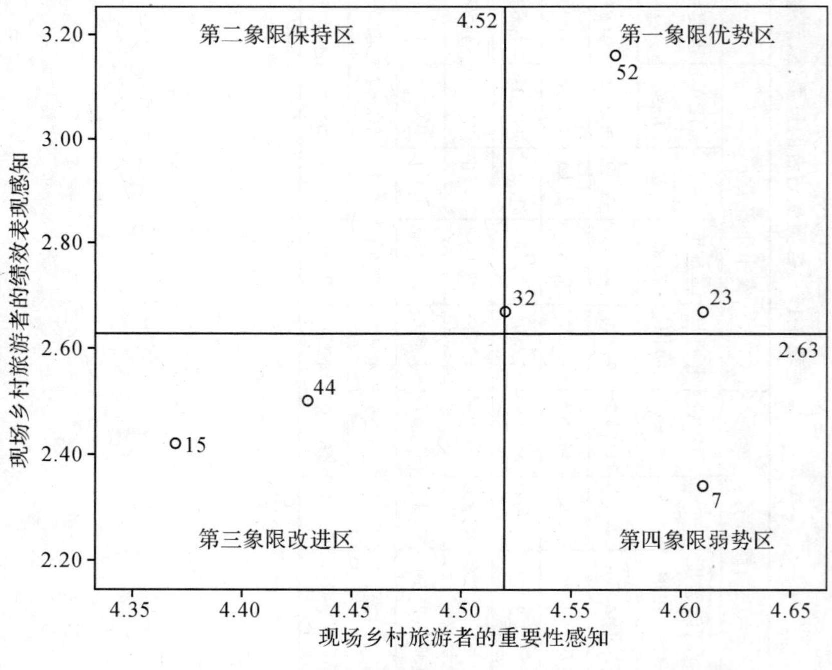

图3-9　现场乡村旅游者对乡村旅游公共服务感知的IPA模型

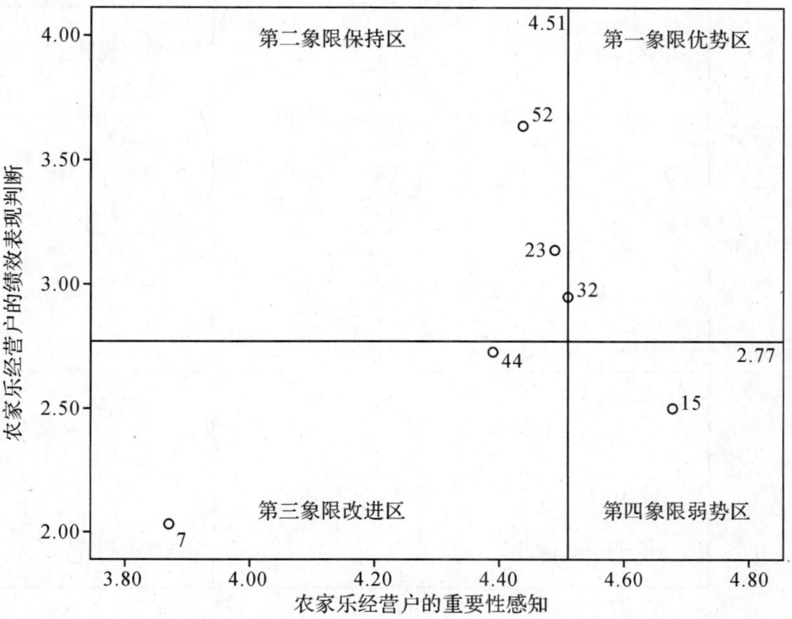

图 3-10　农家乐经营户对乡村旅游公共服务感知的 IPA 模型

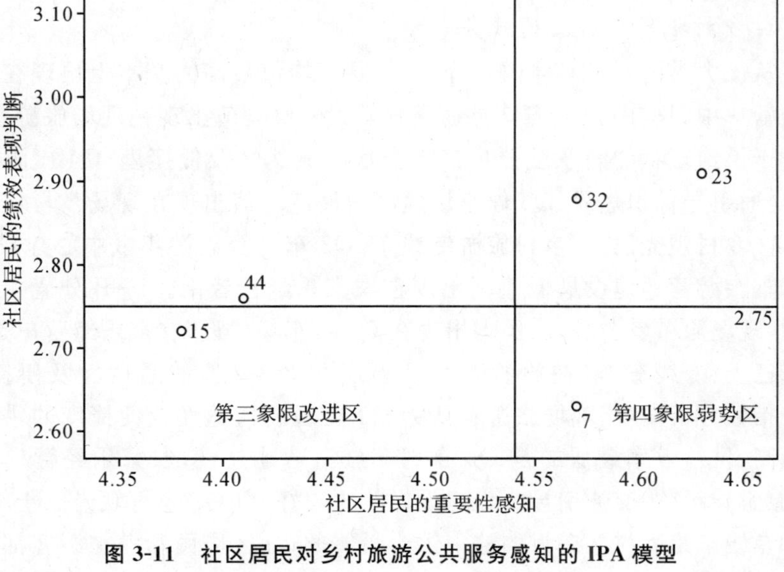

图 3-11　社区居民对乡村旅游公共服务感知的 IPA 模型

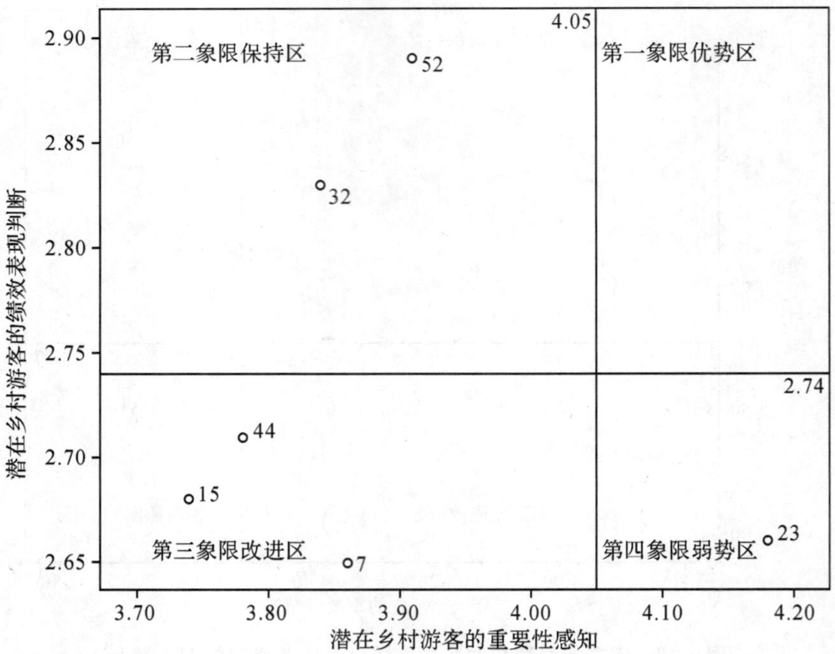

图 3-12　潜在乡村游客对乡村旅游公共服务感知的 IPA 模型

(二)分类差异分析

1. 乡村旅游公共交通服务

从该大类的六项具体内容分析，重要度均值最高的基本上出现在农家乐经营户中，只有 Q6 自驾车旅游营地建设最高均值出现在现场旅游者中；而对于供给现状的满意度分析，Q1 交通的通达性及便捷度、Q4 旅游导示牌/交通引导标识建设、Q5 停车场建设的最低均值出现在现场乡村旅游者中，Q2 乡村观光巴士/乡村旅游专线车、Q3 车站及旅游集散中心建设、Q6 自驾车旅游营地建设最低值则出现在农家乐经营者中。I—P 分值差异最大的，现场旅游者、社区居民均出现在 Q5 停车场建设，农家乐经营户是 Q2 观光巴士/专线车，潜在旅游者则是出现在 Q1 交通的通达性及便捷度。IPA 指数分析发现，现场旅游者认为 Q1 交通的通达性及便捷度的供给效率最高，供给效率最低的是 Q6 自驾车旅游营地建设；农家乐经营户认为 Q4 旅游导示牌/交通引导标识建设做的比较好，而 Q2 乡村观光巴士/乡村旅游专线车是乡村旅游目的地中供给最差的；社区居民和潜在游客都认为 Q5 停车场建设最为低效，但社区居民认为 Q1 交通的通达性及便捷度做得比较好，而潜在游客认为Q2乡村观光巴士/乡村旅游专线车供给相对好，如表3-20所示。这些分歧可能是由于各自利益不同，从而导致关注焦点的不一致，如农家乐经营者对于公共交通对其经营的重要意义有着充分的认识，对该类公共服务的需求也最为强烈，实地调查进一步发现，越是偏远的乡村旅游地，经营者对公共交通服务需求越是强烈；对于供给现状，现场旅游者与农家乐经营者是最为不满的人群。

2. 乡村旅游公共信息服务

从该大类的七项具体内容分析，重要程度的最高均值无一例外是出现在农家乐经营者中；对现状最不满意的，Q9乡村旅游信息服务内容的丰富性、Q10乡村旅游信息获取渠道多样性最低值出现在农家乐经营者中，其余则均出现在现场旅游者中。I—P分值差异最大的，现场旅游者、农家乐经营者均出现在Q13乡村旅游网站服务水平，社区居民出现在Q11乡村旅游咨询服务中心建设，潜在游客则则出现在Q9乡村旅游信息服务内容的丰富性。根据IPA指数，各类受访者对供给效率最差的项目认知基本具有一致性，皆认为Q13乡村旅游网站服务水平的供给效率明显偏低；满意程度最高、供给绩效评价相对高的是Q12乡村旅游热线电话/手机短信服务，获得了农家乐经营者和社区居民的认可，现场游客认为Q8获取乡村旅游信息的便捷性服务做得比较好，潜在游客则认为Q14乡村旅游信息户外平台建设相对完善，如表3-21所示。这一结果表明，目前以小微企业为主体的农家乐经营者迫切需要公共信息服务，以此充分了解外界乡村旅游发展状况、周边竞争环境等的信息，帮助自己更好地把握经营方向，摆脱"靠天吃饭"的尴尬状态。

3. 乡村旅游安全保障服务

从该大类的七项具体内容分析，在重要程度方面，除Q16乡村旅游安全预警/提示服务的均值最高值出现在社区居民中，其余则均出现在现场旅游者中。从满意程度分析，Q16乡村旅游安全预警/提示服务、Q17紧急救援及突发事件处置服务、Q19乡村旅游设施安全性/旅游安全标识、Q22医疗保障水平最小值出现在现场旅游者中，Q18乡村旅游保险服务水平出现在农家乐经营者中，Q20住宿安全、Q21饮食安全出现在潜在旅游者中。I—P最大值分析可知，现场旅游者、潜在游客出现在Q17紧急救援及突发事件处置服务，农家乐经营户出现在Q18乡村旅游保险服务水平，社区居民出现在Q19乡村旅游设施安全性/旅游安全标识。根据IPA指数，在七项内容中，现场旅游者、农家乐经营者和社区居民对最不满意的项目持一致意见，

表 3-20 各类受访者对乡村旅游公共交通服务的重要性、满意度及 IPA 分析

要素层	现场旅游者				农家乐经营户				社区居民				潜在游客			
	重要性均值	满意度均值	I—P	IPA指数	重要性均值	满意度均值	I—P	IPA指数	重要性均值	满意度均值	I—P	IPA指数	重要性均值	满意度均值	I—P	IPA指数
Q1	4.58	2.69	1.89	41.27	4.85	2.79	2.06	42.47	4.60	2.96	1.64	35.65	4.42	2.91	1.51	34.16
Q2	4.28	2.30	1.98	46.26	4.49	2.09	2.40	53.45	4.15	2.58	1.57	37.83	3.85	2.82	1.03	26.75
Q3	4.39	2.26	2.13	48.52	4.45	2.13	2.32	52.13	4.22	2.56	1.66	39.34	4.09	2.81	1.28	31.30
Q4	4.54	2.57	1.97	43.39	4.64	2.99	1.65	35.56	4.46	2.83	1.63	36.55	4.48	3.02	1.46	32.59
Q5	4.54	2.30	2.24	49.34	4.70	2.44	2.26	48.09	4.53	2.44	2.09	46.14	4.12	2.70	1.42	34.47
Q6	4.37	2.14	2.23	51.03	3.87	2.03	1.84	47.55	4.08	2.30	1.78	43.63	3.74	2.70	1.04	27.81

表 3-21　各类受访者对乡村旅游公共信息服务的重要性、满意度及 IPA 分析

要素层	现场旅游者				农家乐经营户				社区居民				潜在游客			
	重要性均值	满意度均值	I—P	IPA指数	重要性均值	满意度均值	I—P	IPA指数	重要性均值	满意度均值	I—P	IPA指数	重要性均值	满意度均值	I—P	IPA指数
Q8	4.42	2.74	1.68	38.01	4.59	2.91	1.68	36.60	4.43	2.94	1.49	33.63	4.14	2.88	1.26	30.43
Q9	4.32	2.67	1.65	38.19	4.54	2.62	1.92	42.29	4.25	2.83	1.42	33.41	4.07	2.80	1.27	31.20
Q10	4.33	2.59	1.74	40.18	4.38	2.56	1.82	41.55	4.11	2.76	1.35	32.85	3.95	2.82	1.13	28.61
Q11	4.34	2.34	2.00	46.08	4.53	2.59	1.94	42.83	4.16	2.44	1.72	41.35	3.93	2.70	1.23	31.30
Q12	4.15	2.42	1.73	41.69	4.20	2.73	1.47	35.00	4.02	2.84	1.18	29.35	3.70	2.70	1.00	27.03
Q13	4.39	2.19	2.20	50.11	4.57	2.35	2.22	48.58	4.10	2.41	1.69	41.22	3.84	2.64	1.20	31.25
Q14	4.25	2.53	1.72	40.47	4.44	2.63	1.81	40.77	4.04	2.67	1.37	33.91	3.76	2.86	0.90	23.94

即 Q18 乡村旅游保险服务水平，认为其实际供给效率最低，但在潜在游客心中，认为该项服务做得不错，可能是没有实际体验的原因，如表 3-22 所示。可见，公共安全服务，不管是对于现场旅游者还是潜在旅游者来说，均是其最为关注和需要的服务，而现场旅游者有更深刻的体会。

4. 乡村旅游惠民便民服务

从该大类的八项具体内容分析，在重要程度方面，最大均值基本上出现在农家乐经营者中，Q24 乡村旅游社区厕所建设出现在社区居民中。从满意程度分析，Q27 社区金融服务最小均值出现在农家乐经营者中，Q25 社区水电供应、Q29 社区环境与卫生条件最小均值出现在潜在旅游者中，其余最小值均出现在现场旅游者中。对 I—P 最大值分析可知，现场旅游者、社区居民最大值均出现在 Q31 乡村旅游景区/景点建设，农家乐经营户出现在 Q30 社区娱乐休闲设施建设，潜在游客出现在 Q29 社区环境与卫生条件。根据的 IPA 指数可知，现场旅游者和社区居民认为 Q31 乡村旅游景区/景点建设的供给情况最差，而农家乐经营户和潜在游客则分别认为是 Q30 社区娱乐休闲设施建设和 Q24 乡村旅游社区厕所建设；做得相对好的是 Q25 社区水电供应，得到了现场旅游者和社区居民的支持；Q27 社区金融服务、Q28 社区治安条件的供给在潜在游客和农家乐经营户认为其效率相对较高，如表 3-23 所示。可见，对于便民服务，生活在社区的居民和经营者对此更为看重。

5. 乡村旅游行政服务

从该大类的十一项具体内容分析，在重要程度方面，最大均值出现在现场旅游者中的有 Q33 旅游者权益保护和各种投诉处理服务、Q34 乡村旅游消费环境的监督及监测、Q37 政府财政支持、Q39 从业人员职业技能培训服务、Q42 乡村旅游规划制定与实施、Q43 乡村文化保护、挖掘与弘扬，出现在农家乐经营者中的有 Q36 乡村旅游政策、法规的制定与落实、Q38 乡村旅游规范和标准的制定、Q41 乡村旅游形象宣传与推广，出现在社区居民中的有 Q35 乡村旅游优惠券的发放、Q40 乡村旅游专业人才培养。从满意程度分析，最小值除 Q37 政府财政支持出现在农家乐经营者中，Q35 乡村旅游优惠券的发放出现在社区居民中外，其余九项最小值均出现在现场旅游者中。I—P 最大值数据中，农家乐经营户出现在 Q40 乡村旅游专业人才培养和 Q41 乡村旅游形象宣传与推广，潜在游客出现在 Q33 旅游者权益保护和各种投诉处理服务和 Q43 乡村文化保护、挖掘与弘扬，而现场旅游者、社区居民的最大值分别是 Q43 乡村文化保护、挖掘与弘扬、Q40

表 3-22　各类受访者对乡村旅游安全保障服务的重要性、满意度及 IPA 分析

要素层	现场旅游者				农家乐经营户				社区居民				潜在游客			
	重要性均值	满意度均值	I—P	IPA指数	重要性均值	满意度均值	I—P	IPA指数	重要性均值	满意度均值	I—P	IPA指数	重要性均值	满意度均值	I—P	IPA指数
Q16	4.54	2.76	1.78	39.21	4.40	3.04	1.36	30.91	4.58	3.04	1.54	33.62	4.43	2.90	1.53	34.54
Q17	4.56	2.61	1.95	42.76	4.50	2.96	1.54	34.22	4.46	2.98	1.48	33.18	4.53	2.74	1.79	39.51
Q18	4.30	2.44	1.86	43.26	3.90	2.33	1.57	40.26	4.02	2.52	1.50	37.31	4.05	2.67	1.38	34.07
Q19	4.55	2.68	1.87	41.10	4.37	2.99	1.38	31.58	4.42	2.79	1.63	36.88	4.50	2.87	1.63	36.22
Q20	4.68	3.11	1.57	33.55	4.57	3.48	1.09	23.85	4.46	3.44	1.02	22.87	4.60	2.95	1.65	35.87
Q21	4.73	3.15	1.58	33.40	4.67	3.65	1.02	21.84	4.67	3.57	1.10	23.55	4.65	2.89	1.76	37.85
Q22	4.58	2.66	1.92	41.92	4.47	3.11	1.36	30.43	4.43	3.17	1.26	28.44	4.45	2.75	1.70	38.20

表 3-23　各类受访者对乡村旅游惠民便民服务的重要性、满意度及 IPA 分析

要素层	现场旅游者				农家乐经营户				社区居民				潜在游客			
	重要性均值	满意度均值	I—P	IPA指数	重要性均值	满意度均值	I—P	IPA指数	重要性均值	满意度均值	I—P	IPA指数	重要性均值	满意度均值	I—P	IPA指数
Q24	4.61	2.68	1.93	41.87	4.66	3.05	1.61	34.55	4.67	3.17	1.50	32.12	4.28	2.74	1.54	35.98
Q25	4.60	3.29	1.31	28.48	4.83	3.51	1.32	27.33	4.52	3.53	0.99	21.90	4.35	3.18	1.17	26.90
Q26	4.52	3.12	1.40	30.97	4.64	3.48	1.16	25.00	4.50	3.32	1.18	26.22	4.31	3.23	1.08	25.06
Q27	4.23	2.57	1.66	39.24	4.39	2.45	1.94	44.19	4.10	2.63	1.47	35.85	3.80	2.95	0.85	22.37
Q28	4.58	2.99	1.59	34.72	4.76	3.60	1.16	24.37	4.56	3.17	1.39	30.48	4.47	3.00	1.47	32.89
Q29	4.68	2.94	1.74	37.18	4.78	3.40	1.38	28.87	4.51	3.32	1.19	26.39	4.47	2.92	1.55	34.68
Q30	4.42	2.34	2.08	47.06	4.48	2.39	2.09	46.65	4.32	2.69	1.63	37.73	3.93	2.97	0.96	24.43
Q31	4.47	2.35	2.12	47.43	4.56	2.62	1.94	42.54	4.54	2.55	1.99	43.83	4.14	3.07	1.07	25.85

乡村旅游专业人才培养。根据IPA指数可知，现场旅游者和潜在游客认为Q35乡村旅游优惠券的发放中做得比较好，农家乐经营户和社区居民则分别认为Q34乡村旅游消费环境的监督及监测和Q36乡村旅游政策、法规的制定与落实建设相对完善。满意程度最低的是Q43乡村文化保护、挖掘与弘扬，出现在现场旅游者中，IPA指数为46.61，表明乡村旅游目的地在这一方面应当重点加强建设，如表3-24所示。分析表明，由于行政服务内容多样，与消费环境相关的多被现场旅游者重视，与经营环境相关的多被经营者重视，而与公平消费相关的，相对弱势的社区居民更为重视。

6. 乡村旅游社区软环境

从该大类的七项具体内容分析，在重要程度方面，最大均值出现在现场旅游者中的有Q45乡村整体环境、Q48乡村社区居民态度、Q49经营者及服务人员的素质、Q51当地休闲度假/旅游氛围，出现在农家乐经营者中的有Q46乡村自然风光、Q47乡村的村容村貌、Q51当地休闲度假/旅游氛围，出现在社区居民中有Q50语言交流便利。从满意程度分析，最小值均出现在潜在旅游者中。I－P最大值分析表明，除农家乐经营者最大值出现在Q47乡村的村容村貌外，现场旅游者、社区居民和潜在游客的最大值均出现在Q49经营者及服务人员的素质。IPA指数分析发现，对于各类受访者，乡村旅游社区软环境的IPA指数均小于其他五类乡村旅游公共服务，表明从整体上看，乡村旅游社区软环境的供给效率最高，受访者均最为满意，但农家乐经营户和潜在游客都认为Q46乡村自然风光供给绩效高，其中农家乐经营户的IPA指数仅为14.74。在这七项内容中，相对满意程度最低的是Q49经营者及服务人员的素质，出现在潜在游客、社区居民和现场旅游者中，而农家乐经营者最为关注的是Q47乡村的村容村貌，如表3-25所示。可见乡村旅游社区软环境对于旅游者是十分重要的，并且近几年来的快速改善也得到了一定的认可。

表 3-24 各类受访者对乡村旅游行政服务重要性、满意度及 IPA 分析

要素层	现场旅游者				农家乐经营户				社区居民				潜在游客			
	重要性均值	满意度均值	I—P	IPA指数	重要性均值	满意度均值	I—P	IPA指数	重要性均值	满意度均值	I—P	IPA指数	重要性均值	满意度均值	I—P	IPA指数
Q33	4.47	2.69	1.78	39.82	4.34	3.08	1.26	29.03	4.40	2.90	1.50	34.09	4.17	2.69	1.48	35.49
Q34	4.42	2.65	1.77	40.05	4.26	3.14	1.12	26.29	4.35	2.75	1.60	36.78	4.18	2.71	1.47	35.17
Q35	3.78	2.39	1.39	36.77	3.47	2.39	1.08	31.12	3.90	2.38	1.52	38.97	3.38	2.80	0.58	17.16
Q36	4.31	2.63	1.68	38.98	4.39	2.88	1.51	34.40	4.24	2.89	1.35	31.84	4.03	2.80	1.23	30.52
Q37	4.38	2.63	1.75	39.95	4.26	2.62	1.64	38.50	4.12	2.66	1.46	35.44	3.98	2.91	1.07	26.88
Q38	4.34	2.65	1.69	38.94	4.38	3.06	1.32	30.14	4.33	2.93	1.40	32.33	4.07	2.87	1.20	29.48
Q39	4.44	2.50	1.94	43.69	4.32	2.90	1.42	32.87	4.39	2.71	1.68	38.27	4.08	2.78	1.30	31.86
Q40	4.38	2.42	1.96	44.75	4.33	2.60	1.73	39.95	4.39	2.52	1.87	42.60	4.12	2.82	1.30	31.55
Q41	4.40	2.54	1.86	42.27	4.42	2.69	1.73	39.14	4.27	2.73	1.54	36.07	4.07	3.01	1.06	26.04
Q42	4.38	2.50	1.88	42.92	4.30	2.80	1.50	34.88	4.27	2.61	1.66	38.88	4.13	2.90	1.23	29.78
Q43	4.42	2.36	2.06	46.61	4.31	2.65	1.66	38.52	4.33	2.67	1.66	38.34	4.31	2.83	1.48	34.34

表 3-25　各类受访者对乡村社区软环境重要性、满意度及 IPA 分析

要素层	现场旅游者				农家乐经营户				社区居民				潜在游客			
	重要性均值	满意度均值	I—P	IPA指数	重要性均值	满意度均值	I—P	IPA指数	重要性均值	满意度均值	I—P	IPA指数	重要性均值	满意度均值	I—P	IPA指数
Q45	4.75	3.39	1.36	28.63	4.74	3.86	0.88	18.57	4.64	3.65	0.99	21.34	4.37	3.18	1.19	27.23
Q46	4.68	3.62	1.06	22.65	4.75	4.05	0.70	14.74	4.59	3.76	0.83	18.08	4.44	3.46	0.98	22.07
Q47	4.56	3.37	1.19	26.10	4.78	3.65	1.13	23.64	4.55	3.90	0.65	14.29	4.39	3.18	1.21	27.56
Q48	4.55	3.26	1.29	28.35	4.50	3.50	1.00	22.22	4.34	3.29	1.05	24.19	4.34	3.07	1.27	29.26
Q49	4.62	2.97	1.65	35.71	4.57	3.52	1.05	22.98	4.45	3.17	1.28	28.76	4.48	2.93	1.55	34.60
Q50	4.39	3.31	1.08	24.60	4.40	3.53	0.87	19.77	4.41	3.37	1.04	23.58	4.09	3.04	1.05	25.67
Q51	4.40	3.24	1.16	26.36	4.40	3.74	0.66	15.00	4.38	3.47	0.91	20.78	4.18	3.09	1.09	26.08

7.小结

调查表明，乡村旅游公共服务中供给效率最低的是乡村旅游公共交通服务和乡村旅游安全保障服务。对于不同类型的乡村旅游公共服务，受访者对其重要性与满意度的认识存在差异，乡村旅游公共交通服务、公共信息服务、行政服务、软环境这些与旅游活动、经营活动关系更密切的公共服务，现场旅游者和经营者最为关注；惠民便民服务这一与日常生活关系密切的公共服务，则社区居民和经营者最为关注；安全保障服务则是身处陌生环境的旅游者最为担心的，此为现场旅游者和潜在旅游者最为关注之公共服务。

此外，四类受访者中，总体满意度最高的是潜在游客，其对乡村旅游公共服务的重要性感知低于现场旅游者、农家乐经营户和社区居民，而满意程度明显高于三者，这可能是潜在游客不在现场缺乏直观感知所致；惠民便民服务、行政服务、软环境等社区居民和经营者都认为十分重要，并且满意度均相对较高，这可能是由经营者和居民同旅游者的心理评判标准不同所造成，对于社区居民和经营者，更多的是进行纵向比较，即与其过去的环境进行比较，因此觉得各方面已经有了一定的改进，满意度相对较高；而对于旅游者，则更多的是与其日常生活，即城区环境进行横向比较，则满意度相对偏低；对于公共交通服务、安全保障服务，现场游客、社区居民和潜在游客都认为非常重要，但对实际供给并不满意。

第二节　乡村旅游公共服务存在的问题及根源

一、乡村旅游公共服务存在的问题

根据对浙江省部分乡村旅游地区的实地调查及访谈，总结出目前浙江省乡村旅游公共服务存在的三大主要问题。

(一)总量不足、水平较低、供需错位

1.供给总量不足

如表3-26所示，在六大类公共服务观测变量中，满意度均值都大大低于重要度均值。在重要程度上，旅游者、经营者及社区居民对乡村旅游公

共服务的各方面内容都比较重视，认知程度都比较高，尤其是对乡村旅游安全保障服务（均值 4.41）和乡村旅游公共交通服务（均值 4.30）两方面。但在对现实的满意程度判断上，除了对社区软环境比较满意以外（均值 3.10），其他方面的满意度都不容乐观，尤其是对乡村旅游公共交通服务（均值 2.52）和乡村旅游公共信息服务（均值 2.58）满意程度最低。I—P 数值显示，乡村旅游公共交通服务、乡村旅游安全保障服务的分值差异达到 1.78 和 1.67，这充分说明目前旅游者、经营者及社区居民对乡村旅游公共服务的总需求量很大，但供给量却有限，不能满足他们的需求。

表 3-26　乡村旅游公共服务重要性、满意度及 I—P 评价

排序	观测变量	重要性均值	观测变量	满意度均值	观测变量	I—P
1	乡村旅游安全保障服务 3	4.41	乡村旅游软环境 6	3.10	乡村旅游公共交通服务 1	1.78
2	乡村旅游公共交通服务 1	4.30	乡村旅游惠民便民服务 4	2.80	乡村旅游安全保障服务 3	1.67
3	乡村旅游软环境 6	4.27	乡村旅游安全保障服务 3	2.74	乡村旅游公共信息服务 2	1.55
4	乡村旅游惠民便民服务 4	4.24	乡村旅游行政服务 5	2.65	乡村旅游行政服务 5	1.49
5	乡村旅游行政服务 5	4.14	乡村旅游公共信息服务 2	2.58	乡村旅游惠民便民服务 4	1.44
6	乡村旅游公共信息服务 2	4.13	乡村旅游公共交通服务 1	2.52	乡村旅游软环境 6	1.17
	测量题项		测量题项		测量题项	
1	饮食安全 3	4.68	乡村自然风光 6	3.62	停车场建设 1	1.87
2	住宿安全 3	4.61	乡村的村容村貌 6	3.39	乡村旅游安全预警、提示服务 3	1.77
3	社区环境与卫生条件 4	4.58	乡村整体环境 6	3.38	乡土文化保护、挖掘与弘扬 5	1.72
4	乡村自然风光 6	4.58	社区水电供应 4	3.30	车站及旅游集散中心建设 1	1.72

续 表

排序	观测变量	重要性均值	观测变量	满意度均值	观测变量	I—P
5	乡村整体环境 6	4.57	当地休闲度假/旅游氛围 6	3.26	交通的通达性及便捷度 1	1.71
6	社区治安条件 4	4.55	社区通信条件 4	3.23	乡村旅游网站服务水平 2	1.70
7	交通的通达性及便捷度 1	4.54	语言交流便利 6	3.23	医疗保障水平 3	1.69
8	经营者及服务人员的素质 6	4.53	乡村社区居民态度 6	3.21	乡村旅游设施安全性/旅游安全标识 3	1.68
9	旅游导示牌/交通引导标识建设 1	4.52	饮食安全 3	3.15	旅游导示牌/交通引导标识建设 1	1.68
10	紧急救援及突发事件处置服务 3	4.52	住宿安全 3	3.13	乡村旅游社区厕所建设 4	1.67
11	社区水电供应 4	4.51	社区治安条件 4	3.08	乡村旅游专业人才培养 5	1.64
12	乡村的村容村貌 6	4.51	经营者、服务人员的素质 6	3.04	乡村旅游咨询服务中心建设 2	1.63
13	医疗保障水平 3	4.50	社区环境与卫生条件 4	3.03	乡村旅游景区/景点建设 4	1.63
14	乡村旅游设施安全性/旅游安全标识 3	4.49	乡村旅游安全预警、提示服务 3	2.89	自驾车旅游营地建设 1	1.62
15	乡村旅游安全预警、提示服务 3	4.48	获取乡村旅游信息的便捷性 2	2.85	乡村旅游安全预警、提示服务 3	1.59
16	乡村旅游社区厕所建设 4	4.48	旅游导示牌/交通引导标识建设 1	2.84	乡村旅游保险服务水平 3	1.58

续　表

排序	观测变量	重要性均值	观测变量	满意度均值	观测变量	I—P
17	社区通信条件 4	4.44	旅游交通的通达性及便捷度 1	2.83	从业人员职业技能培训服务 5	1.58
18	乡村社区居民态度 6	4.43	乡村旅游规范和标准的制定 5	2.82	乡村观光巴士/乡村旅游专线车 1	1.57
19	停车场建设 1	4.38	乡村旅游设施安全性/旅游安全标识 3	2.81	旅游者权益保护及各种投诉处理服务 5	1.56
20	乡村旅游景区/景点建设 4	4.35	医疗保障水平 3	2.81	社区环境与卫生条件 4	1.55
21	乡土文化保护、挖掘与弘扬 5	4.35	乡村旅游社区厕所建设 4	2.81	乡村旅游消费环境的监督及监测 5	1.55
22	获取乡村旅游信息的便捷性 2	4.32	乡村旅游形象宣传与推广 5	2.78	社区娱乐休闲设施建设 4	1.54
23	旅游者权益保护及各种投诉处理服务 5	4.32	旅游者权益保护及各种投诉处理服务 5	2.76	乡村旅游规划制定与实施 5	1.53
24	当地休闲度假/旅游氛围 6	4.30	乡村旅游政策、法规的制定与落实 5	2.76	乡村旅游信息服务内容丰富性 2	1.49
25	乡村旅游消费环境的监督及监测 5	4.29	紧急救援及突发事件处置服务 3	2.75	经营者、服务人员的素质 6	1.49
26	从业人员职业技能培训服务 5	4.27	政府财政支持 5	2.75	获取乡村旅游信息的便捷性 2	1.47
27	乡村旅游专业人才培养 5	4.26	乡村旅游信息服务内容丰富性 2	2.74	社区治安条件 4	1.47

续 表

排序	观测变量	重要性均值	观测变量	满意度均值	观测变量	I—P
28	语言交流便利 6	4.26	乡村旅游消费环境的监督及监测 5	2.74	乡村旅游形象宣传与推广 5	1.46
29	乡村旅游规划制定与实施 5	4.25	社区金融服务 4	2.73	乡村旅游政策、法规的制定与落实 5	1.43
30	车站及旅游集散中心建设 1	4.24	乡村旅游景区/景点建设 4	2.72	乡村旅游信息获取渠道多样性 2	1.43
31	乡村旅游形象宣传与推广 5	4.24	乡村旅游规划制定与实施 5	2.72	乡村旅游规范和标准的制定 5	1.41
32	乡村旅游信息服务内容丰富性 2	4.23	乡村旅游信息获取渠道多样性 2	2.71	政府财政支持 5	1.41
33	乡村旅游规范和标准的制定 5	4.23	乡村旅游信息户外平台建设 2	2.70	乡村旅游信息户外平台建设 2	1.33
34	社区娱乐休闲设施建设 4	4.20	从业人员职业技能培训服务 5	2.69	乡村旅游热线电话/手机短信服务 2	1.32
35	乡村旅游政策、法规的制定与落实 5	4.19	社区娱乐休闲设施建设 4	2.66	社区金融服务 4	1.32
36	乡村旅游咨询服务中心建设 2	4.16	乡村旅游热线电话/手机短信服务 2	2.63	住宿安全 3	1.30
37	政府财政支持 5	4.16	乡土文化保护、挖掘与弘扬 5	2.63	乡村社区居民态度 6	1.22
38	乡村旅游信息获取渠道多样性 2	4.14	乡村旅游专业人才培养 5	2.62	社区通信条件 4	1.21
39	乡村旅游网站服务水平 2	4.13	乡村旅游优惠券的发放 5	2.57	社区水电供应 4	1.21

续 表

排序	观测变量	重要性均值	观测变量	满意度均值	观测变量	I—P
40	乡村旅游保险服务水平 3	4.12	乡村旅游保险服务水平 3	2.54	乡村整体环境 6	1.19
41	乡村观光巴士/乡村旅游专线车 1	4.10	乡村观光巴士/乡村旅游专线车 1	2.53	饮食安全 3	1.17
42	社区金融服务 4	4.05	乡村旅游咨询服务中心建设 2	2.53	乡村的村容村貌 6	1.12
43	乡村旅游信息户外平台建设 2	4.03	车站及旅游集散中心建设 1	2.52	当地休闲度假/旅游氛围 6	1.04
44	自驾车旅游营地建设 1	4.01	停车场建设 1	2.51	语言交流便利 6	1.03
45	乡村旅游热线电话/手机短信服务 2	3.95	乡村旅游网站服务水平 2	2.43	乡村旅游优惠券的发放 5	1.02
46	乡村旅游优惠券的发放 5	3.59	自驾车旅游营地建设 1	2.39	乡村自然风光 6	0.96

(注:观测变量中数字“1”代表乡村旅游公共交通服务,“2”代表乡村旅游公共信息服务,“3”代表乡村旅游安全保障服务,“4”代表乡村旅游惠民便民服务,“5”代表乡村旅游行政服务,“6”代表社区软环境)

2.供给水平较低

结合实际调研和表 3-26,乡村旅游公共服务总体供给水平较低,突出表现在以下几个方面。

一是交通基础设施和服务不够完善。由表 3-26 可知,满意度排在最后的几乎都是交通类基础设施,如自驾车旅游营地建设(均值 2.39)、停车场建设(均值 2.51)、车站及旅游集散中心建设(2.52)、乡村观光巴士/乡村旅游专线车(均值 2.53)等。实地调研也发现,虽然浙江省已实现农村公路“村村通”,也有一些客运(公交)班车,但车辆设施条件较差,旅游者不愿意乘坐,去乡村旅游地主要还是依靠自驾车或旅行社(旅游专业运输公司)的包车。这种模式又导致乡村社区停车场严重短缺,一些乡村改造了简易停车场,但设施简陋;一些乡村允许旅游者直接在房前屋后、或沿路随意停车，破坏乡村环境与氛围；也有一些乡村虽然修建了停车场，但在旅游淡季利用率不高，成为堆放杂物的场所。

二是信息设施建设和服务水平有待提升。统计表明，目前乡村网站服务水平（均值 2.43）、乡村旅游咨询服务中心建设（均值 2.53）最为短缺。实地访谈发现，对于农家乐经营者，乡村旅游公共网站建设需求最为迫切，并希望能为他们做宣传推广、产品促销；对于旅游者，也需要可信度较高的公共网站，普遍反映：目前一些专业的乡村旅游公共网站，或政务网站中的乡村旅游专栏，在内容的丰富性、信息更新的及时性、经营者服务的针对性以及营销的影响力等方面还存在欠缺，消费者的网上信息咨询、查询及在线预定等服务内容也较为有限。

三是乡村旅游文化保护与教育服务需要加强。主要体现在乡村旅游专业人才培养（均值 2.62），乡土文化保护、挖掘与弘扬（均值 2.63），从业人员职业技能培训（均值 2.69）等公共服务中。目前乡村旅游发展面临着转型升级，迫切需要专业管理人员对未来乡村旅游发展中涉及的科学规划、品牌建设、业态创新等方面提供引导与服务；同时，城乡文化交融不断冲击着农村居民的生存能力和身份认同，既需要教育培训农民新的生存技能，即旅游经营服务技能，也需要让居民与经营者参与到乡村文化的保护之中，产生自豪感与依恋感。

3. 供需错位明显

各项乡村旅游公共服务在均值的满意度与重要度排序上存在明显差异，则说明在需求与供给上存在较为明显的错位现象，表 3-26 显示，从 6 大类分析，错位最为明显的是乡村旅游公共交通服务，重要性排第 2，但满意度排最后；从 46 个测量题项分析，错位最为明显的单项是停车场建设，重要度排 19 位，满意度排 44 位；其他如乡土文化保护、挖掘与弘扬，重要度排 21 位，满意度排 37 位；紧急救援及突发事件处置服务，重要度排 10 位，满意度排 25 位；车站及旅游集散中心建设，重要度排 30 位，满意度排 43 位；乡村旅游专业人才培养，重要度排 27 位，满意度排 38 位；交通的通达性及便捷度，重要度排第 7 位，满意度排第 17 位，等等。相反，也有重要程度较低，但对现实的满意度较高的题项，如语言交流便利，重要度排 28 位，满意度排 7 位；当地休闲度假/旅游氛围，重要度排 24 位，满意度排 5 位；乡村旅游规范和标准的制定，重要度排 33 位，满意度排 18 位；社区金融服务，重要度排 42 位，满意度排 29 位；等等。I—P 最大值分析表明，6 大类中的最大值也是乡村旅游公共交通服务（1.78），在 46 项测量题项中，I—P 差距最大前 5 项依次为停车场建设（1.87），乡村旅游安全预警、提示服务（1.77），乡土文化保护、挖掘与弘扬(1.72),车站及旅游集散中心建设(1.72)和交通的通达性及便捷性(1.71)。I—P数值差异相对较小的则是乡村自然风光(0.96)、乡村旅游优惠券的发放(1.02)、语言交流便利(1.03)和当地休闲度假/旅游氛围(1.04)等项。

(二)供给结构存在不均衡性

乡村旅游公共服务的供给水平与体系建设、结构合理性等有密切关系。调查发现,乡村旅游公共服务的不均衡性主要包括结构不均衡和地区不均衡两个方面,前者主要表现在诸如硬件多、软件少,重数量、轻质量,重新建、轻维护等方面[143],后者不仅与乡村旅游发展水平以及不同类型乡村旅游对公共服务的需求差异相关,还与政策因素以及地方财政能力相关。

1.结构性不均衡

结构性不均衡主要表现在以下几个方面。

第一,重建设轻维护。将大量的资金用于建设环节,而后续管理与维护几乎空白,导致一些以专项资金拨款的“大工程”类公共设施,因得不到维护而不能发挥很好的效益,另一倾向则是建设过度,导致城市化和景区化;乡村旅游网站建设得到普遍的重视,但信息更新却较为滞后;为提高乡村住宿的安全管理,有些经营户被要求配备网络终端,并要求填报住宿游客信息,便于监控,但实际并没有得到有效利用而成为摆设。

第二,重形式轻落实。许多乡村都建有农家乐经营规范和标准,但往往缺少持续推动和日常监督,规范和标准只是挂在墙上,没有很好地落实到实际中,有些标准农户甚至根本不理解;也有一些服务不符合实际,而成为摆设,如给农家乐经营户配置小药箱,而实际上除了一些常用外敷药使用较多外,对于内服药,常规的一般旅游者自带,非常规的也不能随意供给,会给旅游者和经营者都带来风险;一些农家乐内都设置有消防灭火器,但对灭火器的使用和消防演习则相对有限。目前,乡镇和乡村十分重视旅游规划的编制工作,但往往规划会随着实际情况的变化,如管理层、投资商的变动而发生变化,规划缺乏权威性。

第三,重短期缺长远。乡村旅游的附属性特征,容易使一些供给主体缺乏长远发展的意愿和决心,如在乡村旅游发展初期,政府为鼓励农户开展“农家乐”,给经营户发放一次性补贴用于农舍改造,但往往缺乏后续投入,如缺少对经营者经营技能培训、对乡村整体的宣传推广等,特别是对于一些自身能力较弱的经营者,只能任其自生自灭;也有一些地方政府在乡村旅游发展初期推进力度较大,财政支持充分,但对乡村旅游市场进行维护的公共行政服务跟进不足，使得一些乡村旅游生命周期缩短。

2.地区性不均衡

调查发现，当前乡村公共服务建设资金来源渠道多样，站在乡镇一级政府角度，公共服务（设施）建设资金来源主要有三大渠道：一是政府（部门）资金，包括本级政府的财政收入、上级（相关）政府和部门补助，其中本级政府财政收入由本级政府每年固定的财政收入、土地出让收入和乡镇政府控制的店面、房屋或厂房出租收入组成；上级（相关）政府资金来源如“区县协作”，即通过县级政府与经济发达区县结对合作，由后者向前者提供一定的资金补助，再由县政府统筹安排拨付到乡镇；又如“联乡结村”，即通过乡镇与县外经济实力较强的乡镇结对或县内外大中型企业结对（注：主要是政府牵线推动），由后者提供一定的资金补助。二是社会资金，包括企业赞助、社会捐款，一般为当地企业主或是有成就人士向家乡捐赠的资金，或当地因某项目发展需要，政府与企业或个人合作，由企业或个人按比例出资。三是政府下属企业营业收入资金。如政府占股的发电厂、旅游公司等营业收入。

其中，政府部门补助是当前乡村公共服务资金来源的重要渠道，特别是随着新农村建设力度的加快，各种专项资金补助渠道不断增加，力度也在不断加强，中央、省、市、县等各级部门根据地方发展或是项目申请向乡镇提供全额或部分的资金补助，比如中央水利专项资金、市县农办新农村建设资金、住建部门农房改造专项资金、国土部门造田造地资金、宣传与文化部门农村文化发展补助资金、旅游部门乡村旅游接待设施补助资金等，如表3-27、3-28所示。

表3-27 浙江省省级财政资金扶持项目案例

项 目	内容与实施
政府扶持	2012—2016年省财政厅每年安排8000万元专项扶持资金用以经济薄弱村的发展①。而针对历史文化名城名镇名村，资金主要由其所在地市县人民政府自行筹措，省财政按照市县名城名镇名村、街区的资源数量，结合财力调节系数给予适当补助，补助时间暂定为2012—2015年。各县市大致的资金补助为杭州市85万元，温州市150万元，嘉兴市45万元，湖州市20万元，绍兴市45万元，金华市215万元，舟山市50万元，台州市70万元，衢州市115万元，丽水市205万元②

① 《关于扶持经济薄弱村发展村级集体经济的意见》浙委办〔2012〕79号

② 《浙江省历史文化名城名镇名村保护专项资金管理办法》浙财建〔2014〕220号

续　表

项　目	内容与实施
“千村示范，万村整治”工程	省财政设立“千村示范，万村整治”工程专项资金，分阶段下达补助资金，历史文化村落建设周期原则上不超过3年。对一类市县的历史文化村落保护利用重点村建设，平均每村补助700万元，二类市县的历史文化村落保护利用重点村建设，平均每村补助500万元①
特色小镇建设	浙江省财政支持：特色小镇在创建期间及验收命名后，其规划空间范围内的新增财政收入上交省财政的部分，前3年全额返还、后2年返还一半给当地财政② 浙江省首批37个特色小镇创建对象计划3年拟投资2400亿元③
文化扶持	属于文化遗产类的，专项资金由省财政根据省委、省政府有关要求设立，用于支持市县加强文化遗产保护工作，促进文化遗产保护事业稳步发展。专项资金安排周期暂定2015—2017年，分配到市、县(市、区)的省补助文物类资金原则上不少于20万元/年④；在基层公共文化服务方面，省财政厅预算安排专项资金，各级政府分级负担，分阶段拨付。对乡镇综合文化站设备配置进行补助：一类一档地区每个补助10万元，一类二档地区每个补助9万元，一类三档地区每个补助8万元，二类一档地区每个补助6万元，二类二档地区每个补助4万元，二类三档地区每个补助2万元。对于省级文化活动品牌、文化示范工程分别给予奖励⑤

表3-28　浙江省市级、县级财政资金补助案例

地区及县	补助渠道及内容
杭州市	2014—2015年，在农村土地综合整治方面，市本级给予4万元/亩的补助，专项用于试点乡镇的土地整理和复垦，并且注重扶持农业休闲业⑥ 2014年起，对杭州市农家乐休闲集聚体项目，市财政给予每个100万元的扶持资金，分2年到位；对杭州市农家乐休闲精品示范项目，市财政给予每个30万元的扶持资金，分两年到位；对农村民宿业项目，择优选择15家左右给予补助，每家补助15万元⑦ 2013—2015年，市财政每年安排200万元对美丽庭院示范村及美丽庭院先进乡镇进行补助⑧

---

① 《浙江省“千村示范万村整治”工程资金与项目管理办法》浙财农〔2014〕52号

② 《浙江省人民政府关于加快特色小镇规划建设的指导意见》浙政发〔2015〕8号

③ http://www.jinyun.gov.cn/2007zhxx/snxx/sndt/t20150619_1024203.htm

④ 《浙江省文化遗产保护专项资金管理办法》浙财教〔2015〕2号

⑤ 《浙江省基层公共文化服务建设专项补助资金管理办法》浙财教〔2011〕208号

⑥ 《关于农村土地综合整治整乡镇推进试点工作的实施意见》市委办〔2013〕4号

⑦ 《杭州市农村休闲业发展扶持项目及资金管理办法(试行)》市农办〔2014〕56号杭财农〔2014〕74号

⑧ 《杭州市美丽庭院建设项目扶持资金管理暂行办法》杭妇〔2013〕84号

续 表

地区及县	补助渠道及内容
绍兴市	2014—2016 年，市财政每年统筹安排 500 万元专项资金，重点用于全市乡村旅游产业培育和市场营销等①
台州市	特色小镇建设专项资金：2015 年起建立每年1000万元（暂定 3 年）的市级特色小镇专项发展资金，用于市本级特色小镇公共配套基础设施、公共服务平台以及创新孵化平台建设等项目的补助 财政返还支持：市本级特色小镇在创建期间及验收命名后，其规划范围内的新增财政收入上交市本级部分，前 3 年全返、后 2 年减半返还②
温岭市	对“农家乐”特色村分别给予 15 万元以下不等的补助。同时，每年安排 400 万元，支持优质高效农业示范基地、示范项目建设；每年安排 100 万元，支持农业信息化建设；每年安排 200 万元，对高级以上示范性农民合作社和农产品行业协会予以重点扶持③
天台县	设立农业特色产业发展专项资金，在原有县财政每年安排农业发展基金 100 万元基础上，另增加农业发展项目资金 100 万元～150 万元，用于做大做强有机茶叶等农业特色产业；县财政每年安排 500 万元，强势推进生态村和农村垃圾生态处理建设。同时，县财政安排 50 万元～100 万元，加大贫困地区的农业综合开发和基础设施建设的扶持力度④
新昌县	2014 年起，县财政每年安排 150 万元资金，用于扶持农家乐乡村休闲项目建设和精品农家乐发展，并加大了对乡村民宿的奖补力度，对床位达到 60 张以上的村农户，改造三星级农家乐标准房间 5 个以上，给予一次性 3000元/间的奖励⑤

但在政府提供的各种专项资金中，申请的主要依据是建设项目，鉴于当前乡村旅游社区数量多、空间分散，政府部门往往会偏向于示范村、示范点等，因此，被列为示范或重点的乡村会得到更优惠的政策、更多的渠道和更大的资金扶持，而有些乡村却较难获取，这进一步加剧了公共服务投资的地区性不平衡。其中也不排除一些乡村利用政策漏洞或部门间的信息障碍，对同一项目进行多样化包装，分头申请，从而获得大量的资金支持。

① 《关于大力发展乡村旅游业的若干意见》绍政办发〔2014〕78 号
② http://www.zj.gov.cn/art/2007/8/23/art_5503_214965.html
③ http://www.zj.gov.cn/art/2007/8/8/art_5503_214962.html
④ 《关于加快发展休闲农业和乡村旅游的若干意见》
⑤ 《关于加快发展休闲农业和乡村旅游的若干意见》

二、根源分析——供给模式的缺陷

客观上，乡村社区基本人口分布的稀疏性、乡村社区空间分布的分散性以及社区内部自身空间的有限性，使得有些基础性公共设施配置达不到要求，失去配置机会。但分析当前乡村旅游公共服务短缺、低效问题，其重要根源之一在于现阶段以政府为主导的单一的供给模式本身存在的缺陷。在制度、绩效为主要组成内容的新制度经济学理论下，公共服务的提供存在地区竞争，而政绩考核制度的经济化导向，促使地方政府展开对公共性物品，包括基础设施建设、公共服务、制度性公共物品等的竞争，竞争的过度造成重复建设、资源浪费以及资源分布的不平衡性，在一定程度上忽视了社会效益和生态效益[144]。

（一）资金不足

从旅游者角度看，旅游公共服务是在满足游客基本生活需求的基础上，为其旅游活动提供便利性的服务，因此地区公共基础设施和生活服务设施是旅游公共服务发展的基础和支撑之一。我国是城乡二元经济结构，乡村社区经济、社会发展水平低，水、电、气、暖、通讯、交通等公共基础设施的配套不完善，住宿、餐饮、卫生等生活服务设施供给数量不足、档次偏低。从数量和质量两方面来说，我国乡村旅游公共服务供给还远远不能满足到访游客的旅游公共服务需求，问卷调查充分证明这一点。

但这一由历史造成的客观原因，在短时间内无法改变，即政府面对巨大的公共服务需求，财政上一时无法全面满足，若坚持单一政府供给模式，势必给政府带来较大的财政压力。

一般认为地方性旅游公共服务供给的核心主导者和组织者是地方政府，但我国的现状是基层政府对旅游公共服务供给有心无力。我国《宪法》赋予了乡镇政府广泛的事权，但赋予的财政支配权力极为有限，尤其实施财政“分税制”之后，造成了财权的上移，中央政府财政收入占全国全部财政收入的比重基本稳定在50%左右，但基本事权的下移，造成乡镇政府事权与其所需财权极度不对称，在其承担了很多中央、省级财政承担的职责后，已无法承担乡村公共服务的供给[145]。

（二）市场敏感度低

乡村旅游公共服务需求具有两大明显特征：一是地区市场需求不均

衡。从浙江省范围来看，乡村旅游发展水平差别较大，热门地区游客量大，需要大量多元化的旅游公共服务保障其旅游活动顺利进行。二是产业特征决定的公共服务需求的波动性。乡村旅游是一个特殊的产业，一般具有明显的季节性与较大的波动性，季节性由农事的物候特征和民俗的时令特性所决定，而波动性则与乡村旅游地持久吸引能力有关，若产品雷同、缺乏特色，旅游者会追随新的乡村旅游地，它们导致乡村旅游社区人口流动性十分明显，而且这种人口的流动性不仅是指旅游者，也包括了经营者。调查发现，一些乡村旅游社区，在旅游旺季经营者和雇工人手齐全，一旦进入旅游淡季则人去楼空，很多经营者回城区居住，乡村空心化现象严重。

乡村旅游的特征决定其对公共服务的需求具有变化性、不确定性，因此，公共服务的供给也需要对市场做出相应的快速反应。但旅游公共服务政府供给的决策从某种角度上讲是一个行政过程，自上而下的决策机制缺乏对市场需求的敏感性，且流程繁琐，财政预算与真实需求存在时间差，因而容易忽略旅游者、乡村旅游经营者及社区居民的真正需求，导致现行乡村旅游公共服务供给不足或供给过剩并存，最终导致供需错位、供给效率低下、利用率低下等问题的产生。

（三）政绩的追求

公共服务体系建设是惠民工程，是政府重要的考核内容，各级政府都给予了高度重视。但由于制度的制约和任期局限性、考核制度缺陷性，使得一些公共设施建设只为实现既定目标或考核指标，而忽视公共设施服务于民的本源。一般而言，在财政竞争为内核的分权理论下，地方政府间的财政竞争作为决定公共服务提供结构的关键机制，其财政支出会偏向有益于流动性要素的公共服务[146][147]，或偏向于具有生产性质、政绩明显的公共服务[148]；在分税制和预算软约束的外部环境下，政府的绩效考核机制倾向于以 GDP 为中心，促使地方政府更注重经济增长，在一定程度上造成公共服务供给上的选择倾向[149]；再加上一些地方政府部分官员形式主义思想根深蒂固，为追求政绩，在不考虑市场需求、财力状况的情况下，大搞旅游形象工程，损害群众的根本利益[150]。政府形象工程和示范工程的建设，可视为政府强制性的行政手段进行的供给，往往缺乏主动去了解真实需求的积极性，这是导致目前乡村旅游公共服务的供给短期行为明显的原因之一。

这种现象在农村地区尤为明显。在农村公共服务供给过程中，供给结构不平衡，地方政府受各自政绩和利益的影响，在公共物服务供给中往往热衷于投资一些见效快、易出政绩的短期公共项目，倾向于上新项目、新工程，忽视对现有公共设施的维护，忽视地区差别，大搞形象工程，出现农民亟需的公共服务产出少，需求弱的公共服务供给过剩的结构失衡现象[151]。尤其是在西部落后地区，地方政府发展经济的冲劲和压力更大，且经济政绩考核是决定升迁的一个重要砝码，导致政府以经济发展为首位，忽视公共服务职能的发挥[152]。

（四）监督缺乏

对供给主体的监督乏力主要表现在两个方面，在体制内，垂直监督和平行监督的被动性和事后性明显，人大、政协对政府公共行为监督力度不足，属于非强制性监督，对被监督者缺乏效力，实效性和覆盖面有限；在体制外，监督渠道不通畅，媒体、社会公众等外部监督力量在公共服务监督中受到重重压力和阻力，很难发挥实际作用[153]。社会公众的监督理念存在着误区，其抱有的“多一事不如少一事”的想法使其不想监督，缺乏监督动力[154]，特别在乡村社区，由于乡村居民在独立经营的过程中，主要致力于自身的生产经营活动，对于自身谋生活动之外的其他事务，基本上不感兴趣[155]。可见，在乡村社区总体发育不成熟，社会组织发育不健全的背景下，政府在基本公共服务生产和供给中居于绝对主导地位，企业和非政府组织不仅处于参与程度十分有限的从属地位，而且难以对政府生产和供给的基本公共服务进行有效的评估、监督和制衡[156]。

第三节　乡村旅游公共服务市场化供给的必然性

乡村旅游公共服务需求多样性与差异性日益明显，与现行由政府决策、出资、建设的单一供给模式形成强烈的反差。因此，创新模式、引入市场机制，是未来乡村旅游公共服务高效供给的主要路径。

一、政府投资结构调整的必然选择

政府投资的行政属性和非经济性因素的考虑，导致我国投资结构不合理，表现为投资动力主要来自土地城市化，同时由于资本的趋利性以及地方政府的行政利益驱动，使投资方向过分趋同、产能过剩。因此，为了促进我国经济发展方式的根本转变，政府需要调整投资结构，以增强投资的合理性、有效性和高效性。未来，政府投资要“有进有退”。进，主要是按照中央要求，政府投资重点投向全局性、基础性、战略性领域；退，主要是考虑当前普遍存在的地方政府建设资金紧张的难题，通过多途径优化增量、盘活存量、做大总量。一是对非基本公共服务等经营性领域，放开建设市场，政府不再直接投入，突出以市场运营为主，积极推行投资主体招商。二是对准经营性领域，政府投资优先保障配套投入，通过建立投资、补贴、价格协同的多渠道补偿机制，为投资者获得合理回报，大力推行特许经营。三是对基本公共服务等非经营性领域，采取捆绑式项目法人招标，由社会投资人组织实施，由政府回购或购买服务[157]。

结合乡村旅游公共服务体系的建设，政府需要调整乡村旅游公共服务的行为边界，重点提供基础性、市场和其他社会组织供给不了的乡村旅游公共服务。如对于旅游基础设施的投入，可以分为市场性基础设施和经济效益低下的非市场性基础设施，对于具有市场特征的旅游基础设施，采用单一政府投资模式第一不符合其经济属性，第二其非市场化运作带来的财政负担与政府本身财政有限之间产生矛盾，要求政府退出投资的主导地位；针对旅游公路、旅游环境整治等没有直接经济效益或是直接经济效益很低的基础设施项目，则应充分发挥政府主导型投资的重要作用[158][159]。同时，要加快向服务型政府转变，做好公共行政服务，建立长效机制，以确保乡村旅游公共服务的持续供给，如政府要重视对乡村旅游公共服务规划的编制，因地制宜，合理布局，用规划指导和规范乡村旅游公共服务的发展，确保可持续性的供给；积极引进市场供给机制，并建立激励机制和监管制度，扶持和鼓励参与乡村旅游公共服务供给的企业，维护良好的竞争环境，确保乡村旅游公共服务供给的持续性和高效性。

二、缓解供需矛盾的重要手段

当前乡村旅游公共服务的供需矛盾主要表现在两个方面：一是政府主导的单一模式供给能力不足，无论数量、种类和质量上都无法满足公众对乡村旅游公共产品和服务的多元化需求，形成供不应求；二是政府所供给的与大众所需要的产生脱节，即以政府为核心的自上而下的旅游公共服务决策机制中，公众一般为被动接受者，其对旅游公共服务的需求偏好并不能得到真实的反映，造成供需错位[160]。此外，在政府为供给主体的模式下，政府之间的竞争也会影响到供给能力，由于主导旅游公共服务的部门权威性不高，无法有效协调各相关部门间的合作与沟通，致使旅游公共服务存在一定的缺位现象，一些旅游服务设施供给不足[161]。因此，当前乡村旅游公共服务体系建设中的关键问题就是缺乏适合乡村旅游产业发展特征的多元化的供给机制与有效的监督管理机制，提倡市场化供给则是有效路径。

旅游公共服务市场化供给模式带来的直接效果就是降低成本、提高效率，促进公共服务的有序供给。由于市场化供给模式对公共服务的需求和变化具有高度敏感性，能够及时充分地了解公众对旅游公共服务多元化的需求，并能体现出市场经济形成的竞争性和高度的专业性，为旅游公共服务供给效率的提高带来充分的活力。乡村旅游公共服务市场化供给能更加充分地考虑乡村旅游发展规模、规律以及客流量的变化情况而进行公共服务的配置，针对性强，因此不仅可以补充政府供给数量不足，摆脱公共服务供给的资金短缺问题，而且能有效弥补政府供给的缺陷，有利于解决政府供给失灵现象，满足差异化的需求，提高公共服务的供给效率。

三、促进服务公平的有效路径

公平和效率是公共服务供给要坚持的两大原则，通过满足公众的公共需求，达到帕累托最优状态。公共服务的公平性，不仅体现在享受公共服务的机会公平，还需要过程公平以及结果公平，但在生活空间、生产空间与旅游空间重叠的乡村旅游社区，旅游公共服务公平性的含义及实现的路径更为复杂，需要综合考虑乡村旅游公共服务基础性、市场性、管理性等属性以及使用频率、使用的外部性等特征，平衡各群体的利益关系，制定相应的配置标准，选择合适的供给模式，这样才能更好地满足各利益主体多样化的需求，体现乡村旅游公共服务的公平性与公正性。

所以，面对乡村旅游公共服务需求的群体多元化、诉求复杂化、层次多样化、个体差异化，单一的政府供给效率低下，不能很好地兼顾各方利益，实现社会福利的最大化、维护社会公平。引入市场化机制，通过市场和政府的共同合作，实现优势互补，既充分利用市场的竞争机制和专业化优势，实现资源的重新配置，发挥市场在提高公共服务供给效率、促进机会均等方面的作用，又强化政府承担民生性公共服务的责任，通过实施横向转移支付财政政策，扩大公共服务的覆盖范围，发挥保障社会公平的作用，更好地满足不同人群的不同需求，达到供给效果的最优状态，实现公平与效率的统一。

第四章 乡村旅游公共服务市场化供给的理论基础

第一节 公共服务理论

公共服务理论是本研究最根本的理论基础。西方对公共服务的关注与供给起于19世纪末，并随着二战后公民社会的崛起，公共服务理念发生巨大变化，高军波、周春山(2009)将西方国家公共服务研究分为三个阶段，即公共服务提供主体由单一中心供给、双主体联合供给到多元主体供给，研究重点由布局区位与供给效率、空间公平与供给效率逐步转向社会分异与可达性，理论内容体系得到不断丰富与完善[162]。

一、新公共服务理论与乡村旅游公共服务市场化供给

(一)新公共服务理论

20世纪30年代"市场万能"幻想的破灭，客观上促使了凯恩斯主义的兴起。凯恩斯经济学主张放弃自由放任的市场经济政策，实行政府的干预以矫正市场失灵，提高经济运行效率。然而，随着政府干预的加强，政府干预的局限性和缺陷也日益显露出来。以美国当代著名经济学家邓肯·布莱克和詹姆斯·布坎南等人为代表的公共选择理论应用而生，该理论认为由于政府服务具有公共性、垄断性，并缺乏竞争性，因此政府部门的工作效率有限，并试图通过揭示"政府失灵"来克服政府干预的缺陷，其关注的核心就是协调好政府机构与社会组织之间的关系，建立公私之间的竞争，建立多方伙伴关系，将政府机构的部分职能交给市场或是社会[163][164]。公共选择理论因此也成为新管理理论提出的基础与先导。

20世纪70年代末以来，西方发达资本主义国家实行政府改革，催生出不同于传统公共行政理论的理论新范式，新公共管理理论得以迅速发展。它以经济学为自己的理论基础，将公共利益作为其研究的核心，质疑传统的公共行政模式。新公共管理理论重视公共服务的产出，主张在政府机构采用私营部门的管理方法和竞争机制，成为当代政治管理中研究的一个新趋势。其主要观点是提供的公共服务以受益大众为中心，并引导和利用市场或第三方团体的力量合理配置资源。新公共管理理论的包括三个方面的基本内容。第一，确立政府的有限责任。认为政府应该先解决自身存在的职能问题，分清管理和具体操作，避免传统公共行政模式中的政府低效运作。第二，新公共管理理论最重要的理念是认为要以市场为基础，重新经营政府与公众之间的关系。以市场看待政府运作，政府将自己视为厂商，将公众视为顾客，而政府行政就坚持奉行顾客至上准则，而新公共管理理论也就建立起了以公众的满意度为核心内容的考核机制。第三，是主张由更多的私营部门和非营利组织一起对公共服务进行供给，这样可以大大提高公共服务供给的水平和效率。

新公共服务理论是基于对新公共管理理论的反思，特别是针对作为新公共管理理论之精髓的企业家政府理论缺陷的批判基础上而建立的一种新的公共管理理论，其代表人物是美国著名公共管理学家罗伯特·丹哈特。新公共服务学派主张在公共管理改革中强调要保护公民自由，发挥民主机制的作用，政府只是参与性地提供一些公共服务，并强调以下基本原则：第一，政府存在的价值主要是服务，而不是一定要掌握全局。政府人员扮演更多的是中介人的角色，以帮助公民传达其需求，并满足其利益，而不是服务的直接提供者；第二，公共利益是根本目标。政府人员要积极与公民对话，逐步建立起长期的社会利益观念；第三，服务于公民而不是顾客。要了解公民的需要，与他们建立一种信任和合作的关系，从而树立为公民服务、为社会服务的的思想观念。

自20世纪80年代以来，伴随着我国改革开放、社会转型，公共服务研究受到重视，当前，公共服务不仅是为了满足广大人民群众的基本生活需求，而且已成为体现政府富民、居民生活水平提高的显著象征。随着经济的快速发展和公民需求的日益增加，以政府为单一供给主体的体系已经不能适应时代发展的要求，新公共管理理论中的多中心治理理论为我们构建起政府、市场、社会多中心供给公共服务的研究框架，并在社区公共服务和旅游公共服务领域研究中均取得一定的成果。

(二)乡村旅游公共服务市场化供给

在市场失灵和政府失灵共存的情况下,旅游公共服务单中心供给模式愈发显露出缺陷,尤其是在农村,自上而下的政府主导型供给模式存在三大困境:一是供给总量严重不足,农业支出比重低;二是供给结构不合理,重“硬”轻“软”,重“短”轻“长”,重“建”轻“养”现象严重;三是供给效率低下,缺乏有效的监督机制[165]。可见,传统的公共服务模式无法满足乡村社区日益增长的多元需求,基于多中心理论以及众多的创新实践,多元主体协作治理下的新公共物品供给模式有利于完善乡村社区的公共服务体系[166]。在这种传统公共物品供给的基本运行机制创新过程中,政府也应由供给主体转换成监督者,进一步明确在多中心供给中政府的职责,即应该是“掌舵”而不是“划桨”,应该是“服务”而不是“管理”,应该是“分权”而不是“集权”[167];同时厘清各供给主体的职责,将集中单一的供给模式糅合成多元化的特色供给模式,建立、完善三位一体的全方位监督体系[168]。多中心治理能为我们带来更高的经济效益和社会效益,一方面能够有效确定人们对公共服务和物品的需求,提供公共资源配置效率;另一方面有利于构成多元化的社会关系,改进社会结构,增强政府、社会和公民之间的良好互动[169]。

本研究即以该理论为基础,结合乡村旅游公共服务的特征,研究基于乡村旅游产业链的市场化供给模式的有效性与可行性,并从激励性规制角度,探讨政府的激励行为,对政府职能转变提出建议。具体作用表现在:

第一,为乡村旅游公共服务市场化供给提供理论支撑。乡村旅游公共服务受益的特殊性决定其更需要多元化的供给模式,政府要大力鼓励公众参与,以提高公共服务的供给效率,满足受益者对乡村旅游公共服务的多样化需求,并更好地体现公平性。要注意政府、市场和社会三方的主次性和协同性,要打破公共部门和私营部门之间的界限,形成乡村旅游公共服务多元供给模式。

第二,为政府厘清职责、转变职能、提高服务意识提供理论依据。诚然,政府在社会保障、社会公平、教育平等、医疗保健、环境保护等方面依然承担着不可推卸的责任,但对于一些市场性或产业性的公共服务,如乡村旅游公共服务,政府应该承担怎样的责任,扮演怎样的角色,政府的职责究竟是什么?这是本研究要厘清的基础理论问题。在多元化供给模式中,政府要做的就是以公民为核心,坚持人本主义的服务理念,增强乡村旅游公共服务供给中的服务意识,树立乡村旅游公共服务供给的竞争意识;要对乡村旅游公共服务进行分类引导，要善于运用市场的竞争机制、激励机制，鼓励市场和社会对乡村旅游公共服务的供给，提高乡村旅游公共服务供给水平。

二、市场化供给与乡村旅游公共服务市场化供给模式选择

（一）市场化供给

“市场化”的概念是美国管理学家德鲁克于1969年首先提出，20世纪80年代，在新公共管理理论的指导下，西方国家大力推进公共服务市场化改革，围绕这一改革在学术界对市场化和政府职责开展大量的理论研究与探索，研究程度也较为深入，主要集中在公共服务中引入竞争机制的理论，未来政府治理的市场化模式等方面。如美国学者E.S.萨瓦斯在著作《民营化与公私部门的伙伴关系》（2002，中文版）中系统阐述市场化的内涵，对在公共服务中引入竞争机制的理论、技术和具体方式进行了阐述，并重新审视政府的角色，即发挥促进者和管理者的作用，更多依靠公民、社区和市场[170]；盖伊·彼得斯在《政府未来的治理模式》中，把公共服务市场化作为一种新的公共治理模式，通过政府间协议和合同承包等方式提供公共服务、引入竞争机制提高服务质量成为未来政府提供公共服务的主导模式[171]；皮埃尔认为公共服务市场化是新公共管理的一部分，利用市场标准去配置公共资源并且评价供给效率，同时个人有权利进行不同供给主体的选择[172]；唐纳德·凯特尔在其著作《权利共享：公共治理与私人市场》中则从客观、中立与实证的角度，分析了不同时期的美国政府对不同公共产品或服务采用合同外包这种竞争机制后，在合同执行、管理过程中面临的不同问题、产生的不同效果[173]。

国内学者的研究，既有对公共服务市场化供给的国际经验借鉴，也有针对我国实际的研究，主要涉及公共服务市场化存在的问题及对策、政府在公共服务市场化中的作用与职责、市场化供给的低效问题及制度设计。在经验借鉴方面的研究如根据西方国家公共服务私有化、合同出租、公私部门合作、用户付费制度以及补贴制度等做法，结合我国的具体实际，提出实行公共产品有限市场化供给，将政府指导和市场供给相结合，协调各供给主体的利益关系，构建我国特色的公共服务供给模式[174][175]；问题对策研究如根据目前我国公共服务市场化中面临的市场机制不完善、制度不完

善、传统观念束缚、技术上欠缺以及政府职能转变不到位等情况，提出政府应在宏观上将公共服务纳入行政改革框架中，创建良好的法律环境，培育成熟的中介组织，并且拓宽政府融资渠道、扩大群众民主参与[176][177]；涉及政府作用职责的如魏娟在其硕士论文中分析了政府在公共基础设施建设市场化中的作用，主要包括完善建设工程项目招投标和代理机制，积极探索科学的评价方法，规范评价专家和投标企业行为，改善资金管理模式，加强法规建设和违法违规查处力度，加强质量监督等[178]，李慧（2010）则在其博士论文中较为详细地分析了公共服务如何引入竞争机制的制度设计、模式选择，以及相应的各种市场化工具的开发、使用等问题[179]。

涉及农村公共服务供给市场化的研究成果也颇为丰富。古明加（2007）认为农村公共产品普遍短缺的原因即为以政府为主的单一供给主体和单一供给方式，导致其资金来源不足，并且效率低下，因此应当在农村公共产品供给中积极引进市场机制[180]。但公共服务所具有的受益外部性、供给垄断性等经济学特征，对市场化供给的有效性造成重大影响，在农村公共服务供给市场化过程中，还存在许多现实制约因素，如农村非营利组织缺乏，农民参与意识不强、利益表达渠道不畅等，据此应当完善农村公共财政体制，积极吸纳民间资本，大力发展非营利组织，畅通农民利益表达机制等。农村公共产品市场供给也存在信息不对称、监督困境、权力寻租等情形，为避免市场失灵，政府在农村公共产品供给中应当发挥适当作为。政府部门对市场化的认识要到位，不能仅局限于考虑通过市场来减轻政府的压力和责任而造成一定程度上公共责任的缺失，要积极提供制度保障和制度引导，消除市场的负外部性，避免市场化过程中因追求经济效率而出现“趋利避害”的行为，从而造成公共服务供给的不均衡问题、引发不公平现象。

（二）乡村旅游公共服务市场化供给模式选择

自21世纪我国提出旅游公共服务以来，市场化供给一直是被关注的焦点。旅游公共服务内容庞杂，由政府承担大部分职责的旅游公共服务的供给，无论是种类还是数量都无法满足这些日益上涨的需求，旅游公共服务市场化是解决供需矛盾的最好途径，也是解决政府供给可能存在低效或失灵问题的最好途径之一[181][182]。但是，在实际操作中，旅游公共服务的市场化供给也暴露出诸多问题，一些企业为追逐政策红利，投机行为、短期行为明显，因此，要提高旅游公共服务的供给效率，必定要引入竞争机制、监督机制与激励机制，在供给上实现政府之间、企业之间、政府与市场之间的竞争[183]，要根据旅游公共服务不同的属性选择多样化的合作模式，如服务外包、有价补偿机制等方式促成政府与市场的合作[184]，同时，政府必须加大监管力度，出台相应的支持对策。

乡村旅游公共服务供给同样存在以上问题，政府失灵与市场失灵现象并存，因此，本研究认为选择合理的市场化模式，或寻求市场化的有效路径是保障市场化有效供给的关键。对本研究具体借鉴意义在于。

第一，为乡村旅游公共服务市场化供给研究奠定了基础。产业规模扩大与转型升级、消费者对品质的不断追求，使得乡村旅游公共服务需求不断增加。乡村旅游公共服务内容的多样性、需求的分散与波动性等特征，客观上给乡村旅游公共服务供给带来一定的难度，选择市场化供给是提高效率的有效途径之一。此外，乡村旅游公共服务的自身特征要求实行多中心配置，而市场化配置对于把握市场需求、体现公平受益等方面具有积极作用。

第二，为选择基于产业链的市场化模式进行了铺垫。市场化供给研究成果让我们发现当前存在的各种问题与不足，因此，本研究正是试图规避当前市场化供给存在的问题而提出基于产业链的市场化供给模式，希望通过产业价值链这一利益纽带，规避风险，实现公共服务的长效供给。

第二节　产业链理论

一、产业链理论与乡村旅游产业链

（一）产业链

关于产业链的界定，国内学者的研究大致可以分为三类。第一类是从产品生产的角度定义，产业链是指在一种最终产品的生产加工过程中——从最初的自然资源到最终产品到达消费者手中所包含的各个环节——所构成的整个的生产链条[185]，也就是围绕一个关键的最终产品，从形成到最终消费所涉及的各个不同产业部门之间的动态关系[186]。第二类是从战略联盟的角度定义，产业链是在一定地域范围内，同一产业部门或不同产业部门某一行业中具有竞争力的企业及相关企业，以产品为纽带，按照一定的逻辑关系和时空关系，连接成的具有价值增值功能的链网式企业战略联盟，其实质是各产业相互之间的供给与需求、投入与产出之间的关系[187]。第三类是从产业关联的角度定义，根据认识角度的不同，产业链可以是产业依据前、后向的关联关系组成的一种网络结构[188]，也可以是各产业部门之间的链条式关联关系形态，它依据一定的技术经济关联、特定的逻辑关系和时空布局关系形成[189]。其中，战略联盟的角度强调产业链的整体优势，认为产业链的本质在于以具有较强国际竞争力或竞争潜力的企业[190]为核心，与相关产业的企业以产品、技术、资本等为纽带结成的一种具有价值增值功能的战略关系链[191]，将一个企业的整体优势转化为一个区域和产业的整体优势，从而形成这个区域和产业的核心竞争力带动产业整体发展[192]。

从产业经济学角度，对产业链概念可做进一步的阐述，即是指同一产业或不同产业的企业，以产品为对象，以投入产出为纽带，以价值增值为导向，以满足用户需求为目标，依据特定的逻辑联系和时空布局形成的上下关联的、动态的链式中间组织[193]。它是一种以某一产业中具有竞争力或竞争潜力的企业为链核，与相关产业的企业以产品、技术、资本等为纽带结成的具有价值增值功能的战略关系链[194]。产业链主要是基于各个地区的差异，借助区域市场并协调各种矛盾，进行产业合作。

（二）乡村旅游产业链

旅游产业链是依据旅游产业的特殊性而形成的旅游产业结构特定逻辑关系。关于旅游产业链的概念，张晶（2012）认为，旅游产业链是由支撑旅游活动的各部门之间，基于一定的服务经济关联而形成的链条式关系[195]。王起静（2005）也将旅游产业链看作是旅游相关行业之间的链条关系，它以满足旅游者需求为目标，以产业中具有竞争力或竞争潜力的企业为链核，与相关企业以技术、产品、资本为纽带进行结合，并通过包价或零售的方式将旅游产品或服务出售给旅游者[196]。杨丽娥（2008）认为，旅游产业链是指以旅游业中的优势企业为链核，以相关行业和企业的共同利益为基础而结合起来的，共同直接或间接地为旅游者提供旅游产品和服务，满足旅游者需求的旅游企业生态综合体[197]。赵磊、夏鑫（2011）等学者认为旅游产业链是指为了获得经济、社会与生态效益，以旅游业中的优势企业为链核，生产旅游产品的相关产业部门之间在相应的价值创造职能的指向下所形成的动态链接，是建立在旅游产业内部分工、旅游产品供求关系以及旅游体验消费增值基础上，共同向旅游者提供旅游产品时形成的相互协作的关系[198]。

与其他产业链有所不同的是，旅游产业链具有自身的特征。陈丽如(2014)认为旅游产业链具有中间性，即旅游产业链与简单的市场交易关系和纯粹的企业组织关系不同，它是处于微观与宏观间并同时具备微观与宏观特征的中间组织。它一方面可借此平台实现不同资源间的转换与衔接；另一方面，可全面加强资源的构建整合，实现旅游产业整体的优化配置。旅游产业链具有链核特殊性，即围绕核心企业，通过控制信息流、物流、资金流，把各节点企业直到最终用户连成整体。核心企业是产业链的链核，对产业链中不同节点的企业进行协调。旅游运营平台担负着大量的组织和协调工作，在旅游产业链当中处于链核地位；旅游产业链具有网络性，即旅游产业综合性较强的特点导致其产业链是基于旅游客流的网络状关联形态，但核心企业与节点企业之间的关联复杂性更强，不但有纵向关联（上游：大型旅游经销商，下游：旅游景区、酒店、导游、司机），而且有横向关联（宾馆、饭店、景区、商品部门）以及混合关联；旅游产业链具有复杂性，即旅游产业链环节较多的主要原因是旅游产品的综合性，旅游产业链各要素协调难度比其他产业都大，尤其是在数量、质量和层次结构上，其中各个企业归属不同的部门，各企业相互作用与影响，旅游产业链因此呈现出非常高的复杂性[199]。

在旅游产业链的研究文献中，对乡村旅游产业链的研究较为少见。在对乡村旅游产业链内涵研究上，弓志刚、李亚楠(2011)从共生的视角对乡村旅游产业链概念进行再认识，认为乡村旅游产业本身作为一个共生系统，乡村旅游微观企业或为游客提供相关服务的企业作为各共生单元，在乡村的共生环境下，各共生单元为寻求满足游客需求形成的横向延伸、纵向关联的产品链、文化价值链的共生体，并最终满足游客在乡村放松身心的一个功能性的共生系统。并提出乡村旅游产业链的共生互利性、自组织性、共演化性、协同性等系统特征[200]。赵承华(2007)从产业关联度的角度分析，认为旅游产业本身是一个高度复合型的产业，其不仅涉及食、住、行、游、购、娱等旅游内部的核心行业，同时还与交通运输、信息服务、娱乐、金融业、邮电通讯业、房地产业、会展业、环保等产业相互依托，共存共荣。而乡村旅游产业链由于其旅游资源的乡土性以及与农村经济的紧密联系，使其产业关联性更强[201]。

本文所指的乡村旅游产业链，就是站在战略联盟角度提出的概念，强调企业在产业链中的作用，以更好地为乡村旅游公共服务市场化供给主体企业研究做好铺垫。

二、产业价值链与乡村旅游市场化供给内在动因

(一)产业价值链

产业价值链是产业链背后所蕴藏的价值组织及创造的结构形式,是价值链和产业链的融合。价值链概念是由迈克尔·波特于1985年在《竞争优势》(Competitive Advantage)一书中提出的。他认为每一个企业都是用来进行设计、生产、营销、交货以及对产品起辅助作用的各种活动的集合,所有这些活动都可以用价值链表示出来,企业的价值活动可分为基本活动和辅助活动。涉及任何产业内竞争的各种基本活动则包括内部物流、生产经营、外部物流、市场销售以及服务。而辅助活动则主要包括企业基础设施、人力资源管理、技术开发和采购,如图4-1所示。波特还指出企业的价值链仅仅是整个价值系统的一部分,由价值系统观点可以得知,供应商价值链、企业价值链、渠道价值链和买方价值链构成了价值系统,如图4-2所示。可见,价值系统是企业内部价值链和企业外部价值链的合并。企业的价值链在价值系统更为广泛的一系列活动之中得以体现[202]。

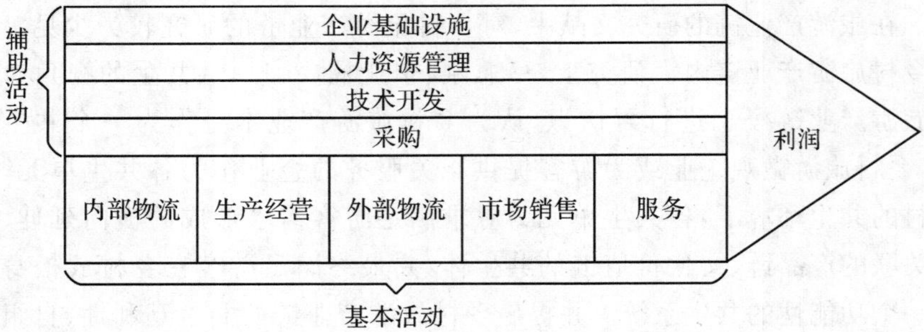

图4-1 迈克尔·波特的基本价值链

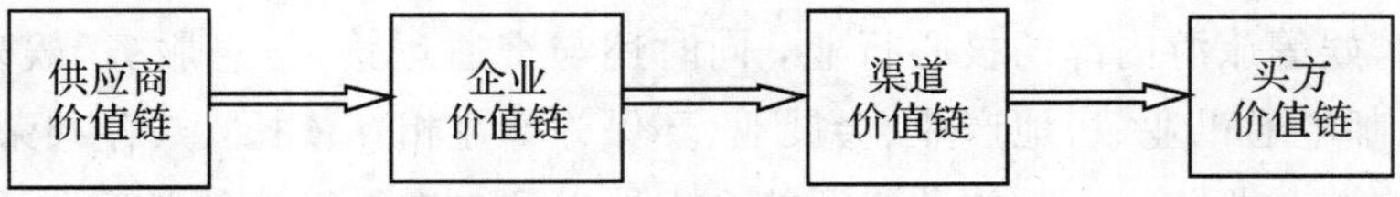

图4-2 迈克尔·波特的价值系统

产业价值链是企业内部和企业之间为满足用户特定需求或进行特定产品生产(及提供服务)所经历的原材料采购、生产、销售、服务等一系列价值增值过程。它以产业链为基础从整体角度分析产业链中各环节的价值

创造活动及其影响价值创造的核心因素[203]。产业价值链代表着产业链的价值属性,决定着产业链的竞争优势以及经营战略。产业价值链的形成能有效地实现整个产业链的价值,并反映价值的转移和创造。其主要特征有以下几点:构成产业价值链的各个组成部分是一个有机整体,具有增值性、循环性、层次性,各个环节存在着增加值与盈利水平的差异性等[204]。

(二)旅游产业价值链

对于旅游产业价值链,张婕等(2005)认为旅游产业价值链不同于一般传统产业价值链,它具有较大的机动性或非唯一性,其各环节可以有较多替代的中间衔接产品,价值来源具有外部性和横向性的特点[205]。黄继元(2006)认为是指在旅游产业内部的不同企业承担不同的价值创造职能,旅游产业上下游多个企业共同向最终消费者提供服务或产品时形成的分工合作关系[206]。江波、夏惠(2008)根据产业价值链的概念把旅游产业价值链定义为旅游产品从供应到最终消费的一系列传递的过程,即旅游产品被不断增值的过程[207]。贺红权(2011)等通过研究旅游产品的概念及其形成和消费分析了旅游产业价值链的构成,包括旅游基本价值活动,如旅游产品投入品的生产、旅游产品的生产等,以及辅助价值活动,如人力资源管理、技术开发、基础设施等[208]。吕华鲜、尹铎(2011)结合县域旅游特征将旅游产业链定义为以县域旅游业中的优势旅游企业为核心,与相关产业相结合,共同满足旅游者需求,实现价值让渡的综合利益链条[209]。劳本信、杨路明 (2005)则强调旅游信息化背景下旅游产业链的新模式,认为旅游价值链是旅游产品从工业到最终消费的一系列传递过程,一般由旅游产品供应商、传统旅游中间商或电子商务旅游中间商以及旅游消费者构成[210]。

(三)乡村旅游市场化供给内在动因

本研究认为价值链创造的价值取决于该链条中企业间的理性选择与投入,企业的公共责任更有助于公共物品的供给与共享,使资源在产业集群内具有更高的运用效率,从而获得更大的产业价值,企业也因此获得更多的利益。这便是本研究提出基于产业链公共服务供给的基础,也是企业提供公共服务的根本内在动力。

乡村旅游公共服务涉及面较广,在产业链每个环节都有参与企业的价值贡献与利益分配要求。因此,基于乡村旅游产业价值链分析,应以价值认同提升企业对乡村旅游发展的公共责任,以政府激励促进利益整合与协调,从而更有效地建立起适合乡村旅游公共服务的市场化供给模式。

第三节 激励性规制理论

一、规制理论与乡村旅游公共服务市场化供给的政府干预

无论是发达国家还是发展中国家，规制日趋成为一种重要的政府经济职能和政府干预手段，尤其是对特定产业的规制已成为一种普遍的政府行为。

（一）规制理论

规制又称“政府规制”，通常是指政府利用国家强制权依法对市场经济中的微观经济进行干预[211]。规制是政府对市场失灵的回应，主要用于克服市场机制自身所无法解决的种种缺陷，目的在于通过弥补市场失灵以确保稀缺资源的有效配置。同时由于规制政策的动态演变性，政府规制必须考虑市场调节和政府干预的效率边界，以达到预期的规制效果[212]。规制与宏观调控均是政府的经济行为，目的都在于创造一个有利于经济发展的客观环境，但两者有着本质的区别。宏观调控是间接的，总量上的控制，它主要是通过调整政府所掌握的某些经济变量，如财政、货币政策等来影响市场经济中各种变量的取值，从而间接影响微观经济主体行为；而规制则是直接的、个量上的，它借助有关法律、规章直接作用于经济主体，规范和约束经济主体的行为[213]。概括说来，宏观调控是平衡经济总量的产物，其作用是为市场对资源的优化配置创造条件；微观规制则是针对市场规制失灵而言的，其作用是弥补市场的缺陷[214]。政府规制在西方国家中经历了从主张强化政府规制到简化政府规制的理论转变，但就我国政府规制建设而言，根据我国特殊的经济环境，应当将强化政府规制与简化政府规制两者并重，在弥合政府规制的制度漏洞和政策缝隙的同时推进政府微观经济管理制度改革[215]。

从规制的客体看，规制又可以被称作“微观规制”，微观规制中的规制主体应该是站在中立的立场上以法律为依据，以大量颁布法律、法规、规章及裁决为手段，对被规制主体实施的一种外部规范引导，因此微观规制是一种不能授权给其他组织代理的责权[216]。就规制对象来看，微观规制以经济个量为作用目标，主要运用价格、数量管制和质量控制等手段，从企业

或行业的角度管理市场经济运营，着重解决市场机制引起的微观失灵和资源未最优利用问题[217]。从作用表现看，微观规制对国民经济运行的调整具有多层面性，能够调整经济结构、配置自然资源、实施行政管理、保护生态环境、保护知识产权等[218]。

（二）乡村旅游公共服务市场化供给的政府干预

政府规制是中国旅游产业发展的一大特征，其在推进旅游市场机制不断完善，健全旅游产业各要素、各环节之间公平合理的权利保障机制和利益分配机制，以及加快旅游公共服务供给方面发挥着重要作用。

涉及旅游领域，规制的相关理论研究主要倾向于旅游资源开发保护与旅游可持续发展方面，特别在避免旅游资源过度开发中，政府规制管理起到非常重要的作用[219]。由于旅游资源的公共性、稀缺性、负外部性等特殊属性导致其缺乏商业利益的驱动，易于出现市场失灵现象。在这一情形下，通过剖析市场规制的作用，包括限制过度垄断、迫使负外部性内部化、平衡不对称信息等，分析目前的政府规制现状，通过科学利用价格规制、进入规制、环境规制、税费规制、信息披露规制等方式，构建一个合理的政府规制内容体系[220]。在对风景名胜区旅游资源的政府规制方面，张守艳（2005）认为应当依法建立利益中性的独立规制机构，对旅游开发企业实行进入规制，对其造成的外部效应实行政府规制，并通过不断的制度性补充，完善政府规制[221]。章尚正、马贤胜（2009）专门针对旅游资源开发与保护中的政府规制优化进行了研究，提倡重构政府的旅游资源管理体系与制度，健全旅游资源开发与保护的法规，推进相关利益者制衡机制建设，同时建立全覆盖的社会反馈机制[222]。而魏翔、朱德良（2005）则从公共选择和新制度经济学角度出发，在分析旅游规制存在性的基础上，说明了旅游规制既是对市场的规制，也是对政府自身行为的规制，最终目的是为了使市场机制能够有效地运转[223]。

涉及乡村旅游公共服务供给，邹统钎等（2006）认为政府的规制作用主要体现在改革基础设施，提供资金、信息与政策支持，规范市场秩序和维护产业安全方面[224]；在市场失灵领域，单新萍等（2008）强调政府要通过公共财政对经济发展进行调控，着重于支持乡村旅游发展的公共产品供给，大力支持、扶持乡村旅游基础设施建设和环境整治、乡村旅游的教育培训、乡村旅游信息化与营销等方面的建设[225]。

鉴于乡村旅游公共服务的特殊性，为了更好地研究企业参与乡村旅游公共服务供给问题，从维护社会整体利益、社区利益以及相关群体利益的角度出发，本研究强调政府规制作用，即政府为提高乡村旅游公共服务市场化配置的效率，增加乡村社区的福利，需要对供给企业进行规范和限制。

二、激励性规制与乡村旅游公共服务市场化供给激励机制研究

（一）激励性规制

西方政府规制实践经历了规制、放松规制、再规制与放松规制并存的演变过程，在理论上可分为公共利益规制理论、利益集团规制理论、激励性规制理论和规制框架下的竞争理论四大理论。在传统规制经济学无法解决现实问题和信息经济学、激励理论迅速发展的背景下，激励性规制理论于20世纪70—80年代应运而生。激励性规制理论研究的是规制中的激励问题，因不同于传统规制中强制性方式的应用，又被称为新规制经济学。

激励性规制理论是为解决传统规制方式中由于规制双方信息不对称而导致的低效率问题而将委托代理理论、博弈论、信息经济学等微观经济学前沿理论和分析方法引入产业经济学进行研究，结合行为学中的激励理论产生了一种新的规制理论[226]。

一些学者认为激励性规制就是在保持原有规制结构的条件下，激励被规制企业提高内部效率，即给予受规制企业以竞争压力和提高生产或经营效率的正面诱因[227]；也有学者认为激励性规制就是在自然垄断领域和信息不对称领域，通过激励、引导、给受制企业以竞争压力的形式，达到纠正规制失灵、提高企业经营和生产效率，实现社会福利最大化的目标[228]。如施蒂格勒（1971）认为激励规制理论主要解决如何向以利润最大化为目标的企业提供适当的激励，从而促使它做出有利于提高社会福利的行为[229]。其实质是一个委托—代理问题，即研究在信息不对称情况下规制者与被规制者之间的激励框架设计，以引导企业降低成本、提高质量、改善服务，逐步接近社会福利化[230]。而陈富良（2001）则将激励性规制更加简单化，认为激励性规制是给予企业提高内部效率的诱导和刺激的方法[231]。总之，激励性规制的重要特征就是不同于以往政府控制和强制的规制方式，而是通过引入竞争和提供正面诱因设计规制方案，给受规制企业以更多的自主选择权，从而达到提高受规制企业的生产效率和社会福利水平的目的。

常用的激励性规制实施机制主要有特许投标竞争、区域间比较竞争、价格上限、社会契约、联合回报、利润分享等。德姆泽（1968）在其《为什么

规制公用事业》一文中，主张在规制中引入竞争机制，如让多家企业通过竞标的方式取得某个产业的垄断经营权，在保障产品质量的前提下，实现了公共产品的最低价成本[232]。劳伯(M. Loeb)和麦盖特(W. Magat)(1979)最先将规制作为一个委托—代理问题开展，他们设计的激励机制中企业将社会各方的效用内部化，从而做出将社会福利最大化的决策[233]。拉丰和蒂罗尔(1986)将道德风险问题引入规制模型中，在被规制企业的个体理性约束和激励相容约束下，设计一个克服共存于委托—代理关系中的逆向选择和道德风险问题的最优线性激励规制方案，以实现规制者社会福利最大化[234]。雪里费(1985)论证了在不同区域的自然垄断企业引入价格比较，有助于提高企业的经营效率，提出区域间比较竞争理论模型[235]。

国内对于激励性规制的研究大多是在引入国外基本理论的基础上进行的应用性研究，成果较为丰富，研究的对象多为电信、电力、铁路、城市公交等基础性、垄断性公共服务行业。王俊豪(2001)通过比较分析方法和规范分析方法研究，认为对电力、电信、自来水和煤气等产业，中央和地方政府都可以运用区域间比较竞争或价格上限规制[236]，其中价值上限规制在电力产业规制中的运用理论进一步得到了张锐、李华的实证支持[237]。张德昌(2006)重点讨论了我国传统成本加成的价格规制导致自然垄断产业损失浪费严重、质次价高、盘剥消费者剩余等问题，通过运用经济模型和比较分析方法，论证了我国自然垄断产业激励性规制模式选择，指出转轨时期我国自然垄断产业应该选择价格上限规制作为总体目标模式[238]。唐欣(2007)从对公用事业的概念界定和公益性、垄断性等特征分析入手，指出单纯的市场化难以发挥优势，根据公共事业信息不对称的情况，提出了适用于不同行业的激励性规制方案[239]。

赵舒、王伟、孙利辉(2005)将激励性规制中的价格上限规制应用于我国电信产业上，提出最高限价增加了运营商降低成本的动力，实现了运营商效益提升、社会福利增加的双赢局面[240]。孙玉升(2011)在其博士论文《中国铁路产业激励性规制改革研究》中对铁路行业进行深入的技术经济特征分析，针对铁路投资渠道单一、服务质量提高缓慢、运营成本高的问题，提出建立激励性规制的铁路管理体制、产业组织模式和激励性定价机制的解决方案[241]。田赫(2013)在对城市公交行业的激励性规制研究中，认为仅依靠市场无法解决公交行业公益性与市场性、适度规模与适度垄断的双重矛盾，需要政府对行业进行规制，而规制的主要方式就是激励性规制，接着详细探讨了特许投标规制、回报率规制、价格上限规制三种方式在我国城市公交行业上的应用[242]。冯中越、石宏锋(2005)通过实证分析，对城市的公用事业项目的管制、竞争进行了系统的论述，并就燃气行业提出了管制与改革的思路，即非垄断业务的拆分和引入竞争，产权多元化与国有民营以及政府管制体制的完善[243]。沈航(2013)认为政府规制体制改革是解决我国电力产业存在的市场结构不合理、电价混乱等弊端的根本途径，但是目前的规制过程中存在着法律滞后、规制机构职能分散、行政垄断等问题，从而借鉴激励性规制理论，提出了完善电力法律法规体系、对输配电实行最高限价的价格规制等激励性规制的政策建议[244]。

(二)乡村旅游公共服务市场化供给激励机制研究

不同旅游形态下的公共服务市场化供给需要政府进行相应的激励性规制，如对于诸如生态旅游这种准公共物品，政府既要鼓励企业进行投资开发，又要避免市场化运作中出现的各类问题，需要政府进行相应的激励性规制。一般情况下，政府可以采用竞争投标、价格上限等激励性规制方法，通过对经营企业的数量控制，避免过度开发并保障中标企业的经营利益，同时通过为经营企业核定特定的价格标准，以限制企业的经营利润，体现公共物品的公益性。总之，面对公共性旅游资源的供给，为应对“市场失灵”的缺陷，政府通过价格规制将经营企业的利润规范在合理的范围内；利用税费规制激励公共性旅游资源的保护和约束其破坏，即运用适当的财政政策和税收政策，对旅游经营主体进行一定税费补偿，降低企业经营风险，从而增强旅游企业自觉保护公共性资源的力度[245]。

在以乡村为载体的旅游公共服务供给中，政府激励性规制需要根据乡村旅游的基本特征以及发展的需要进行，本研究将借鉴相关的激励性规制研究成果，通过对不同类型企业、不同类型乡村旅游公共服务的差异化研究，提出针对性的激励性规制方法。

第五章 基于产业链的乡村旅游公共市场化供给模式研究

第一节 乡村旅游产业链的构建

一、乡村旅游产业链构建

产业链依赖的供给模式是指以乡村旅游产业链为基础，鼓励产业链各环节企业提供公共服务的一种方式。随着我国乡村旅游的发展，产业链得到不断拓展与延伸，特别在乡村旅游发达地区，产业链相对成熟。本研究所构建的乡村旅游产业链主要是围绕与乡村旅游产业相关的企业所建立的，旨在分析各企业的利益诉求，揭示各企业的内在利益关联，促进相关企业资源共享与风险共担，为探索不同环节企业供给乡村旅游公共服务的内在动力和障碍因素奠定基础，如图 5-1 所示。

乡村旅游产业链主要包括上行企业、核心企业、下行企业、配套企业及相关机构。其中上行企业主要包括与农、林、牧、副、渔相关的企业、农副产品加工企业、手工艺品加工企业、乡村旅游产品相关物资供应企业、旅游规划策划企业等；核心企业主要包括农家乐（家庭旅馆）、观光采摘园、高科技示范园区、生态农业园、市民农园、休闲度假农庄及民俗文化村等；下行企业主要包括旅行社、旅游网络公司、周边旅游景区、城市酒店、文化传媒公司等；配套企业及相关机构主要包括交通、环保、水电、医疗、金融、通信以及相关政府部门、乡村旅游协会及农家乐协会等。其中上行企业主要是为核心企业提供原材料供给及乡村旅游产品创意与设计；下行企业则主要是作为核心企业与游客的中介，为核心企业进行客源输送及营销宣传；配套企业及相关机构部门是乡村旅游产业链运作的保障，居于上、中、下游企业

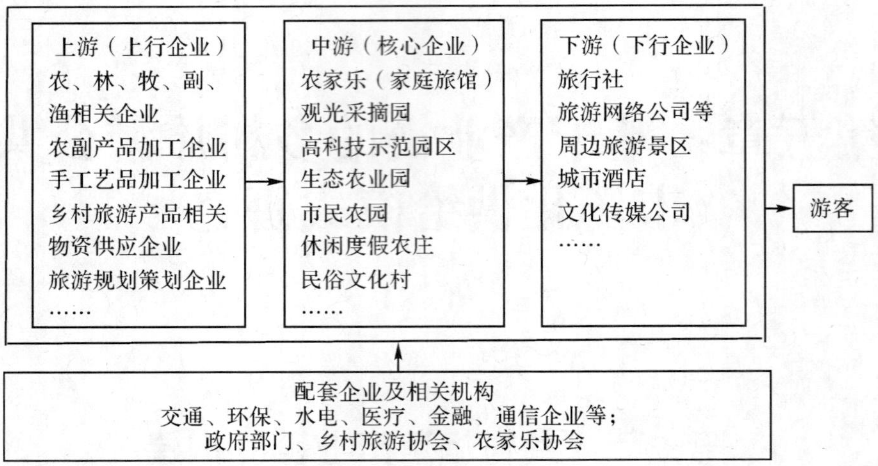

图 5-1　乡村旅游产业链

的外围部分。

二、乡村旅游产业链的特点

(一)链核特征不明显

从某种角度，产业链也可以理解为围绕核心企业，通过控制信息流、物流、资金流，把各节点企业直到最终用户连成的整体的中间经济组织，核心企业往往是产业链中的链核，对产业链中其他节点企业起到统筹协调作用。旅游产业链是由支撑旅游活动的各企业(各部门)之间基于一定的服务经济关联形成的链条式关系，一般表现为纵向联系和横向联系构成的网状结构，其链核应该是掌握着一定垄断性旅游资源(吸引物)的旅游景区；考虑到旅游产品消费是人流而非物流导致，也有人将掌握着客源渠道、实力雄厚的旅行社作为链核企业。

涉及乡村旅游产业链，情况就变得更为复杂，由于乡村旅游产业链尚不成熟，相关经营企业发展还未形成规模，特别是提供乡村旅游吸引物的核心企业大多为中、小、微型企业，由大量的以家庭为经营单位的农户组织，与产业链上其他企业相比，交易能力、协调能力与控制能力等方面存在明显的不足[246]，很难发挥链核作用；至于掌握着旅游市场的旅行社企业，近年来随着客源渠道的多元化，其地位也受到很大的影响，另一方面，由于当前乡村旅游消费水平较为低端，一些实力雄厚的旅行社对乡村旅游线路开发也不够重视。因此,对于乡村旅游产业链,其链核特征并不十分明显。

(二)节点企业位置界线模糊

为了旅游产业价值链体系的有序运转,产业链上的各个节点企业,应当正确认识自己,要成为整个生态系统中的一个环节,而不是成为整个系统,应正确扮演产业价值链上的角色[247]。对于产业链上的各个节点企业,应该专注于培育自身的核心竞争力,这样才能在行业中具有话语权,并通过与前向、后向产业链环节企业的联系,建立良好的合作关系,实现优势互补,提升乡村旅游整体的竞争力。

但在乡村旅游产业链中,节点企业位置界线模糊与生俱来,特别表现在上游企业与核心企业界线中。我国最早发展起来的乡村旅游是以农家乐为主,强调依托农户现有的闲置的资源,如承包地、宅基地等来提供干农家活、吃农家饭、住农家屋等服务,促成小而全乡村旅游产品供给局面,接待能力基本受制于自身拥有的资源容量以及市场开拓、资金再投入能力,这也成为当今乡村旅游转型升级中需要解决的重大难题。另一方面,一些原本属于上游企业的农副产品生产基地,随着农业现代化,也开始发展休闲农业,成为直接吸引旅游者的具有核心企业功能的企业。

乡村旅游产业链的这种上游、核心企业界线模糊问题,虽然具有其存在的合理性,但从专业化发展角度,在资源的合理利用和配置角度都存在不妥之处。在农家乐为主导的乡村旅游中,当经营户遇到资源瓶颈时,不是想着相互合作,而是通过搭建违章建筑、采购外地廉价食材(如本鸡养殖成本高,养鸡养殖成本低,以次充好)增加其接待能力;当经营户遇到客源市场问题时,相当一部分经营户只能坐以待毙,改造的接待设施只能空置。对于农副产品生产基地、农业园区等,开展采摘活动以及配置一些相应的旅游服务设施是可行的,但若都想成为农业休闲度假圣地,旅游设施建设用地需要就会大大增加,给原本十分紧张的用地指标带来压力,并且乡村旅游季节性导致的用地效率低下也会造成土地资源的浪费。

(三)产业链的复杂性

旅游产业作为一个跨行业和跨地区的现代系统经济,具有高度的综合性和整体性。乡村旅游除了具有旅游产业的关联性强、覆盖面积广、带动能力大等共性特性以外,还对"三农"具有高度的依赖性,即乡村旅游吸引物与农村经济、农业生产、农民生活有着密切的关联,乡村旅游产业链关联因素更加多样复杂。

本质上分析，乡村旅游产业链是通过分工的深化、文化价值的共享、信息外部化在产业链内部形成畅通的渠道，促使产业链条上各企业的报酬递增，促进核心企业对非核心企业的带动、示范、互补效应，为乡村旅游企业和当地村民等相关利益者创造更多收益价值，进而形成功能齐全的产业链条[248]。由于乡村旅游产业链涉及利益主体多元，节点企业多样，纵向关联、横向关联错综复杂，而且还由于乡村旅游产业链的链核特征不明显，对于配套企业和相关机构的依赖性更强，乡村旅游产业链各要素协调难度比其他产业更大，产业链因此呈现出更高的复杂性。

（四）跨城乡特征

产业链在空间的分布形成空间链，随着全球经济一体化，产业链的空间分布可以分为全球、国家、地区三个层次，并且相互协调。根据旅游的本质属性，即是旅游者的空间转移过程，旅游产业链是在旅游者到目的地的空间转移及旅游消费过程中，为其加工、组合并提供旅游产品，以助其完成到达目的地的旅行与游览，此间所形成的以旅游企业为核心的各种产业供需关系[249]。由此可见，旅游产业链的形成必定跨越区域界限，而且旅游产业空间链更多地依附于旅游者的空间分布以及空间转移。

至于乡村旅游产业链，由于是以吸引城市游客为主，跨越区域界限在乡村旅游中的表现即为跨城乡特征。跨城乡的空间分布可以为全球、全国和地区，如法国普罗旺斯的乡村旅游，由于在全球范围内具有较高的品牌知名度，其产业链的空间分布可以是全球的，而我国目前大部分乡村旅游空间链的跨城乡分布还局限于区域范围。总之，跨城乡空间尺度的大小取决于乡村旅游地知名度与吸引力，并与一定区域范围内的城乡空间关系紧密相连，要充分依靠城乡之间的旅游信息网络、旅游交通网络等，掌握城市居民的需求动向，增加乡村旅游目的地的可达性。

然而，对于大部分乡村旅游产业链的上游供应企业来说，其空间分布需要与核心企业保持一致，以强化乡村旅游的地域特色。如城市游客喜欢吃农家饭，就是因为看重乡村原生态的地域性的食材，若跨空间从外地组织食材，农家饭的特色就会减少。这一空间分布特征强化乡村旅游产业链的区域特点，也成为增加区域竞争力的重要途径。

第二节　乡村旅游产业价值链

一、乡村旅游相关企业价值链

价值是产业链对接的导向，根据迈克尔·波特的价值链理论，乡村旅游产业链上的核心企业（吸引物供给企业）、上行企业（支持企业）、下行企业（中介企业）、配套企业四大类型企业均有其基本价值与辅助价值活动，其辅助价值活动不仅对自身内部的基本价值活动具有支持作用，还对整个产业链上的其他相关企业的有关价值活动起到支持作用。因此，合理整合和利用企业的价值活动，有利于提升产业链整体价值，为产业链企业赢得更大的利益，这便是产业链企业提供公共服务的内在动力。

二、乡村旅游相关企业价值链的构建

参考迈克尔·波特的基本价值链模型构建出乡村旅游企业价值链，如图 5-2 所示。图 5-2 中，乡村旅游相关企业辅助活动主要包括四个方面，分别是乡村旅游相关企业基础设施、人力资源管理、运营流程及服务技术研发、产品采购等。而基本活动则主要涉及产品的服务和物质创造及其销售、转移给买方和提供服务等，具体包括内外部物流、生产经营、市场销售和服务几大方面。

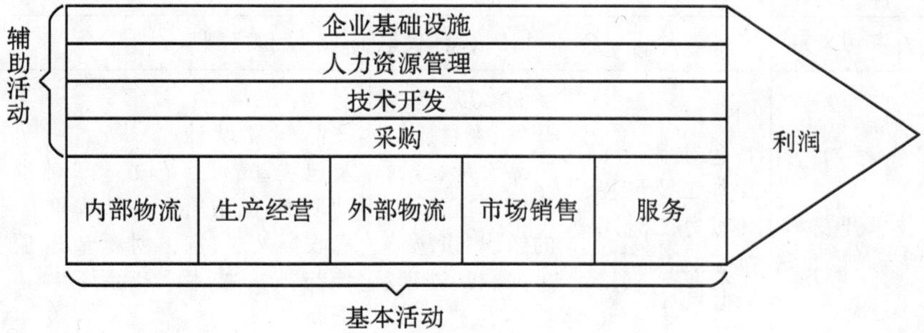

图 5-2　乡村旅游企业价值链构建

三、乡村旅游产业价值链中相关企业价值活动分析

结合乡村旅游公共服务的相关内容，对企业价值活动做以下分析。

（一）辅助活动的价值分析

不同类型的企业有不同的辅助价值活动，如表5-1所示，与乡村旅游公共服务内容关连性也各不相同。上行企业，涉及的内容有特色农产品深加工及包装、手工艺品加工、乡村旅游项目的设计与创新等，这些价值活动在弘扬乡村传统文化、丰富旅游产品、提升“购物”体验、树立良好品牌等方面能发挥积极的作用。核心企业，涉及的内容有企业质量管理、培训、乡村旅游产品开发与节事活动、服务设施的分享等，这些价值活动能够提高农家乐经营者的经营素质与服务能力，促进特色乡村旅游产品的开发以及乡村传统文化的保护与发扬光大，提高乡村旅游社区内停车场、厕所、旅游标识、休闲娱乐设施等供给能力。下行企业，涉及的内容有培训、市场信息、市场营销与推广，这些价值活动能更好地帮助农家乐经营者掌握经营的技能、及时了解旅游者的需求，乡村旅游地进行营销宣传，提升知名度。配套企业，则要根据乡村旅游发展的实际需求，提供针对性的公共服务，如乡村旅游交通道路的建设与运输管理创新、金融服务的创新、环保技术的创新等。

表5-1　乡村旅游产业价值链上的相关企业辅助价值活动分析

	上行企业	核心企业	下行企业	配套企业
企业基础设施	管理、计划、财务、会计、法律、政府事务和质量管理			
人力资源管理	招聘、雇用、培训、开发和报酬			
技术开发	特色农副产品深加工及包装、传统手工艺品加工、旅游项目设计与创新等	乡村旅游资源开发、乡村旅游产品设计、乡村旅游节事活动的组织、市场信息的收集处理、宣传与推广技术创新等	产品开发设计及包装宣传、活动创意、市场信息收集处理、宣传与推广技术创新等	改善基础性公共产品和工艺、创新金融服务产品等

续 表

	上行企业	核心企业	下行企业	配套企业
采购	种子、化肥、机器设备及其他相关物资等，道路、停车场、厕所、交通引导标识、排污系统、供水供电系统等等	住宿、餐饮、娱乐等服务设备及原材料、基础设施设备（道路、停车场、厕所、交通引导标识、休闲设施、排污系统、供水供电系统等）	住宿、餐饮、娱乐等服务设备及原材料、基础设施设备、计算机及耗材（邻近旅游景区道路、停车场、厕所、交通引导标识、休闲设施、排污系统、供水供电系统等）	基础设施设备、原材料、储备物资和其他易耗品

（二）基本活动的价值分析

企业基本活动由五大类型组成，根据乡村旅游产业实际，每一种基本活动又可细分为若干独特的活动，对于不同环节的企业，其基本活动内容有所侧重，如对于提供服务为主的企业，外部物流可能在很大程度上不存在或不重要，而经营则是关键；而对于提供农副产品的基地，物流管理尤为重要。关联到乡村旅游公共服务，主要涉及到一些基本活动的分享，特别是市场销售活动的共享。目前乡村旅游地整体营销、销售渠道等方面均较为薄弱，一些下游企业如酒店、旅行社、景区及旅游电子商务公司等可以利用自身的营销优势帮助宣传推广乡村旅游地，同时也为自己招徕更多的客源。

第三节 乡村旅游产业链思维下的浙江实践

一、“旅行社＋酒店＋特色村”的衢州模式

“衢州模式”是较为典型的产业链思维下的促进乡村旅游转型升级的政府推动模式，其内容涉及较多的公共服务，是本研究选题的触发点。通过追踪调研，为本研究获得了宝贵的第一手资料，为探索基于产业链的乡村旅游公共服务市场化供给提供了宝贵的经验。

(一)模式内涵与原则

1. 模式主要内涵

为加快推进衢州市农家乐乡村休闲旅游业的转型提升,把农家乐乡村休闲旅游业培育成为繁荣农村经济,加快农村绿色发展、生态富民的特色产业,衢州市旅游局和衢州市农办两部门联合,充分利用旅行社和宾馆饭店营销网络强、技术人才多的优势,在柯城区、衢江区两个区内开展乡村休闲旅游"十百千"结对共建活动。其中,"十"指的是在两个区内选出10家旅行社和10家旅游饭店结对共建10个农家乐特色村;"百"指的是在20个旅游企业内部各挑选出5名,共100名业务精湛、懂经营、会管理的旅游工作者,结对100个农家乐经营户;"千"指的是一年内给每个农家乐经营户至少增加1000人的游客量。结对共建主要是在乡村旅游培训、游客引进、特色旅游项目开发、产品包装、宣传营销、经营管理等方面给予多方面支持。

2. 模式推进原则

该活动因此被称为"旅行社+酒店+特色村"的"衢州模式",在实施中,主要强调以下两条原则。

一是优势互补原则。农家乐特色村(点)与旅游企业各有优势,双方要发挥优势,互促共进。各宾馆饭店要充分发挥服务规范、管理水平高的优势,加强对农家乐特色村(点)的指导,不断提高乡村休闲旅游村(点)经营管理和服务水平;各旅行社要发挥客源多、网络广的优势,积极做好与农家乐特色村的沟通、交流,加强对价格、消费、服务、营销、宣传等旅游市场化意识的引导;各农家乐特色村要充分发挥生态环境好、民风淳朴、乡土特色明显、成本较低等优势,主动为旅行社接待游客,为宾馆饭店建立优质农产品基地提供服务。

二是合作共赢原则。农家乐是乡村旅游的重要组成部分,乡村旅游又是旅游业的重要组成部分。衢州市生态环境良好,在全省乃至长三角地区都有一定的知名度,打造好生态旅游品牌的当务之举是抓好农家乐乡村休闲旅游。要把农家乐休闲旅游特色村、旅游企业、旅游景点三位一体有机地融合在一起,村即为景、景即为村、村景合一,相得益彰,有效地促进农业产业和旅游产业的协同发展,彰显衢州市生态旅游业的特色品牌。

（三）模式运作目标与任务

1. 模式运作目标

通过开展“十百千”结对服务，努力实现三个目标：①培育一支队伍，即培养培训一支具有现代休闲服务理念、较高经营管理水平、较强营销策划能力的经营者队伍和具有良好服务技能、较强服务意识的从业人员。具体地说，结对的旅游企业至少要为农家乐特色村（点）每年培训从业人员1000人次以上；②拓展一批客源，各旅行社要主动把农家乐特色村纳入向外推介的旅游产品，累计为所结对的农家乐特色村（点）新增游客1万人次以上；③建立一批基地，即通过结对共建着力打造一批服务能力好、休闲功能强、顾客认同度高的特色村（点）或主题农庄，在所结对村建立一批优质农产品基地。

2. 模式运作落实的主要任务

任务包括四大方面：①要改善硬件。各旅行社要帮助乡村休闲旅游点按照市场化要求和当地民俗风情特点开发游客参与性体验项目；指导乡村休闲旅游点利用当地自然环境和风土人情建设旅游景点，打造乡村特色的休闲旅游点。各宾馆饭店要帮助农家乐特色村经营户按星级饭店要求，做好生活污水的处理、厨房油污的控制、生活和餐饮垃圾的分类、客房卫生和周边环境的整治，努力改善卫生条件。②要提升软件。各宾馆饭店要帮助农家乐特色村做好人员培训工作，重点做好客服接待、菜肴制作、客房服务、安全管理等项目。要主动为结对村提供就业岗位，帮助所联系的农家乐特色村解决就业问题。旅行社要帮助乡村休闲旅游点制作反映当地特色的旅游宣传资料，培训具有农家乐特色的导游。③要强化宣传推介。旅行社要帮助乡村休闲旅游村制作反映当地特色的旅游宣传资料，将所联系的农家乐特色村纳入本旅行社常规线路对外推介、招徕游客。各宾馆饭店要把所联系的农家乐特色村作为企业在乡镇的延伸，每年为联系村引进游客。④要拓展延伸产业链。要指导帮助所联系的农家乐特色村建立优质农产品基地。要帮助乡村休闲旅游点开发具有当地特色的旅游商品，并从包装、销售等方面给予指导。

（四）模式运作保障

为更好地推进活动的进行，衢州市旅游局与市农办采取以下保障措施。

1. 前期需求调研

两部门对衢州市柯城区、衢江区进行需求调研，了解相关企业和乡村旅游特色村的需求，听取他们的建议，并最终确立参与活动的10个农家乐特色村，10家旅行社企业和10家酒店企业。

2. 签订互助协议

协助农家乐乡村休闲旅游村、结对帮扶旅行社、结对帮扶旅游饭店三方共同签订协议，以协议来明确和规范各自的职责。

(1)旅行社。具体做到以下几个方面：第一，帮助农家乐乡村休闲旅游点按照市场化要求和当地民俗风情特点开发游客参与性体验项目；第二，指导农家乐乡村休闲旅游点利用当地自然环境和风土人情建设旅游景点，打造乡村特色的休闲旅游点；第三，将所联系的农家乐特色村纳入本旅行社常规线路对外推介、招徕游客；第四，帮助农家乐乡村休闲旅游点制作反映当地特色的旅游宣传资料，培训具有农家乐特色的导游；第五，帮助农家乐乡村休闲旅游点开发具有当地特色的旅游商品，并从包装、销售等方面给予指导。

(2)旅游饭店。具体做到以下几个方面：第一，帮助农家乐特色村经营户按星级饭店要求，做好生活污水的处理、厨房油污的控制、生活和餐饮垃圾的分类、客房卫生和周边环境的整治，努力改善卫生条件；第二，帮助农家乐特色村做好人员培训工作，重点做好客服接待、菜肴制作、客房服务、安全管理等项目；第三，把所联系的农家乐特色村作为企业在乡镇的延伸，每年为联系村引进游客；第四，主动提供就业岗位，帮助所联系农家乐特色村解决就业问题；第五，指导帮助所联系的农家乐特色村建立优质农产品基地。

(3)农家乐乡村休闲旅游村。具体做到以下几个方面：第一，主动接受旅行社和旅游饭店的服务指导和培训；第二，主动接受旅行社和宾馆饭店的软、硬件支持；第三，结合实际，积极协助宾馆饭店在本村点开发建设农产品种植、养殖基地，农业观光园和采摘游基地；第四，积极配合旅行社和宾馆饭店做好引进客源的接待服务工作；第五，主动配合旅行社、旅游饭店做好人员培训的组织、宣传资料的制作和旅游商品的开发等工作。

3. 明确责任人员

制定“二对一”全力帮扶安排表，明确农家乐旅游村的联系人以及主要帮辅农家乐经营户，企业的负责人以及各企业的五位帮扶联系人，以及旅游局的相关联系人。

4.配套考核制度

中共衢州市委办公室正式发文推进衢州市区乡村旅游“十百”并进行考核，市旅游局将对宾馆饭店、旅行社承诺结对联系农家乐乡村休闲旅游村(点)的项目进行专项考核，并将考核情况作为各旅行社和宾馆饭店评星和年度“十佳”评选的重要内容；要把结对共建纳入到新农村建设工作的考核体系中，及时总结，对在活动中组织工作突出、措施得力、工作作风扎实有效的结对双方进行奖励。对主动接受旅行社和宾馆饭店帮扶并取得明显成效的农家乐特色村，市农办要在特色村、星级户评定等方面予以优先考虑。

(五)模式评价

“衢州模式”是较为典型的政府做媒、企业唱戏的运作模式，通过政府积极引导，将旅游企业引入至乡村旅游产业链中，充分发挥乡村旅游产业链上各节点企业的作用，即利用旅行社、酒店、农家乐休闲旅游村三者各自的优势，共同促进乡村旅游的发展。推进工作前期调研详实、目标明确、三者任务清晰、约束完善、考核制度配套，达到其应有的效果，得到参与三方，特别是受帮扶特色村广大经营户的认可。

该模式的不足之处在于，忽视了产业链的形成是要以价值为导向，产业链企业联盟是要以利益为基础。产业链培育前期政府推动必不可少，但关键是要把政府引导逐渐过渡到符合市场自身运营规律，要让产业链企业通过磨合形成紧密的利益关系。在该模式中，政府想让企业帮扶的内容有相当一部分属于公共服务，而企业承担公共服务，政府应该给予更大的激励，但该模式最大缺陷就是激励措施不当，激励内容并不是一些企业想要的，激励的强度不足于很好地激发企业的积极性。

总之，该模式是产业链思维下的公共服务供给的大胆尝试，也是未来乡村旅游走向成熟必然需要历经的过程，经验告诉我们，政府不仅需要正确引导，更需要选择合理的手段，通过构建长效的激励机制，让企业真正认识到参与乡村旅游能给自己带来新的长久的利润增长点，这样才能形成牢固的产业链，一些被政府鼓励的行为才会变成企业的自觉行为，

二、其他模式探索

浙江省乡村旅游发展实践丰富，各地在实践过程中逐渐形成具有自身特色的运作模式。

(一)"农家乐协会＋农户"唱主角的长兴模式

1.模式内涵

一般地,很多乡村地区农家乐的发展依附于周边景区的发展,景区的知名度及人流量给周边农家乐带来客源,而农家乐通过提供吃、住等,与景区的功能形成互补,或在消费层次上与景区形成互补,农家乐发展好坏与景区经营有直接的关联性。但长兴乡村旅游发展却颠覆了这一模式,创造了以农家乐为核心的乡村旅游产业链运作模式,不仅向周边景区输送客人,还与农业企业、相关配套企业形成良好的合作,在促进区域乡村旅游发展中发挥积极的作用。

长兴农家乐起步于2002年,全县99％的农家乐均为当地农民自主开办。乡政府为鼓励、发展农家乐,以农户经营为主导,成立农家乐协会和农家乐党支部,采取"农家乐协会＋农户"的模式以强化农家乐的组织化程度,着力打造细节与品牌,形成以农家乐为核心,向上、下游产业不断延伸的乡村旅游产业链。

顾渚村是长兴县乡村旅游发展的典型代表,位于水口乡,三面环山、东望太湖,自然生态环境优美,村内拥有中国历史上第一座皇家茶厂——大唐贡茶院,顾渚村是特色农家乐发展的集聚区。据中国新闻网报导,2014年,水口乡已有各类农家乐354家,床位数16400多张,餐位数超17000个,直接从业人员1800多人,接待游客250万人次,旅游收入4.78亿元。顾渚村的农家乐数量占整个水口乡九成,并专门成立了农家乐党支部、组建了农家乐协会。

公共服务到位,精品意识强。2009年,顾渚村启动并完成了省级农家乐精品培育项目,通过积极争取上级政府部门的支持和投入,不断改善旅游基础设施和配套设施,包括恢复建成顾渚大唐贡茶院,弘扬顾渚的人文精神与历史文化,完成水顾公路、景区道路硬化、旅游商品市场和生态停车场等基础设施建设。在完善硬件的同时,对经营人员的培训以及经营秩序的维护不放松,自2006年以来,定期组织对包括厨师、客房服务人员等农家乐从业人员的培训,并组织到乡村旅游发展较好的地区进行学习参观,逐步将农家乐经营者培养成具有现代经营理念、善于经营管理、掌握服务技能和营销知识的新型农村实用人才。同时,协会及时做好农家乐开办过程中涉及卫生、安全、环保等方面的起步指导以及在农家乐运营过程中质量管理和投诉纠纷处理等工作,维护服务品牌。

组织化程度高,核心企业作用大。在协会的指导下,形成一体化服务平台为支撑的乡村旅游服务体系，极大地提高了组织化程度与专业化程度。如通过统一制作网站、宣传册等方式进行统一包装宣传；实现与上游农业（企业）的良好互动，就农家乐的食材而言，农家乐所需的荤素菜，由菜场经营公司统一配送，确保新鲜无污染，从而保证了食材的质量和本土性，通过旅游商品市场（农贸市场）使蔬菜、水果、畜禽类等农产品实现就地销售；联合县运管部门成立了具有营运资质的农家乐旅游车队，目前，顾渚村已拥有 3 个旅游运输公司、20 辆旅游大巴，凡是上海市、无锡市、常州市、苏州市、江阴市、常熟市、南京市等地的游客往返顾渚村，均有旅游运输公司负责进社区接送；与县经济洗涤公司合作，实行农家乐餐器具和床上用品的集中洗涤，既减少了水污染，又确保了干净整洁，还减轻了经营者负担；与县内及周边景区签订合作协议，实行折扣价格，统一开票，引导农家乐经营户统一为游客购买旅游意外险，保障游客人身安全，在顾渚村吃住的游客，白天可以组织到顾渚村周围的景点如大唐贡茶院、顾渚山、紫笋茶园、金沙泉等景区景点，甚至组织到江苏省、安徽省以及杭州市、湖州市等周边景区游玩，晚上则可以到长兴县城领略夜景和各种休闲活动；联合县税务部门在顾渚村设立税票开票点，为各农家乐开展税务发票下乡服务活动。

2. 模式评价

顾渚村模式虽然离不开各级政府的引导和支持，但其源动力是来自于市场本身。这一模式依赖于直接提供游客服务的经营者对市场的敏感度、遵循市场规律运作思路与运营能力、最基层的党组织的支撑，是根据市场需要逐渐形成的，具有极强的生命力。“长兴模式”表明，其运作与协会的协调管理密切相关。乡村旅游产业链中，作为核心企业的农家乐若组织化、专业化程度较高，其在产业链中的地位就会增加，话语权就会提高，并在产业链运作中发挥很好的协调作用，长兴模式证明，无论对于上游企业的联动、配套企业的互动、还是下游企业的带动都体现出较好的效果。

除上述主要原因以外，顾渚村为代表的“长兴模式”之所以能够形成还涉及其他一些基础条件：乡村旅游发展以自然生态环境为主要吸引力，休闲度假功能为主；农家乐发展空间聚集程度较高，能掌握交通运输关键性的资源；周边景区知名度相对较低，景区游览成为农家乐度假中的休闲活动。

模式面临困境：模式演进受到核心企业组织管理者素质与能力的制约。顾渚村目前存在过度开发、产品单一、结构层次不够多样、消费层次较低等困境。因此，需要加强对组织管理者的培养，更新观念、提升创新能力；或是引入专业管理人才，走更为专业化道路。

总之,“长兴模式”是通过壮大农家乐协会组织而带动协调产业链运作的典型案例,而未来产业链的竞争能力也将取决于农家乐企业及其协会组织的自我完善与不断创新能力,因此,农家乐协会的培养壮大是这一模式可持续的关键。

(二)“政府统筹强势推进”的桐庐模式

1.模式内涵

不同于以上两种乡村旅游的发展模式,桐庐则是依托美丽乡村建设,在政府的统筹安排、强势推进下发展起来的乡村旅游。特别是 2011 年,桐庐县委、县政府出台了《关于建设“潇洒桐庐·秀美乡村”统筹城乡精品工程的实施意见》(县委〔2011〕36 号文件),提出利用三年时间,全面实施“5525”工程,即:打造五条秀美乡村风情带,开展五大乡村节庆活动,培育二十五个风情特色村(点),着力打造生态环境优美、基础设施配套、文化传承深厚、产业特色鲜明、乡村旅游活跃、农民增收致富的“潇洒桐庐·秀美乡村”。政府大力支持农村改造、环境整治,提供交通等配套基础服务,统一宣传营销美丽乡村,积极引导农户经营农家乐,吸引大量外界企业入驻桐庐乡村,满足消费者的乡村旅游需求,形成筑巢引凤式的桐庐县美丽乡村旅游运作模式。

完善旅游基础设施建设。桐庐县深入实施农村联网公路建设,行政村公路通村率和通村公路硬化率均达 100%。全面实施“清洁桐庐”计划,在垃圾处理上,建成日处理能力 250 吨的县生活垃圾无害化处理项目、15 座乡镇(街道)垃圾中转站、183 个村级垃圾收集房,建立 1700 多名的农村保洁员队伍,形成“村收集、镇中转、县处置”的垃圾一体化处置模式;在污水处理上,投入 3.8 亿元,建成日处理能力 8.2 万吨的县城污水处理厂和 11 个乡镇污水处理厂(站),完成 140 个行政村和 132 家农家乐以及全县所有景区的污水治理工程。同时,加强饮用水改造工程建设,通过投入 1.6 亿元实现两轮安全饮用水改造提升。如环溪村基础设施建设中,县政府投入 280 万元,新建生活污水池 9 个,投资 800 万元对环溪村 6 公里河道实施美化提升,河道清淤近 1 万立方米,拆除河道上违章建筑,将过去河道边臭气熏天的“猪栏”拆除,改造成休息茶吧,新建石板堤防1200米;芦茨村新建 300 多米的堤坝,确保洪水期的安全,亮化约40 000 平方米的墙面,统一复原了乡村建筑风格,完成 32 户农户主房和 20 多间的附房拆迁,拆迁面积 10000多平方米,新建面积5000多平方米,修建沿溪游步道,整治入口毛竹林,对村庄进行绿化、美化,提升整村的居住游览环境,改善了村容村貌,提升了“农家乐”档次，电信、电力、广电等线路的下地，提升了风情小镇品位，新建污水处理能力达1200多人的太阳能微动力污水处理池，确保了芦茨农家乐的生态发展、长远发展，保障了芦茨优美的山水环境。

重视乡村历史文化保护。在美丽乡村建设过程中，桐庐县政府高度重视对历史文化名村的保护，投入大量资金对古建筑、古民居等进行修复。如获蒲村在“以保护中开发，开发中保护”理念的引导下，对村内保存下来的20余幢明清古民居、古戏台、古造纸作坊遗迹进行抢修，并保留古村落的本真性，创造了政府主推下文化驱动型乡村旅游发展新模式。芦茨村文化底蕴深厚，至今仍保留着陈公庙、百步街、五朝门等具有历史传统特色的古民居、古巷、古桥、宗祠等，为挖掘芦茨历史文化，更好地展示芦茨各种民俗文化元素，政府完成大礼堂改造，同时新建文化广场为芦茨村当地村民和外来游客提供活动场地，并完成芦茨村入口标志性的芦茨牌坊建设；依托富春江美景和古建筑群等资源，芦茨村超过80%的农户都开设农家乐，并在政府的引导下，村里以全民股份投资为主体，筹集资金1000多万元，改造建设了能容纳上百人休闲住宿一体化且上档次的农家乐接待中心。

实行整体宣传推广。政府在营销、宣传方面的举措进一步推动桐庐县乡村旅游的发展。目前，桐庐县已有“杭州桐庐欢迎你”政府网下的桐庐县旅游网和浙江富春江旅游有限股份公司策划的桐庐县旅游网等相关旅游信息网站，已经开通桐庐县旅游委员会官方微博和微信，并积极寻求与浙江在线、浙江旅游网、携程旅行网、中国风景名胜网等相关网站合作。此外，通过对“5525”工程的整体宣传包装，统一对外宣传，设立网站，加大信息报道力度；统筹宣传“潇洒桐庐、秀美乡村”城乡精品工程，打响桐庐县乡村旅游的知名度，提升其整体品牌效应。

2.模式评价

桐庐县乡村旅游发展是政府强势推进的成果。在乡村旅游产业链培育中，政府发挥了不可替代的作用。借助美丽乡村建设的平台，政府拨付专项资金进行村庄环境改善、基础设施配套，同时有效保护人文古迹，将美丽乡村转换为旅游资源，通过发挥村集体积极性、主动性引导村民发展民宿、农家乐，利用良好的公共基础设施与公共服务，为企业经营、产业链的运作提供良好的环境。

政府强势推进型乡村旅游发展模式，可利用政府平台对乡村旅游进行宣传，从而扩大乡村旅游知名度和整体形象。通过借助政府的宏观调控力度，整合桐庐县旅游信息，建设统一的桐庐县旅游信息网，加快旅游商务信息网站建设，以全新而统一的形象面对公众，实现信息共享发布，增强乡村旅游的信息化程度。

模式的不足：政府的有限资金与乡村旅游发展存在矛盾，当前乡村旅游发展公共服务需求缺口较大，“桐庐模式”中政府资金也只能相对聚焦某些重点村落，而对于广大的乡村旅游地区则还是存在资金短缺的情况；在政府投资过程中又不可避免地会产生一些形象工程，与实际需求存在一定的错位，受关注的村落资金渠道多元，出现过度建设现象，导致公共服务效率较低并产生新的不公平。同时，政府强势推进下的乡村旅游发展模式，也会导致其他相关利益主体的积极性不足，工商企业、社会资本参与乡村旅游建设的积极性不能很好地被调动，同时，也缺乏投入渠道、投入机制等的探索，全社会参与乡村旅游建设的多元投入格局难以形成。

总之，在乡村旅游发展前期，政府因具有整合各方资源的优势，在基础公共设施建设和营销推广服务上能发挥积极的作用，并起到良好的示范作用，但长远来看，还是需要培养市场机制，这样才能促进乡村旅游的可持续发展。

三、结论

浙江省乡村旅游发展实践表明，无论是政府推动还是市场自发，最终要形成持久牢固的乡村旅游产业链，都必需尊重自身的运作规律，让乡村旅游产业链中各环节企业经过磨合形成利益共同体，只有这样才能激发其公共意识与社会责任感，真正实现资源共享、风险共担。

第四节　基于产业链的乡村旅游市场化供给模式的正式提出

一、基于产业链的市场化供给模式

乡村旅游公共服务的自身特征要求实行多元化配置，市场化配置对于把握市场需求、体现公平受益等方面则具有积极作用。但市场化供给同样存在一定的风险，如企业投机行为，一些企业利用政策漏洞，谋取企业私利，公共服务供给短期行为仍然突出。因此，本研究认为以乡村旅游产业链为基础，通过产业价值链这一利益纽带，才能更好地规避公共服务供给中的风险，实现公共服务的长效供给。

(一)基于产业链的乡村旅游市场化供给模式含义

所谓产业链依赖的供给模式是指以乡村旅游产业链为基础,鼓励产业链各环节企业提供公共服务的一种方式。价值是产业链对接的导向,乡村旅游产业链上的休闲农庄等乡村旅游吸引物供给企业、物资供给等支持企业或上行企业、旅行社网站等中介企业或下行企业、交通等配套企业四大类型企业均有其基本价值与辅助价值活动,其辅助价值活动不仅对自身内部的基本价值活动具有支持作用,还对整个产业链上的其他相关企业的有关价值活动起到支持作用,合理整合和利用企业的价值活动,有利于提升产业链整体价值,提升产业的竞争力,从而为产业链企业赢得更大的利益。

(二)模式的本质属性

由乡村旅游产业链企业价值活动分析可知,无论是企业的辅助价值活动还是基本价值活动,均有部分价值活动可以与其他企业进行共享,而其中很多活动均属于公共服务的范畴。因此,基于产业链的乡村旅游公共服务市场化供给其本质是分享企业之间的价值活动,最终提升产业链效益而使每个企业受益,这是企业提供公共服务的内在动因,也是维持乡村旅游公共服务市场化长效供给的根本基础。因此,对于政府,要充分认识乡村旅游产业链各环节企业之间的利益相关性,并要充分利用这种利益纽带,设置合理的机制,激发企业分享其价值活动,增强乡村旅游公共服务的供给能力。

(三)模式选择的理由

之所以从产业价值链的角度思考市场化供给模式,主要基于以下几个因素:首先,以利益纽带促进企业之间合作,具有长效性,避免公共服务供给中的短期行为;其次,建立乡村旅游产业链,促进产业融合,增强企业间的联系,可以更大程度实现资源共享,促进价值提升,形成规模效应,从而为乡村旅游公共服务市场化供给创造良好的环境和条件;最后,乡村旅游公共服务的内容丰富多样,集聚在乡村旅游产业链上的不同企业可以根据自身的实际情况与供给能力,为乡村旅游提供相应的公共服务。

二、模式的特征与优势

(一)有效规避市场化供给的风险

市场化供给模式与市场失灵问题共存,特别是在互联网时代,由于网络信息的多样性、复杂性，政府在选择供给方时会变得更加困难与难以评估，市场化供给的风险增加，会影响市场化供给的效率。基于产业链的市场化供给，则能很好地利用其利益纽带，以共同的利益激励企业对公共服务的供给，这样能较好地规避市场化供给中企业的短视行为、投机行为。

（二）充分体现灵活性与选择性

产业链依赖的市场化供给模式是以产业经济发展为导向，产业链环节企业对产业发展与旅游经济运行规律有着更为清晰的认识，对公共服务需求变化保持高度的敏感性，因此其对公共服务需求的判断更为准确，并能根据需求的变化选择公共服务的供给方式、调整公共服务的供给内容。这样的运作主观上是有效控制企业的公共服务供给成本，客观上则是提高了公共服务供给的有效性，与具有市场性和受益局限性的乡村旅游公共服务十分契合。

（三）专业性与针对性

各环节企业能充分利用自身的专业优势提供合适的公共服务，形成互补，提高效率。对于核心企业、上行企业和配套企业，可主要提供乡村旅游资源的开发以及相关配套服务设施，包括弘扬乡村文化、体现乡土风情、展示乡村风光、体验乡村生活等的具有一定公益性的乡村休闲项目开发；对项目外围进行专业配套设施供给，如周边道路、旅游指示系统建设等；推进城市公交服务网络向乡村延伸，充分发挥旅游集散中心、分中心、集散点的集散中心体系的功能，开设乡村旅游专线巴士；在公路条件允许的情况下，提倡自行车等绿色交通，配置自行车租借点；配套服务性项目的供给，如自驾车营地。对于下行企业，特别是一些景区、旅行社、酒店、旅游网站等旅游企业，则可以充分利用企业已有的营销平台，宣传推广乡村旅游，并及时传递顾客信息；利用企业人力资源优势与专业素养，采用灵活的方法，对农民为主的农家乐经营者进行服务意识、专业知识与基本技术的培养，提高农民的经营素质。

（四）更好地体现公平性

公共服务的公平性应表现在机会公平、过程公平与结果公平上，由于乡村旅游公共服务的非基本性公共服务，是随着乡村旅游的发展、乡村旅游需求的产生而出现的需求，从某种意义上说，它的受益群体主要是乡村旅游者、乡村旅游经营者以及乡村旅游社区居民，因此，对于这类受益具有局限性的公共服务，政府单一的供给模式只会造成新的不公平，基于产业链的市场化供给模式则能较好地根据市场需求、通过适当方式、采取使用者付费等形式，更好地体现公平性。

三、模式意义

（一）形成市场化供给的长效机制

与非盈利性的政府机构不同，企业经营行为是以是否盈利或是否有利可图为主要目标，通过建立乡村旅游产业价值链，就能够建立一条企业共享的价值利益纽带，从而确保每一个企业都能从中获益，在利益基础上就较容易激发企业对乡村旅游公共服务的供给意愿，从而有利于形成利益嵌入下的公共服务长效供给机制，提升公共服务的有效性。

（二）有助于打破城乡二元结构

城乡二元结构的表征之一就是公共服务的差异性，以产业链为依托的供给模式则有利于打破城乡二元结构，使城市公共服务向乡村延伸。如地处城市的旅行社、城市酒店等旅游企业，可以更好地掌握旅游者的需求、收集旅游信息，也可以作为乡村旅游品牌展示的窗口，在乡村旅游产业链中发挥信息交流的作用。对于配套企业，如公交企业，随着乡村旅游需求的日益增加，以自驾车为主的交通方式已给乡村环境带来一定的压力，迫切需要将城市旅游公共交通服务向乡村旅游社区拓展。

（三）调动与激发企业供给的积极性

产业链依赖的公共服务供给模式能更好地激发企业的社会责任感，即企业要超越把利润作为唯一目标的传统理念，强调要在生产过程中对人的价值的关注，强调对环境、消费者以及社会的贡献。通过将社会责任融入企业经营管理与业务流程，用社会责任的理念来管理企业自身运营以及对外部利益相关企业的影响，协同产业链各环节企业共同创造价值。

第六章 企业供给乡村旅游公共服务的影响因子

企业是市场化供给的主体，企业对乡村旅游公共服务的认知、态度和能力影响着乡村旅游公共服务市场化供给的水平、规模和效率，探索企业公共服务供给的影响因子，有助于把握企业对公共服务供给的真实意愿，为制定针对性政策提供依据。

第一节 研究目的与样本选取

一、研究目的

研究目的包括：(1)探索影响企业供给乡村旅游公共服务能力和意愿的因素以及在不同类型企业中的差异性；(2)掌握企业乡村旅游公共服务的供给能力、供给意愿以及在不同属性公共服务中的差异性。

二、问卷设计

通过对大量文献的研读与研讨，特别是对乡村旅游产业价值链的分析，结合我国旅游公共服务发展的实际，设计初始问卷，在浙江省衢州市对相关企业进行小样本调查，听取企业建议后修正问卷中不合理项目，形成正式的调查问卷。问卷由三部分组成：第一部分为被调查企业的特征因素；第二部分为企业对乡村旅游公共服务各项内容的供给能力和供给意愿，问题分布在 Q1—Q24；第三部分为可能影响企业供给意愿的因素，问题分布在 Q25—Q53(问卷详见附表 2)。

三、样本选择

根据迈克尔·波特的产业价值链理论，产业链上企业利益联系更为紧密，因此，为使研究更具有针对性与收敛性，调查范围设定为乡村旅游产业链各环节的相关企业。

四、调研地点与问卷过程

浙江省是全国最早发展乡村旅游的省份之一，乡村旅游产业链显现，并且民营资本充足，市场经济发达。政府在乡村旅游公共服务市场化供给方面也进行了积极的尝试，涌现出“农家乐特色村＋酒店＋旅行社”结对共建的“衢州模式”等。因此，调研和问卷的重点是“衢州模式”的参与企业，同时兼顾乡村旅游类型的多样性与全面性，对杭州市、湖州市、嘉兴市、金华市等相关企业进行实地走访与调研。

调研分为两个阶段。第一个阶段为2013年8—10月，第二阶段为补充调研，在2014年6—7月。企业面对面访谈问卷228份，电话访谈35份，通过邮件发放52份，一共发放315份，回收315份，回收率100％。有效问卷为300份，有效率达到95％。

第二节　乡村旅游公共服务市场化供给影响因子分析

为找出企业供给乡村旅游公共服务意愿潜在的、起支配作用的影响因素，利用SPSS19.0统计分析软件对29个观测变量(Q25—Q53)进行因子分析。

一、提取因子

(一)统计检验

信度分析。信度分析用于检验问卷结果的一致性和稳定性，衡量问卷结果的可信程度。只有可信度在一定范围内，问卷结果才是有价值的，才有进一步分析的必要。信度分析目前最常用的是 Alpha 信度系数法，Alpha 信度系数取值在 0～1 之间，取值越大，代表问卷信度越好。一般认为 Alpha 信度系数大于 0.9 时，量表的信度很好，取值在 0.7 以上表示信度可以接受。利用 Alpha 信度系数法对观测变量的内部一致性进行检验，总量表的 Alpha 系数为 0.856，内部一致性较好，问卷具有比较好的可信度。

效度检验。本研究采用 KMO 和 Bartlett 球形检验对效度做出判断，KMO 取值在 0～1 之间，越接近 1，越适合做因子分析。一般认为 KMO＞0.9 代表非常适合，KMO＞0.8 代表适合，KMO＞0.7 代表较适合。Bartlett 球形检验的标准是卡方值与显著性水平的大小比较，如果小于显著性水平，即 Sig.＜0.05，则适合做因子分析。如表 6-1 所示，KMO＝0.809，Bartlett 球形度检验近似卡方为 4421.802，在自由度为 406 的条件下，球形检验的相伴概率值 Sig. 为 0.00，小于显著性水平 0.05，表明适合做因子分析。

表 6-1 KMO 和 Bartlett 球形检验

Kaiser Meyer Olkin 统计量值		0.809
Bartlett 球形度检验	统计量值	4421.802
	Df	406
	Sig.	0.000

变量共同度表示初始变量与公因子之间的关系程度，通常认为变量共同度大于 0.5 就有高效度。利用 SPSS19.0 软件对数据进行共同度检查，结果如表 6-2 所示。

除了“Q33 经营期限过短不愿提供”共同度为 0.467，其余都大于 0.5，说明因子分析的结果是显著的。

表 6-2 效度检验(变量共同度表)

	初始	提取
Q25 企业可获得直接的经济利益	1.000	0.838
Q26 企业可获得间接的经济利益	1.000	0.795
Q27 有助于企业树立良好形象	1.000	0.717
Q28 有助于丰富企业文化内涵	1.000	0.759
Q29 有助于提升企业品牌形象	1.000	0.810

续 表

	初始	提取
Q30 体现企业应有的社会责任	1.000	0.670
Q31 营造企业良好的发展环境	1.000	0.772
Q32 政府鼓励政策不明朗	1.000	0.675
Q33 经营期限过短不愿提供	1.000	0.467
Q34 政府缺乏配套激励措施或激励程度不够	1.000	0.589
Q35 不能给企业经营创造实际价值	1.000	0.505
Q36 企业不具备提供乡村旅游公共服务能力	1.000	0.708
Q37 乡村旅游公共服务不应由企业来承担	1.000	0.723
Q38 企业缺乏投资信息与投资渠道	1.000	0.659
Q39 政府缺乏引导与组织	1.000	0.669
Q40 没能构建企业与乡村旅游利益关系	1.000	0.529
Q41 制定鼓励政策	1.000	0.702
Q42 搭建企业与乡村旅游社区的桥梁并为企业营造良好的经营环境	1.000	0.744
Q43 加强对企业的宏观指导和服务	1.000	0.724
Q44 建立完善的契约制度	1.000	0.622
Q45 给予企业财政资金支持	1.000	0.801
Q46 落实税收减免优惠政策	1.000	0.801
Q47 奖励推动乡村旅游公共服务发展的企业	1.000	0.735
Q48 允许企业从中获取一些经济利益	1.000	0.660
Q49 土地政策要有所倾斜	1.000	0.603
Q50 解决企业融资问题	1.000	0.743
Q51 简化行政审批程序	1.000	0.688
Q52 为企业提供技术支持	1.000	0.728
Q53 建立完善的保险体系	1.000	0.708

(二)提取因子

本文采用主成分分析法来提取因子,结果如表 6-3 所示。根据因子解释的总方差情况，前八个因子的特征值大于1，且累计方差贡献率达到了69.458%，因此选择前八个因子作为公因子。从碎石图上也可以看出前八个因子占数据大部分的变异性，因此选择前八个因子作为公因子，如图6-1所示。

表 6-3　因子解释的总方差情况

成分	初始特征值			提取平方和载入			旋转平方和载入		
	合计	方差的%	累积%	合计	方差的%	累积%	合计	方差的%	累积%
1	7.165	24.706	24.706	7.165	24.706	24.706	3.613	12.458	12.458
2	3.649	12.583	37.289	3.649	12.583	37.289	3.498	12.062	24.521
3	2.471	8.520	45.809	2.471	8.520	45.809	3.267	11.267	35.788
4	1.927	6.645	52.454	1.927	6.645	52.454	3.139	10.824	46.611
5	1.541	5.314	57.768	1.541	5.314	57.768	2.544	8.774	55.385
6	1.199	4.134	61.902	1.199	4.134	61.902	1.606	5.537	60.922
7	1.188	4.096	65.998	1.188	4.096	65.998	1.320	4.550	65.472
8	1.003	3.460	69.458	1.003	3.460	69.458	1.156	3.986	69.458
9	0.872	3.008	72.466						
10	0.746	2.573	75.039						
11	0.698	2.407	77.446						
12	0.664	2.290	79.736						
13	0.605	2.085	81.821						
14	0.572	1.974	83.795						
15	0.514	1.774	85.568						
16	0.499	1.722	87.291						
17	0.455	1.568	88.859						
18	0.410	1.413	90.272						
19	0.401	1.382	91.654						
20	0.368	1.267	92.921						
21	0.327	1.127	94.048						
22	0.301	1.037	95.085						

续　表

成分	初始特征值			提取平方和载入			旋转平方和载入		
	合计	方差的%	累积%	合计	方差的%	累积%	合计	方差的%	累积%
23	0.268	0.924	96.009						
24	0.255	0.880	96.889						
25	0.238	0.820	97.709						
26	0.221	0.761	98.471						
27	0.173	0.596	99.067						
28	0.155	0.536	99.602						
29	0.115	0.398	100.000						

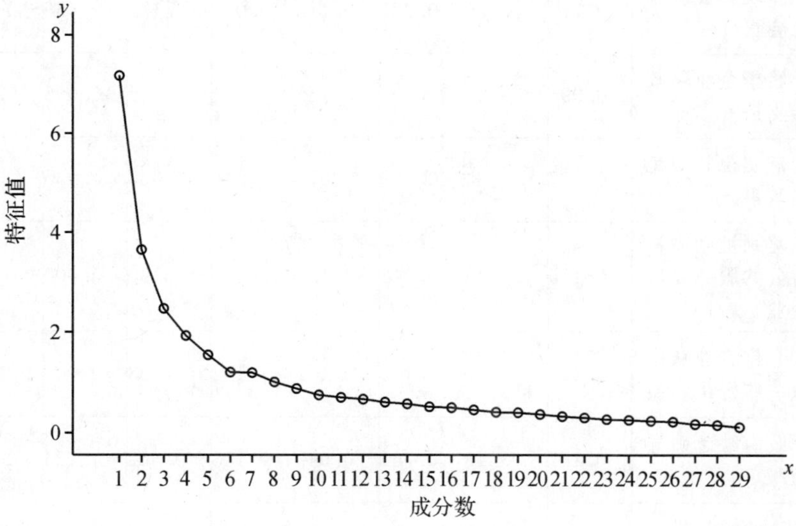

图 6-1　因子分析碎石图

二、因子命名

为了更好地解释各因子，采用方差最大法对因子载荷矩阵进行旋转，根据旋转后的因子载荷矩阵，对八个因子进行分析与命名，如表 6-4 所示。

表 6-4 旋转后的因子载荷矩阵

	主因子							
	1	2	3	4	5	6	7	8
Q29 有助于提升企业品牌形象	0.880	0.020	−0.006	0.136	0.095	0.085	0.013	0.019
Q31 营造企业良好的发展环境	0.824	0.218	0.137	0.049	0.033	−0.140	−0.064	−0.013
Q28 有助于丰富企业文化内涵	0.822	0.024	−0.051	0.213	0.141	0.075	0.081	0.045
Q27 有助于企业树立良好形象	0.756	0.133	0.039	0.084	0.284	0.147	0.033	0.124
Q30 体现企业应有的社会责任	0.710	0.190	0.221	−0.115	0.043	0.137	−0.156	−0.151
Q45 给予企业财政资金支持	0.096	0.840	0.104	0.155	0.164	−0.016	0.095	0.124
Q46 落实税收减免优惠政策	0.157	0.834	0.079	0.070	0.218	0.033	0.035	0.139
Q47 奖励推动乡村旅游公共服务发展的企业	0.115	0.746	0.142	0.128	0.300	0.190	0.000	−0.046
Q48 允许企业从中获取一些经济利益	0.123	0.739	0.123	0.197	0.106	0.183	0.005	−0.026
Q39 政府缺乏引导与组织	0.167	0.148	0.761	−0.042	0.153	−0.002	−0.124	0.000
Q38 企业缺乏投资信息与投资渠道	0.026	−0.017	0.718	0.108	0.083	0.100	−0.239	0.240
Q32 政府鼓励政策不明朗	0.038	0.244	0.686	−0.121	0.254	−0.056	0.072	−0.234
Q35 不能给企业经营创造实际价值	0.064	−0.022	0.641	0.036	−0.002	−0.021	0.159	0.251
Q33 经营期限过短不愿提供公共服务	−0.057	0.072	0.569	−0.058	−0.176	0.170	0.235	0.128

续　表

	主因子							
	1	2	3	4	5	6	7	8
Q34 政府缺乏配套激励措施或激励程度不够	0.186	0.293	0.532	−0.288	0.102	0.000	0.130	−0.274
Q40 没能构建企业与乡村旅游利益关系	−0.018	0.104	0.530	−0.059	0.131	0.028	0.463	−0.036
Q50 解决企业融资问题	0.020	0.047	−0.087	0.840	0.022	0.132	−0.091	0.030
Q52 为企业提供技术支持	0.153	0.076	−0.003	0.815	0.018	−0.048	0.071	−0.163
Q49 土地政策要有所倾斜	0.030	0.071	−0.120	0.719	0.137	−0.194	0.073	0.058
Q53 建立完善的保险体系	0.132	0.415	0.131	0.680	0.038	−0.005	−0.162	−0.104
Q51 简化行政审批程序	0.120	0.132	−0.047	0.633	0.211	0.101	−0.232	0.381
Q43 加强对企业的宏观指导和服务	0.160	0.204	0.184	0.147	0.753	−0.023	0.129	−0.130
Q42 搭建企业与乡村旅游的桥梁并为企业营造一个良好的经营环境	0.127	0.266	−0.010	0.010	0.742	−0.027	−0.114	0.303
Q44 建立完善的契约制度	0.173	0.139	0.074	0.227	0.703	0.090	0.081	−0.080
Q41 制定鼓励政策	0.155	0.464	0.149	−0.084	0.622	0.138	−0.164	−0.005
Q25 企业可获得直接的经济利益	0.035	0.094	0.042	0.005	−0.010	0.902	0.111	−0.023
Q26 企业可获得间接的经济利益	0.345	0.336	0.104	−0.082	0.194	0.707	0.004	0.091
Q37 乡村旅游公共服务不应由企业来承担	−0.024	0.029	0.084	−0.085	−0.009	0.098	0.834	0.057

续 表

	主因子							
	1	2	3	4	5	6	7	8
Q36 企业不具备提供乡村旅游社区公共服务的能力	0.029	0.186	0.398	−0.063	−0.014	0.015	0.119	0.704

第一个因子与“Q29 有助于提升企业品牌形象”“Q31 营造企业良好的发展环境”“Q28 有助于丰富企业文化内涵”“Q27 有助于企业树立良好形象”“Q30 体现企业应有的社会责任”指标最相关，基本上都与企业自身经营战略、文化品牌建设等相关，故将其命名为“提升软实力”。

第二个因子与“Q45 给予企业财政资金支持”“Q46 落实税收减免优惠政策”“Q47 奖励推动乡村旅游公共服务发展的企业”“Q48 允许企业从中获取一些经济利益”指标最相关，基本上涉及政府的财政政策和优惠措施，因此命名为“经济补偿”。

第三个因子在“Q39 政府缺乏引导与组织”“Q38 企业缺乏投资信息与投资渠道”“Q32 政府鼓励政策不明朗”“Q35 不能给企业的经营创造实际价值”“Q33 经营期限过短不愿提供公共服务”“Q34 政府缺乏配套激励措施或激励程度不够”“Q40 没能构建企业与乡村旅游利益关系”上载荷量较大，涉及到企业的投资政策、投资环境等问题，因此命名为“制度环境”。

第四个因子主要解释“Q50 解决企业融资问题”“Q52 为企业提供技术支持”“Q49 土地政策要有所倾斜”“Q53 建立完善的保险体系”“Q51 简化行政审批程序”指标，主要涉及到相对具体的行政管理，故命名为“运营支持”。

第五个因子与“Q43 加强对企业的宏观指导和服务”“Q42 搭建企业与乡村旅游的桥梁并为企业营造良好的经营环境”“Q44 建立完善的契约制度”“Q41 制定鼓励政策”指标相关性最大，涉及政府制度完善与大环境的营造，故命名为“政府服务”。

第六个因子在“Q25 企业可获得直接的经济利益”“Q26 企业可获得间接的经济利益”两个指标上的载荷量较大，很明显均属于企业对经济利益的获取，故命名为“经济利益”。

第七个因子在“Q37 乡村旅游公共服务不应由企业来承担”指标上的载荷量明显高于其他指标，主要反映了企业对乡村旅游公共服务供给的态度，偏向于主观思想认识，因此命名为“自身观念”。

第八个因子主要解释“Q36 企业不具备提供乡村旅游社区公共服务的能力”，是企业对自身经营能力的客观理性的判断，故命名为“供给能力”。

八个公共因子分析数据汇总如表 6-5 所示。

表 6-5　公因子分析数据汇总表

公因子	序号	指标名称	因子载荷	特征值	方差贡献率(%)	信度系数
F1 提升软实力	1	Q29 有助于提升企业品牌形象	0.880	7.165	24.706	0.882
	2	Q31 营造企业良好的发展环境	0.824			
	3	Q28 有助于丰富企业文化内涵	0.822			
	4	Q27 有助于企业树立良好形象	0.756			
	5	Q30 体现企业应有的社会责任	0.710			
F2 经济补偿	6	Q45 给予企业财政资金支持	0.840	3.649	12.583	0.881
	7	Q46 落实税收减免优惠政策	0.834			
	8	Q47 奖励推动乡村旅游公共服务发展的企业	0.746			
	9	Q48 允许企业从中获取一些经济利益	0.739			
F3 制度环境	10	Q39 政府缺乏引导与组织	0.761	2.471	8.520	0.793
	11	Q38 企业缺乏投资信息与投资渠道	0.718			
	12	Q32 政府鼓励政策不明朗	0.686			
	13	Q35 不能给企业经营创造实际价值	0.641			
	14	Q33 经营期限过短不愿提供	0.569			
	15	Q34 政府缺乏配套激励措施或激励程度不够	0.532			
	16	Q40 没能构建企业与乡村旅游利益关系	0.530			

续 表

公因子	序号	指标名称	因子载荷	特征值	方差贡献率(%)	信度系数
F4 运营支持	17	Q50 解决企业融资问题	0.840	1.927	6.645	0.812
	18	Q52 为企业提供技术支持	0.815			
	19	Q49 土地政策要有所倾斜	0.719			
	20	Q53 建立完善的保险体系	0.680			
	21	Q51 简化行政审批程序	0.633			
F5 政府服务	22	Q43 加强对企业的宏观指导和服务	0.753	1.541	5.314	0.800
	23	Q42 搭建企业与乡村旅游的桥梁并为企业营造良好的经营环境	0.742			
	24	Q44 建立完善的契约制度	0.703			
	25	Q41 制定鼓励政策	0.622			
F6 经济利益	26	Q25 企业可获得直接的经济利益	0.902	1.199	4.134	0.681
	27	Q26 企业可获得间接的经济利益	0.707			
F7 自身观念	28	Q37 乡村旅游公共服务不应由企业来承担	0.834	1.188	4.096	
F8 供给能力	29	Q36 企业不具备提供乡村旅游公共服务能力	0.704	1.003	3.460	

三、三维度影响因素提炼

进一步分析发现，八个公共因子较为明确地指向三个维度，即企业提供公共服务行为主要受制于内在动力、障碍因素和政府激励三大方面的影响，如图 6-2 所示。

(一)内在动力

内在动力包括提升软实力和获得经济利益。相比获得经济利益，企业

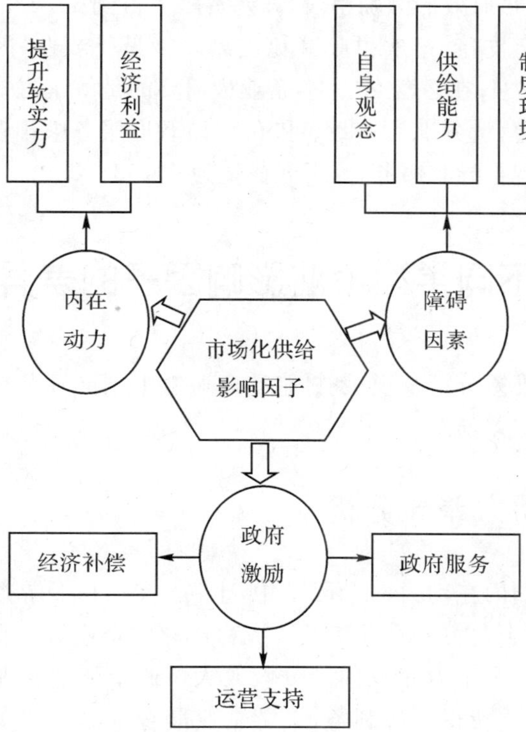

图 6-2　三维度影响因子模型

更看重软实力的提升，它是企业提供公共服务的重要内在动力，也是排在第一位的影响因子，其方差贡献率达 24.706%，其中提升企业品牌形象的因子载荷量为 0.880，是企业最为注重的因素；获得经济利益为 4.134%，但获得直接经济利益的因子载荷量为 0.902。

（二）障碍因素

障碍因子包括制度环境、自身观念和供给能力。阻碍企业提供公共服务的最大因素是制度环境，方差贡献率为 8.520%，其中排在前三位的是政府缺乏引导与组织、企业缺乏投资信息与投资渠道、政府鼓励政策不明朗，因子载荷量分别为 0.761、0.718 和 0.686。自身观念和供给能力的方差贡献率分别为 4.096%和 3.460%。

（三）政府激励

政府激励包括经济补偿、运营支持、政府服务。在三大类政府激励方式中，经济补偿是最有效的激励手段，方差贡献率占到12.583%，其中直接给予企业财政资金支持、落实税收减免优惠政策最受欢迎，因子载荷量分别为0.840和0.834；在运营支持中，企业最需要的是解决融资问题和提供技术支持，因子载荷量分别为0.840和0.815；政府服务中排在第一位的是加强对企业的宏观指导和服务，因子载荷量为0.753。

第三节　不同类型企业影响因子的差异化分析

由均值及标准差分析发现，乡村旅游产业链上不同环节企业对影响因子的敏感程度存在差异。

一、内在动力差异分析

在影响供给的内在动力两个因子中，上游、核心和下游企业更看重提升软实力，而配套企业主要看重获得经济利益；在“企业可获得直接的经济利益”中，核心企业和下游企业内部分歧较大。四个环节企业横向比较发现，配套企业最看重获得经济利益，下游企业最看重提升软实力，如表6-6所示。下游企业与消费市场最为接近，深谙企业社会形象对于经营的重要意义；配套企业与乡村旅游利益关系不如其他三类企业紧密，提供公共服务更多注重经济利益。

表6-6　内在动力观测变量均值与标准差比较

观测变量		上游企业		核心企业		下游企业		配套企业	
		均值	标准差	均值	标准差	均值	标准差	均值	标准差
F6 获得经济利益	Q25 企业可获得直接的经济利益	3.76	0.955	3.51	1.178	3.75	1.267	4.58	0.643
	Q26 企业可获得间接的经济利益	3.78	0.821	4.03	0.668	4.37	0.678	4.54	0.647
	合计	3.77	—	3.77	—	4.06	—	4.56	—

续 表

观测变量		上游企业		核心企业		下游企业		配套企业	
		均值	标准差	均值	标准差	均值	标准差	均值	标准差
F1 提升软实力	Q27 有助于企业树立良好形象	4.03	0.600	4.09	0.539	4.31	0.546	4.38	0.637
	Q28 有助于丰富企业文化内涵	3.97	0.687	4.04	0.633	4.14	0.570	4.08	0.628
	Q29 有助于提升企业品牌形象	3.97	0.687	4.04	0.633	4.31	0.579	4.23	0.514
	Q30 体现企业应有的社会责任	4.14	0.713	4.41	0.629	4.54	0.645	4.46	0.582
	Q31 营造企业良好的发展环境	3.92	0.722	4.26	0.683	4.33	0.661	4.04	0.720
	合计	4.01	—	4.17	—	4.33	—	4.24	—

二、障碍因素差异分析

对于三个障碍因子，上游、核心和下游企业最大的障碍均是供给能力不足，而配套企业则是缺乏制度环境的激励；横向比较，对于制度环境，配套企业最敏感；供给能力，下游企业最弱；对于自身观念，四个环节企业的均值均相对较低，说明企业还是有较高的觉悟，对提供公共服务有一定的认知，如表 6-7 所示。

表 6-7 障碍因素观测变量均值与标准差比较

观测变量		上游企业		核心企业		下游企业		配套企业	
		均值	标准差	均值	标准差	均值	标准差	均值	标准差
F3 制度环境	Q32 政府鼓励政策不明朗	4.19	0.569	4.24	0.626	4.25	0.699	4.54	0.647
	Q33 经营期限过短不愿意提供	4.19	0.877	3.71	0.490	3.86	0.707	3.88	0.588
	Q34 政府缺乏激励政策或激励程度不够	4.14	0.536	4.29	0.575	4.36	0.677	4.62	0.496

续 表

观测变量		上游企业		核心企业		下游企业		配套企业	
		均值	标准差	均值	标准差	均值	标准差	均值	标准差
F3 制度环境	Q35 不能给企业创造实际价值	3.92	0.722	4.34	0.536	4.13	0.745	4.15	0.368
	Q38 企业缺乏投资信息与投资渠道	4.14	0.536	4.19	0.553	4.22	0.736	4.12	0.516
	Q39 政府缺乏引导与组织	4.14	0.536	4.32	0.633	4.38	0.672	4.58	0.643
	Q40 没能构建企业与乡村旅游利益关系	3.41	0.798	3.63	0.544	3.56	0.680	3.77	0.514
	合计	4.02	—	4.10	—	4.11	—	4.24	—
F8 供给能力	Q36 企业自身不具备提供乡村旅游公共服务能力	4.22	0.917	4.35	0.641	4.45	0.607	4.15	0.543
F7 自身观念	Q37 乡村旅游公共服务不应由企业来承担	3.46	0.730	3.49	0.586	3.53	0.646	3.96	0.196

三、政府激励差异分析

在政府激励的三个因子中，四个环节企业毫无例外地认为经济补偿最为重要，这是由资本逐利性所决定的。对于其他两个因子的横向比较发现，配套企业最看重政府服务，这与其对制度环境敏感性最强有内在逻辑关系；核心企业最需要运营支持，这与目前核心企业中无论是农户自己经营还是工商资本介入，多以中小微型企业为主有密切关系，如表 6-8 所示。

表 6-8　政府激励观测变量均值与标准差比较

观测变量		上游企业		核心企业		下游企业		配套企业	
		均值	标准差	均值	标准差	均值	标准差	均值	标准差
F5 政府服务	Q41 制定鼓励政策	4.16	0.646	4.40	0.602	4.41	0.550	4.58	0.643
	Q42 搭建企业与乡村旅游的桥梁并为企业营造良好的经营环境	4.24	0.495	4.41	0.525	4.44	0.555	4.46	0.508

续　表

观测变量		上游企业		核心企业		下游企业		配套企业	
		均值	标准差	均值	标准差	均值	标准差	均值	标准差
F5 政府 服务	Q43 加强对企业的宏观指导和服务	3.92	0.829	4.15	0.675	4.24	0.559	4.23	0.765
	Q44 建立完善的契约制度	3.92	0.759	4.07	0.676	4.18	0.553	4.19	0.567
	合计	4.06	—	4.26	—	4.32	—	4.37	—
F2 经济 补偿	Q45 给予企业财政资金支持	4.49	0.607	4.59	0.604	4.50	0.589	4.58	0.643
	Q46 落实税收减免优惠政策	4.30	0.661	4.63	0.571	4.54	0.535	4.62	0.637
	Q47 奖励推动乡村旅游公共服务发展的企业	4.32	0.626	4.60	0.602	4.63	0.521	4.58	0.578
	Q48 允许企业从中获取一些经济利益	4.51	0.651	4.75	0.557	4.54	0.699	4.54	0.647
	合计	4.41	—	4.64	—	4.55	—	4.58	—
F4 运营 支持	Q49 土地政策要有所倾斜	3.73	0.932	4.29	0.847	3.34	1.180	3.31	0.618
	Q50 解决企业融资问题	3.95	0.815	4.38	0.574	3.79	0.965	3.35	0.562
	Q51 简化企业行政审批手续	4.19	0.845	4.34	0.589	4.28	0.523	3.96	0.344
	Q52 为企业提供技术支持	4.19	0.739	4.26	0.563	4.04	0.739	3.77	0.514
	Q53 建立完善的保险体系以增强企业抗风险能力	4.27	0.732	4.43	0.654	4.27	0.612	4.00	0.400
	合计	4.07	—	4.34	—	3.94	—	3.68	—

第四节 企业供给意愿及在不同类型公共服务中的差异性

一、总体供给意愿较高

描述性统计发现，企业对供给乡村旅游公共服务的态度明朗，愿意供给的占 78.7%，并有 67.7%的企业愿意与乡村旅游产业链上的相关企业分享部分内部资源，其中很愿意提供的是上游企业与核心企业，而配套企业供给意愿最低；很愿意分享企业内部资源的是下游企业，核心企业与配套企业分享意愿最低。如表 6-9 所示：

表 6-9 企业总体供给意愿统计(百分比%)

变量	项目	总体	上游企业	核心企业	下游企业	配套企业
是否愿意为乡村旅游提供公共服务	很不愿意	1.3	2.7	1.5	0.6	3.8
	不很愿意	1.0	0	2.9	0.6	0
	一般	19.0	21.6	20.6	18.9	11.5
	愿意	64.0	56.8	58.8	65.1	80.8
	很愿意	14.7	18.9	16.2	14.8	3.8
是否愿意与乡村旅游产业链上的相关企业分享部分内部资源	很不愿意	0.7	2.7	7.4	0.6	0
	不很愿意	4.3	0	33.9	4.7	0
	一般	27.3	18.9	55.9	28.4	15.4
	愿意	54.0	64.9	2.9	46.7	80.8
	很愿意	13.7	13.5	7.4	19.5	3.8

二、不同内容供给能力与意愿差异明显

如表 6-10 所示，企业对乡村旅游公共服务供给能力和供给意愿存在较大的相关性，但对于不同的供给内容，企业的供给能力和意愿差异较大，其中 Q19 帮助社区居民提高旅游意识、Q14 乡村节庆活动参与、Q24 协助乡

村旅游社区开展宣传推广工作、Q17乡土文化保护与挖掘及弘扬、Q21分享企业信息服务平台、Q16特色乡村旅游产品与服务开发、Q23提供旅游志愿者服务、Q22分享企业营销渠道、Q18帮扶经营者提高服务技能、Q15特色农副产品与工艺品设计与开发、Q20提供乡村社区居民就业机会等11项内容的供给能力和意愿均值都大于3，即态度较为积极，特别是对于Q14乡村节庆活动参与、Q24协助乡村旅游社区开展宣传推广工作，供给能力和意愿均值均大于4；但对于Q3乡村道路建设、Q10排水排污等基础设施建设，企业的供给能力和供给意愿均为最低。

表6-10　乡村旅游公共服务企业总体供给能力及意愿

问题编号	供给内容	供给能力		供给意愿	
		平均值	标准差	平均值	标准差
Q14	乡村节庆活动参与	4.07	0.951	4.03	1.013
Q24	协助乡村旅游社区开展宣传推广工作	4.05	0.933	4.00	0.914
Q23	提供旅游志愿者服务	3.90	1.010	3.76	1.064
Q21	分享企业信息服务平台	3.88	1.003	3.85	0.932
Q19	帮助社区居民提高旅游意识	3.87	0.974	4.08	3.049
Q22	分享企业营销渠道	3.87	1.038	3.69	0.974
Q16	特色乡村旅游产品与服务开发	3.83	1.002	3.84	1.050
Q17	乡土文化保护与挖掘及弘扬	3.76	1.016	3.88	1.026
Q18	帮扶经营者提高服务技能	3.56	1.079	3.55	1.091
Q15	特色农副产品与工艺品设计与开发	3.39	1.147	3.43	1.150
Q20	提供乡村社区居民就业机会	3.30	1.078	3.35	1.095
Q8	旅游标识系统建设	2.89	1.286	2.80	1.341
Q5	乡村厕所修建	2.80	1.331	2.76	1.325
Q9	乡村休闲娱乐设施建设	2.76	1.278	2.80	1.341
Q7	乡村露营地建设	2.72	1.252	2.70	1.284
Q6	游客服务中心建设	2.68	1.263	2.76	1.292
Q13	乡村景观建设和保护	2.68	1.221	2.89	1.344
Q4	停车场建设	2.61	1.266	2.75	1.395
Q11	村容村貌整治，乡村环境保护及美化	2.60	1.185	2.73	1.294

续 表

问题编号	供给内容	供给能力		供给意愿	
		平均值	标准差	平均值	标准差
Q12	乡村旅游安全设施建设	2.56	1.162	2.77	1.341
Q3	乡村道路建设	2.44	1.171	2.53	1.307
Q10	排水排污等基础设施建设	2.39	1.204	2.53	1.294

三、不同类型企业供给意愿与能力存在一定差异

对上游企业、核心企业、下游企业和配套企业供给能力和供给意愿的均值分析发现，四类企业之间还是存在一定的差异。

（一）上游企业

如表 6-11 所示，上游企业供给意愿普遍高于供给能力，说明企业供给积极性高，但是可能由于各种原因，如不能及时了解供给信息、投资能力和专业能力的局限，找不到合适的供给方式。

供给能力和供给意愿位列前三位的均是 Q14 乡村旅游节庆活动参与、Q24 协助乡村旅游社区开展宣传推广工作和 Q17 乡土文化保护与挖掘及弘扬；而列为最后三位的均是 Q10 排水排污等基础设施建设、Q3 乡村道路建设和 Q12 乡村旅游安全设施建设，供给能力与供给意愿表现出高度的一致性。

表 6-11　上游企业供给乡村旅游公共服务的能力和意愿

问题编号	供给内容	供给能力		供给意愿	
		平均值	标准差	平均值	标准差
Q14	乡村节庆活动参与	3.84	1.167	3.84	0.928
Q24	协助乡村旅游社区开展宣传推广工作	3.54	1.169	3.78	0.976
Q17	乡土文化保护与挖掘及弘扬	3.51	1.239	3.78	0.976
Q16	特色乡村旅游产品与服务开发	3.43	1.405	3.65	1.006
Q21	分享企业的信息服务平台	3.38	1.114	3.62	0.953
Q23	提供旅游志愿者服务	3.30	1.392	3.51	1.239

续　表

问题编号	供给内容	供给能力		供给意愿	
		平均值	标准差	平均值	标准差
Q15	特色农副产品与工艺品设计与开发	3.27	1.387	3.59	1.013
Q22	分享企业自身的营销渠道	3.27	1.071	3.49	0.961
Q19	帮助社区居民提高旅游意识	3.19	1.391	3.68	1.082
Q18	帮扶经营者提高服务技能	3.11	1.390	3.62	1.089
Q20	提供乡村社区居民就业机会	2.76	1.278	3.38	1.233
Q8	旅游标识系统建设	2.59	1.212	3.22	1.228
Q9	乡村休闲娱乐设施建设	2.49	1.146	3.05	1.177
Q6	游客服务中心建设	2.41	1.117	2.95	1.129
Q7	乡村露营地建设	2.41	1.092	3.14	1.182
Q13	乡村景观建设和保护	2.38	1.139	3.00	1.225
Q5	乡村厕所修建	2.35	1.060	2.89	1.100
Q11	村容村貌整治，乡村环境保护及美化	2.30	1.051	2.86	1.159
Q4	停车场建设	2.30	1.175	2.92	1.187
Q12	乡村旅游安全设施建设	2.27	1.045	2.84	1.167
Q3	乡村道路建设	2.24	1.011	2.81	1.221
Q10	排水排污等基础设施建设	2.22	1.031	2.76	1.116

(二)核心企业

如表 6-12 所示，核心企业供给意愿与供给能力基本匹配，但排在前三位的供给能力和供给意愿不同，供给能力最高的认为是 Q14 乡村节庆活动参与、Q16 特色乡村旅游产品与服务开发、Q15 特色农副产品与工艺品设计与开发；而供给意愿最高的则是 Q14 乡村节庆活动参与、Q17 乡土文化保护与挖掘及弘扬以及 Q19 帮助社区居民提高旅游意识。供给能力最弱的是 Q3 乡村道路建设、Q10 排水排污等基础设施建设和 Q12 乡村旅游安全设施建设；而最不愿意供给的是 Q3 乡村道路建设、Q10 排水排污等基础设施建设和 Q7 乡村露营地建设。

表 6-12　核心企业供给乡村旅游公共服务的能力和意愿

问题编号	供给内容	供给能力		供给意愿	
		平均值	标准差	平均值	标准差
Q14	乡村节庆活动参与	4.16	0.745	4.10	0.979
Q16	特色乡村旅游产品与服务开发	4.03	0.772	3.99	1.000
Q15	特色农副产品与工艺品设计与开发	4.00	0.829	3.97	1.036
Q24	协助乡村旅游社区开展宣传推广工作	3.97	0.810	4.01	0.855
Q19	帮助社区居民提高旅游意识	3.91	0.707	4.03	0.846
Q20	提供乡村社区居民就业机会	3.88	0.636	3.85	0.833
Q17	乡土文化保护与挖掘及弘扬	3.85	0.868	4.09	0.893
Q23	提供旅游志愿者服务	3.84	0.589	3.65	0.927
Q21	分享企业的信息服务平台	3.72	0.808	3.74	0.908
Q5	乡村厕所修建	3.72	1.144	3.47	1.152
Q18	帮扶经营者提高服务技能	3.69	0.833	3.85	0.919
Q22	分享企业自身的营销渠道	3.68	0.888	3.43	0.951
Q9	乡村休闲娱乐设施建设	3.65	0.974	3.50	1.100
Q8	旅游标识系统建设	3.60	0.979	3.19	1.083
Q13	乡村景观建设和保护	3.34	0.908	3.49	1.029
Q4	停车场建设	3.34	1.087	3.35	1.156
Q7	乡村露营地建设	3.32	1.043	2.99	1.152
Q6	游客服务中心建设	3.26	1.101	3.15	1.040
Q11	村容村貌整治，乡村环境保护及美化	3.26	1.045	3.34	1.045
Q12	乡村旅游安全设施建设	3.21	0.955	3.28	1.131
Q10	排水排污等基础设施建设	3.01	1.099	2.99	1.099
Q3	乡村道路建设	2.90	1.039	2.84	1.101

（三）下游企业

如表 6-13 所示，下游企业供给意愿与供给能力也基本匹配，但排在前三位的供给能力和供给意愿略有差异，供给能力最高的认为是 Q24 协助乡村旅游社区开展宣传推广工作、Q14 乡村节庆活动参与、Q23 提供旅游志愿者服务；而供给意愿最高的则是Q19帮助社区居民提高旅游意识、Q14乡村节庆活动参与Q24协助乡村旅游社区开展宣传推广工作。供给能力最弱的是Q10排水排污等基础设施建设、Q3乡村道路建设和Q12乡村旅游安全设施建设；而最不愿意供给的是Q11村容村貌整治，乡村环境保护及美化、Q3乡村道路建设和Q10排水排污等基础设施建设。

表6-13 下游企业供给乡村旅游公共服务的能力和意愿

问题编号	供给内容	供给能力		供给意愿	
		平均值	标准差	平均值	标准差
Q24	协助乡村旅游社区开展宣传推广工作	4.18	0.889	4.05	0.956
Q14	乡村节庆活动参与	4.11	0.929	4.11	1.055
Q23	提供旅游志愿者服务	4.06	0.974	3.88	1.103
Q19	帮助乡村社区居民提高旅游意识	4.02	0.903	4.26	3.977
Q22	分享企业营销渠道	4.02	0.997	3.81	1.018
Q21	分享企业的信息服务平台	4.00	1.006	3.94	0.962
Q16	特色乡村旅游产品与服务开发	3.86	0.947	3.91	1.090
Q17	乡土文化保护与挖掘及弘扬	3.78	1.009	3.89	1.099
Q18	帮扶经营者提高服务技能	3.60	1.087	3.51	1.155
Q20	提供乡村社区居民就业机会	3.35	1.053	3.31	1.091
Q15	特色农副产品与工艺品设计与开发	3.17	1.102	3.24	1.173
Q8	旅游标识系统建设	2.92	1.244	2.78	1.375
Q7	乡村露营地建设	2.78	1.238	2.69	1.282
Q6	游客服务中心建设	2.75	1.233	2.78	1.344
Q5	乡村厕所修建	2.75	1.243	2.66	1.310
Q9	乡村休闲娱乐设施建设	2.70	1.218	2.69	1.336
Q13	乡村景观建设和保护	2.69	1.216	2.85	1.367
Q4	停车场建设	2.60	1.226	2.68	1.437
Q11	村容村貌整治，乡村环境保护及美化	2.60	1.130	2.65	1.301
Q12	乡村旅游安全设施建设	2.56	1.133	2.74	1.368
Q3	乡村道路建设	2.50	1.181	2.51	1.363

续 表

问题编号	供给内容	供给能力		供给意愿	
		平均值	标准差	平均值	标准差
Q10	排水排污等基础设施建设	2.36	1.197	2.47	1.354

(四)配套企业

如表 6-14 所示,配套企业供给意愿与供给能力差异比较复杂,对于排在前半部分的乡村旅游公共服务供给内容,供给能力明显高于供给意愿,说明企业供给乡村旅游公共服务动力不足。排在后半部分的乡村旅游公共服务供给内容,受投资规模、经济效益等因素影响,配套企业的供给能力与供给意愿都相对较低。

排在前三位的供给能力和供给意愿排名基本一致,供给能力最高的认为是 Q21 分享企业信息服务平台,其次是 Q22 分享企业营销渠道和 Q24 协助乡村旅游社区开展宣传推广工作;而供给意愿最高的依次是 Q24 协助乡村旅游社区开展宣传推广工作、Q21 分享企业信息服务平台、Q22 分享企业营销渠道。供给能力最弱的是 Q6 游客服务中心建设、Q3 乡村道路建设和 Q4 停车场建设;而最不愿意供给的是 Q10 排水排污等基础设施建设、Q9 乡村休闲娱乐设施建设和 Q6 游客服务中心建设。这一结论与配套企业本来就是以提供基础设施建设为主的事实存在差异,说明配套企业在乡村旅游公共服务供给意愿中受经济利益影响大于自身专业素质。

表 6-14 配套企业供给乡村旅游公共服务的能力和意愿

问题编号	供给内容	供给能力		供给意愿	
		平均值	标准差	平均值	标准差
Q21	分享企业的信息服务平台	4.27	1.002	3.92	0.688
Q22	分享企业营销渠道	4.27	1.218	3.92	0.484
Q24	协助乡村旅游社区开展宣传推广工作	4.15	0.925	3.96	0.662
Q14	乡村节庆活动参与	3.92	1.197	3.58	0.809
Q23	提供旅游志愿者服务	3.88	1.177	3.69	0.788
Q19	帮助社区居民提高旅游意识	3.77	0.951	3.58	0.758
Q17	乡土文化保护与挖掘及弘扬	3.73	1.079	3.46	0.811

续 表

问题编号	供给内容	供给能力		供给意愿	
		平均值	标准差	平均值	标准差
Q16	特色乡村旅游产品与服务开发	3.69	1.087	3.31	0.788
Q18	帮扶经营者提高服务技能	3.62	0.983	2.92	0.796
Q15	特色农副产品与工艺品设计与开发	3.42	1.270	2.96	0.958
Q20	提供乡村社区居民就业机会	2.27	0.724	2.27	0.604
Q5	乡村厕所修建	1.38	0.983	1.38	0.852
Q13	乡村景观建设和保护	1.31	0.736	1.42	0.902
Q12	乡村旅游安全设施建设	1.31	0.788	1.50	1.068
Q8	旅游标识系统建设	1.27	0.667	1.38	0.852
Q11	村容村貌整治,乡村环境保护及美化	1.27	0.724	1.50	1.068
Q10	排水排污等基础设施建设	1.23	0.652	1.35	0.745
Q9	乡村休闲娱乐设施建设	1.19	0.567	1.35	0.745
Q7	乡村露营地建设	1.19	0.491	1.42	0.945
Q4	停车场建设	1.19	0.491	1.42	0.945
Q3	乡村道路建设	1.15	0.543	1.42	0.945
Q6	游客服务中心建设	1.08	0.272	1.35	0.745

四、不同属性乡村旅游公共服务供给意愿差异分析

考虑到不同属性公共服务对企业供给意愿存在较大的影响,本研究按照公共产品理论中排他性和竞争性的有无及其程度,将问卷涉及乡村旅游公共服务内容分别归类于公共池塘资源类、收费产品类和纯公共产品类三类。从理论上来说,乡村旅游产业链上企业均有能力提供三大类型公共服务,如对于公共池塘资源类公共服务,产业链中的核心企业最有能力与可能性供给,他们可以在开发弘扬乡村文化、体现乡土风情、展示乡村风光、体验乡村生活等具有一定公益性的乡村休闲项目的同时,兼顾项目外围专业配套设施供给,如周边道路、旅游指示系统、公共景观、卫生设施等;对于收费产品类和纯公共产品类公共服务,外围配套企业和下游企业均较有能力和可能性,如对于交通企业,在推进城市公交服务网络向乡村延伸,充分

发挥城市旅游集散中心体系的功能，开设乡村旅游专线巴士，拓展乡村绿道，配置自行车租借点，建设自驾车营地等等方面均可发挥作用；此外，下游企业大多为服务型企业，市场接触最为直接与广泛，对消费者的需求最为了解，因此，可充分利用企业已有的营销平台，宣传推广乡村旅游，及时传递顾客信息，并可利用企业人力资源优势，采用灵活的方法，对农户为主体的经营者进行服务意识、旅游经营知识与基本技术的培训。但是，通过均值和标准差分析却发现，企业的供给能力和意愿与理论推断并不是完全一致，而是存在一定的差异。

由于供给意愿与供给能力有较大的相关性，因此，本研究选择了供给意愿来分析其差异性，如表 6-15 所示。

表 6-15 不同属性乡村旅游公共服务供给意愿均值与标准差比较

类型	内容	上游企业		核心企业		下游企业		配套企业	
		均值	标准差	均值	标准差	均值	标准差	均值	标准差
公共池塘资源	Q3 乡村道路建设	2.82	1.141	2.90	1.158	2.51	1.363	1.29	0.806
	Q5 乡村厕所修建	2.97	1.029	3.54	1.098	2.66	1.310	1.29	0.806
	Q6 游客服务中心建设	3.03	1.058	3.24	0.067	2.78	1.344	1.25	0.676
	Q9 乡村休闲娱乐设施建设	3.15	1.105	3.66	1.109	2.69	1.336	1.25	0.676
	Q12 乡村旅游安全设施建设	2.88	1.094	3.27	1.184	2.74	1.368	1.33	0.917
	Q13 乡村景观建设和保护	3.06	1.153	3.51	1.075	2.85	1.367	1.25	0.676
	Q14 乡村节庆活动参与	4.00	0.651	4.34	0.656	4.11	1.055	3.58	0.830
	合计	3.13	—	3.49	—	2.91	—	1.61	—
收费产品	Q4 停车场建设	2.94	1.099	3.29	1.230	2.68	1.437	1.29	0.806
	Q7 乡村露营地建设	3.24	1.103	3.00	1.265	2.69	1.282	1.33	0.917
	合计	3.09	—	3.15	—	2.69	—	1.31	—

续　表

类型	内容	上游企业		核心企业		下游企业		配套企业	
		均值	标准差	均值	标准差	均值	标准差	均值	标准差
纯公共产品	Q8 旅游标识系统建设	3.32	1.147	3.20	1.167	2.78	1.375	1.29	0.806
	Q10 排水、排污等基础设施建设	2.82	1.058	2.98	1.129	2.47	1.354	1.25	0.676
	Q11 村容村貌整治，乡村环境保护及美化	2.91	1.083	3.44	1.050	2.65	1.301	1.33	0.917
	Q15 特色农副产品与工艺品设计与开发	3.74	0.828	4.15	0.792	3.24	1.173	2.96	0.999
	Q16 特色乡村旅游产品与服务开发	3.79	0.808	4.27	0.708	3.91	1.090	3.33	0.816
	Q17 乡土文化保护与挖掘及弘扬	3.91	0.753	4.32	0.722	3.89	1.099	3.42	0.830
	Q18 帮扶经营者提高服务技能	3.76	0.923	4.02	0.758	3.51	1.155	2.88	0.797
	Q19 帮助社区居民提高旅游意识	3.79	0.914	4.15	0.654	4.26	3.977	3.54	0.779
	Q20 提供乡村社区居民就业机会	3.50	1.135	3.95	0.669	3.31	1.091	2.17	0.482
	Q21 分享企业信息服务平台	3.74	0.751	3.78	0.852	3.94	0.962	3.96	0.690
	Q22 分享企业营销渠道	3.62	0.779	3.34	0.911	3.81	1.018	4.00	0.417
	Q23 提供旅游志愿者服务	3.65	1.125	3.73	0.867	3.88	1.103	3.75	0.794
	Q24 协助乡村旅游社区开展宣传推广工作	3.91	0.753	4.05	0.669	4.05	0.956	3.96	0.690
	合计	3.57	—	3.80	—	3.52	—	2.91	—

(一)不同类型公共服务的差异化供给意愿

公共池塘资源类公共服务大多涉及硬件建设,且不具有排他性,无法收费,所以企业供给意愿普遍较低。

收费产品类公共服务虽然可以收取一定的费用,但建设投入也相对较大,投资回收期较长,企业同样缺乏供给意愿。

纯公共产品类公共服务是企业供给意愿程度最高的,但因其内容多样复杂,供给意愿也出现分化,对于投资规模较大的排水、排污等基础设施,供给意愿普遍较低,而对于营销推广、信息分享、教育培育等投入较少或企业可以共享其内部资源的公共服务,供给意愿普遍较高。

(二)不同企业公共服务的差异化供给意愿

横向比较发现,无论哪类公共服务,核心企业供给意愿均为最高,并依次为上游企业、下游企业和配套企业。对于具体公共服务内容,四大类企业均表现出对于需要大投入的公共服务意愿较低,反之则较高;与社区基础设施和旅游专业设施建设相关的,核心企业与上游企业意愿较高,与营销及服务相关的,下游企业意愿较高;配套企业在基础设施等的服务能力应该是最强的,但对三大类公共服务,其供给意愿均明显偏低。此外,标准差分析发现,配套企业对公共服务供给意愿认识的一致性明显好于其他企业。

第五节　结论与启示

一、主要结论

(一)总体意愿较强,但对供给内容的选择谨慎理性

大部分企业对提供公共服务都持认可态度,并愿意分享企业内部资源,究其原因:一是一些企业自身也是乡村旅游公共服务的受益者;二是完善的乡村旅游公共服务有助于推动乡村旅游的发展,带动游客量的增加并因此获得经济收益;三是部分乡村旅游公共服务是收费项目,企业可以获

取直接收益；四是可以借助提供乡村社区旅游公共服务来树立企业良好的品牌形象，体现社会责任，提升企业软实力。

但是，在涉及供给内容时，大部分企业持理性谨慎态度。乡村旅游公共服务大多具有公益性与非排他性，收费有限或无法收费，或者收费损害旅游者的利益，与资本的逐利性相矛盾。因此，一些企业会考虑自身的资源条件，通过权衡公益性与逐利性，再做出务实的选择。总体来说，对于投入大、技术要求高、投资回收期长的公共服务普遍意愿较低，反之则较高。

（二）利益相关程度影响供给行为，因此导致一些矛盾的产生

乡村旅游产业链中四大类企业与乡村旅游利益相关性存在差异，并且乡村旅游公共服务的受益程度也不相同，核心企业最为直接，上游和下游企业次之，配套企业相关性最弱，研究证明，供给意愿正好与利益关联程度呈正相关。同时，对于影响因子的敏感性存在差异，利益关联度越大，越是追求社会效益与形象；利益关联度越小，则越是看重经济利益。

因此，在现实中导致一些矛盾的产生。第一是供给意愿与供给能力的矛盾，作为与乡村旅游发展关系最密切的核心企业，供给意愿最高，但由于核心企业多是中、小、微型企业，故缺乏供给能力；第二是供给能力与供给动力的矛盾，突出表现在配套企业上，配套企业一般规模较大，或有国资背景，水电、道路交通的供给本身就是主营业务，供给能力毋庸置疑，但由于配套企业与乡村旅游发展利益相关性较小，供给动力明显不如其他企业。

（三）主要影响因子明确，但不同企业对因子的敏感度不同

总体来说，提升软实力、经济补偿和制度环境是三个最重要的影响因子，结合三个维度分析发现，影响企业供给的最主要的内在动力是提升软实力，并在八个因子中排列第一；最需要的激励手段是经济补偿，这完全符合企业行为的本源；最大的障碍因素则是制度环境，真实地反映了当前企业的担忧。

但不同类型企业对因子的敏感程度不同，上游、核心、下游企业最大的内在动力是提升软实力，最大的障碍因素是供给能力不足，配套企业则分别是获得经济利益和制度环境；对于激励需求，除经济补偿四大类企业高度一致外，上游和核心企业对运营支持敏感，而下游和配套企业对政府服务敏感。

二、启示

(一)甄别不同企业供给的优劣

不同属性乡村旅游公共服务供给需要投入的资金、技术、人力资源,承担的风险和带来的收益差异较大,并不是所有的企业都有能力供给,对于政府,首先要有甄别企业的能力,详细考查其信誉水平、专业能力及投资能力等,并进行综合评估,选择最合适的企业进行合作,防止一些投机企业钻政策空子,避免市场失灵。

(二)采取差异化的激励手段

企业对提供公共服务的意义认识清晰,意愿强烈,但不同企业在供给动力和障碍因素方面遇到的问题存在差异,因此,政府需要采取针对性的激励措施,包括不同的激励手段和不同的激励强度。如配套企业,利益相关性相对较小,对乡村旅游公共服务虽然供给能力较强,但动力不足,这就需要政府在经济补偿这一激励方式上下功夫,选择合适的经济补偿方式与强度,以寻求共同利益为目标,构建长效机制,激发供给动力。

(三)构建公开透明的制度环境

一些企业对公共服务界限认识不清,对能提供何种公共服务存在疑虑,也不明确政府有何种优惠政策,通过什么渠道去了解相关信息等,这成为企业提供公共服务最大的阻碍因素,特别是对于配套企业和下游企业。正如“衢州模式”,参与的酒店、旅行社和农家乐特色村均认为很有意义与必要,但由于缺乏持久的规范化的激励政策配套,难以维持。因此,需要尽快编制乡村旅游公共服务目录、对应的激励政策、明确的契约框架与合作程序,并做到公开透明,帮助企业做出理性的选择。

第七章　乡村旅游公共服务市场化供给激励性规制

第一节　激励性规制的现实意义

一般地方财政支出偏向于具有生产性质、政绩明显的公共服务，而市场化供给中，在以委托代理为框架的分权理论下，政府的激励契约则是公共服务供给结构的关键机制，可见，市场能够在资源配置中发挥什么作用，取决于政府如何发挥引导作用。对于乡村旅游产业来说，由于当前我国乡村旅游产业链总体不成熟，治理缺位，节点企业逐利、信息不能共享等问题十分突出[250]，因此，在产业链培育前期，政府对乡村旅游市场的规范不可或缺。在乡村旅游公共服务市场化供给中，政府就需要发挥自身独特的作用，用有形之手进行必要的干预，以更好地影响乡村旅游公共服务配置的方向、结构和效率。

一、政府引导与监管作用的现实困惑

乡村旅游已经成为推动新型城镇化建设、统筹城乡发展的重要驱动力之一，各级政府对其高度重视。但是政府在利用何种手段促进其发展，即选择经济手段、法律手段还是行政手段时，往往产生混淆，手段不明确，方案不详尽，措施不到位。在乡村旅游公共服务市场化供给的实践中，鼓励产业链企业共享资源已成为一些政府的共识，浙江省的“衢州模式”就是试图通过鼓励乡村旅游特色村与旅行社、城市酒店结对，以帮助乡村旅游经营者提高经营水平，利用企业平台宣传特色村，促进乡村社区旅游经济发展的突出案例。但是，在具体实施中，如何让这种模式真正优化资源配置、发挥其在乡村旅游公共服务供给中的作用，应该如何正确引导，政府面临

着操作上的困惑。

(一)制度化建设与长效机制的形成

对浙江省衢州市的调查表明,无论旅行社、城市酒店等旅游企业,还是乡村社区村级干部和农家乐经营户,无一不认为“衢州模式”是一个好模式,并肯定其对乡村旅游产业升级起到了积极的推进作用。但这一模式在操作中偏重于政府鼓励的企业与乡村的共建活动,并且时间期限为三年,三年内完成既定目标,淡化了这些参与者本身就是乡村旅游产业链上的利益相关群体的事实,并且利益磨合也需要较长的时间。这导致本来应该是本次活动主体的乡村旅游特色村、城市酒店和旅行社企业,在政府强大宣传攻势下,反而成为被动接受者和参与者,本来对乡村旅游社区建设、经营户经营水平提升、企业业务的拓展与盈利空间的提升均有利的行为变成了一项限时完成的工作任务。

可见,“衢州模式”表现出来的还是政府旨在促进共建活动的推进、完成既定三年目标的运动式的短期行为。城乡共建活动前期确实需要政府大力的宣传与推进,但要长久维持则必须要以制度为保障,即政府的作用重在充分揭示相关参与组织的内在利益关系,出台详尽的配套政策与制度,形成长远的激励机制。

(二)激励手段与激励强度问题

在“衢州模式”中,政府对参与者的激励方式主要体现在“配套考核制度”中,内容涉及三个方面:第一,要求市旅游局对宾馆饭店、旅行社承诺结对联系农家乐乡村休闲旅游村(点)的项目进行专项考核,并将考核情况作为各旅行社和宾馆饭店评星和年度“十佳”评选的重要内容;第二,把结对共建纳入到新农村建设工作的考核体系中,及时总结,对在活动中组织工作突出、措施得力、工作作风扎实有效的结对双方进行奖励;第三,对主动接受旅行社和宾馆饭店帮扶并取得明显成效的农家乐特色村,市农办要在特色村、星级户评定等方面予以优先考虑。

由于只有框架性的考核,并没有细化的激励措施,同时,也缺乏经济上的激励措施,一些参与企业,特别是优秀企业对于“宾馆饭店评星和年度‘十佳’评选”并不以为然,对“特色村、星级户评定等方面予以优先考虑”的表述也含糊其词,因此很多酒店、旅行社企业以及经营户均认为激励内容不够明确与定量化,激励强度不足。

问卷调查进一步发现,在阻碍企业提供乡村旅游公共服务的因子中,政府缺乏合理的引导与组织，鼓励政策不明朗，缺乏配套激励措施或激励程度不够，没能构建企业与乡村旅游利益关系等均成为主要因素。同时，统计结果也进一步证明，对于企业，最好的激励方式是经济补偿激励，除政府给予财政资金支持、落实税收减免政策、奖励优秀企业以外，还要允许企业从中获取经济利益。

二、乡村旅游公共服务市场化供给中激励性规制的现实意义

市场监管属于政府对经济活动的微观规制，范围既包括市场能够发挥作用的领域，也包括市场失灵的领域，所采取的手段主要包括法律手段、行政手段和经济手段。乡村旅游公共服务基本上属于市场失灵的领域，政府的规制必不可少。

与政府控制和强制的规制方式不同，激励性规制的重要特征就是通过引入竞争和提供正面诱因设计规制方案，给受规制企业以更多的自主选择权，从而达到提高受规制企业的生产效率和社会福利水平的目的。浙江省乡村旅游典型地区的调研发现，当前公共服务市场化供给存在的短期行为等问题的主要根源即为缺乏有效的激励机制，特别是缺乏有效的激励性规制。因此，引入激励性规制理论，对于促进和调控乡村旅游公共服务市场化供给具有十分重大的现实意义。

（一）规范企业供给行为

出于乡村旅游公共服务的属性差异以及乡村旅游市场主体的成熟度不高等原因，在市场化供给中也会出现撇脂、价高质劣等损害公共利益的问题，因此，需要对市场主体进行有效的规制。但信息不对称的存在，即规制者与被规制企业在了解成本、市场需求、收益、技术等各方面存在的信息不对称，以及规制者任职期限、自身利益、有限理性等原因，也会出现“规制俘虏”，即规制者被被规制者“收买”的现象，从而导致规制失灵。引入激励性规制理论，利用产业链企业了解乡村旅游公共服务需求信息的优势以及自身追求利润的动机，研究适合乡村旅游公共服务的激励性规制规则和规制政策，使被规制者受到约束的同时，也有足够的动力去追求与规制政策一致的目标，从而引导市场资本对乡村旅游公共服务的投入，提高内部运行效率，规范企业供给行为，促进市场有效供给。

(二)促进市场化供给长效机制的形成

当前乡村旅游公共服务市场化供给存在动力不足以及一些企业为追求政策性收益而选择的短期供给行为等难题,均与激励不足或激励不当有着密切的关系。

激励性规制就是利用市场化规制工具,为被规制者提供选择和行动的机会,引导、激励被规制者主动服从规制要求,从而实现规制目标。在现实中,由于信息不对称及对自身利益的追求导致道德风险与逆向选择始终存在,本研究引入产业价值链概念,试图通过揭示乡村旅游产业链企业之间的利益关系,更好地研究公共服务市场化供给激励机制,并从委托代理、绩效评价、监督管理、信息披露、财政支持等制度建设入手,强化激励的约束作用,更好地控制产业链企业提供乡村旅游公共服务的方向和行为规范,并保障该模式能长期有效地运行。

第二节　乡村旅游公共服务市场化供给激励性规制

一、激励性规制的基本要求

乡村旅游公共服务系统复杂,内容多样,激励性规制需要把握以下基本原则。

(一)强调目标性与阶段性

乡村旅游公共服务市场化供给激励性规制的目标具有多重性,包括提供高质量的乡村旅游公共产品或服务,确保乡村旅游公共产品和服务价格的合理性,提高乡村旅游公共产品生产的效率、实现成本最小化,提升投入产出水平,改善和保护乡村旅游环境,等等。这些目标均十分重要,但对于规制者来说,要同时实现多重目标十分困难,因此,规制者需要根据各地乡村旅游发展实际,对目标的重要性给予充分的量化考虑,分清轻重缓急,明确主要目标,界定目标界限,再有针对性地设计激励性规制。

不同的发展阶段,乡村旅游公共服务需求的侧重点有所不同。在乡村旅游发展初期,公共服务重点要解决的是对外交通问题,乡村旅游地信息平台建设及宣传推广、经营者的服务技能和意识的培训等问题;到成熟阶段，乡村旅游业态不断多样化，旅游者在乡村的活动空间不断拓展，则对乡村旅游社区的公共环境改善、安全设施建设、游憩设施配套等有较高的要求；到了竞争日益加剧，乡村旅游面临衰退阶段，乡土文化的保护、挖掘与弘扬，乡村品牌的塑造与推广应得到高度重视。因此，激励性规制要从乡村旅游发展阶段出发，充分把握不同阶段乡村旅游公共服务的主要诉求，并根据发展需要，调整激励对象、激励方式与激励强度，保障有序提供。

（二）体现差异性与灵活性

研究表明，乡村旅游公共服务市场化供给具有以下三个特征：第一，从供给内容角度，乡村旅游公共服务类型多样、属性不同，公共服务的公益性、受益性均有不同程度的差异，如对于收费类的公共服务，政府激励性规制要在产品价格的合理性与企业的合理赢利中找到平衡点；第二，从供给主体角度，产业链上各环节企业性质不同、与乡村旅游发展关系密切程度不同、与终端客源市场关联程度不同，导致其对公共服务供给的态度、意愿、动机不同，政府需要根据他们的差异，选择不同供给主体，采用不同的激励性规制方法和强度；第三，从区域发展角度，不同类型、不同功能、不同区位、不同基础的乡村旅游社区其所需要的公共服务也存在差异性，如以生态环境取胜的度假功能较强的乡村旅游社区，是鼓励发展停车场，方便私家车停泊，还是发展乡村公共交通服务，开设旅游专线，就需要根据市场定位、环境保护的要求等做出合理的选择，并采用不同的激励方式。

乡村旅游发展处在一个开放的系统中，其发展规模、速度、结构要受到外界经济、政治、文化等各种因素以及自身农业产业基础、社区居民风俗等的影响。要从乡村旅游发展的实际需求出发，充分评估乡村旅游发展的地位和价值，确定公共服务提供的规模、紧迫性，灵活把握乡村旅游的激励方法与强度，采用不同程度的激励方式（强激励、中激励、弱激励），引导公共服务的有效供给。如杭州市余杭区中泰街道乡村旅游发展已有一定的基础，九峰垃圾焚烧发电厂项目的建设引发居民较大反响，作为生态补偿，当地村民要求政府加大对乡村生态环境的改造以及基础设施的改善，以促进当地乡村旅游的发展。为确保九峰项目的推进以及居民的利益，政府需要加大激励强度，鼓励企业共同投入到乡村旅游公共服务的建设之中。

（三）保障持久性与公平性

激励性规制政策要具有连续性与持久性，这不但是规模较大的乡村旅游公共服务投入的前提与保障，也是企业对政府信心的保障。调查发现，产业链企业对于乡村旅游公共服务供给意愿均较高，动机也十分明显，即提升企业软实力以及获得经济回报。因此，一方面要充分揭示与强化企业与乡村旅游之间的内在利益相关性，激发其持久的供给动力，另一方面，更需要对激励性规制政策的制定有长久的考虑，把激励方式制度化，避免任期局限而导致政策制度上的不连续，从而诱导被规制企业产生短期行为。

旅游是综合性的产业，表现在公共服务中也具有很强的综合性。乡村旅游公共服务既涉及基本公共服务，如乡村基本道路建设、公共卫生改善、公共安全服务等内容，也涉及众多的非基本公共服务，包括诸如职业教育、医疗服务、财产安全、文化体育服务等，以及为旅游活动开展提供的目的地营销、旅游专线、旅游指示系统等。这些公共服务的供给涉及到众多的政府部门以及各级政府，因此，激励性规制需要统筹考虑，系统协调，程序规范，信息共享，公开透明，避免重复激励等低效率现象的产生，充分体现激励的公平公正。

二、激励性规制要解决的核心问题

激励性规制理论产生于20世纪七八十年代，是为解决传统规制方式中由于规制双方信息不对称而导致的低效率问题而将委托代理理论、博弈论、信息经济学等微观经济学前沿理论和分析方法引入产业经济学进行研究，结合行为学中的激励理论产生的一种新的规制理论[251]。一些学者认为激励性规制就是在保持原有规制结构的条件下，激励被规制企业提高内部效率，即给予受规制企业以竞争压力和提高生产或经营效率的正面诱因[252]；也有学者认为激励性规制即指政府将激励手段用于政府规制之中，达到提高社会总福利的最终目标[253]。

激励性规制理论建立在信息不对称的前提之下，会产生规制者与被规制者之间的委托—代理问题，即所谓的逆向选择与道德风险问题[253]。逆向选择指在契约的谈判阶段，被规制企业为了让契约有利于自己，采取选择性、扭曲性披露信息，甚至谎报信息的的行为；道德风险则指契约签订后，由于规制者无法直接观测到被规制者一些影响规制目标的行为，被规制者所采取的自身效用最大化的自私行为，甚至不遵守契约条款或兑现契约[254]。

乡村旅游公共服务市场化供给激励性规制要解决的核心问题也就是要最大程度地避免委托—代理问题，这就要求从不同属性和类别的公共服务出发，从需求的实际出发，合理设计激励机制与约束机制，并做好各环节的监督管理。

三、激励性规制的主要方法

已有的国内外文献研究提供了较为完整的激励性规制方法，并在实践中得到广泛的应用。结合乡村旅游公共服务实际，特许投标竞争、区域间比较竞争、价格上限、联合回报率、利润分享等[255]均值得借鉴与推广。

（一）特许投标规制

特许投标规制就是通过间接引入竞争从而促进被规制者提高内部效率的激励性规制。特许投标规制最早是由德姆塞茨（Demsetz）在《为什么要对公用事业进行规制》一文中提出的，强调在一定质量要求下，将竞争机制引入政府规制中，通过拍卖的形式，让多家企业竞争行业独占权，从而提高经济效率，减轻政府管制者的负担[256]。规制者设置放开准入条件，引入竞争，通过竞标方式将特许经营权赋予能以最低价格提供服务的企业，并将其作为对企业低成本、高效率经营的一种奖励，这样，既可以保证规模经济，又可以间接地引入竞争，实现帕累托改进。特许投标规制可采用服务协议、运营维护协议、BOT（建设—运营—移交）协议等方式。

特许投标规制方式在旅游业主要是用于资源依托型景区开发与运营，BOT 协议方式大多出于融资的需要，以缓解景区开发的资金压力，也有为提升景区的运营水平与服务能力采用服务协议与运营维护协议。随着旅游产业升级与旅游的全域化，旅游公共服务需求大量增加，特别是广大乡村地区，原有公共服务基础薄弱，乡村旅游公共服务涉及大量基础性设施建设、设施的运营维护、大规模配套公共服务等，因此，采用特许投标规制，一来减轻政府的财政负担，二来提高投入产出效率，三可以保障设施的有效运作与服务的提供，特别是对于投入规模较大的乡村旅游公共服务设施及其运营更为适合。

我国乡村地域广泛，基础设施落后，随着城市化进程的加快，许多农户选择进城务工以及在城镇购买住房，导致诸多空壳村的产生，公共设施的配制也更加困难。根据 2010 年的统计，浙江省空壳村达 6598 个，占 21%（注：以村级集体经济全年收入在万元以下为统计标准），这些乡村耕地、宅基地等乡村资源闲置率居高不下，导致资源极大浪费。随着我国农村土地流转的快速推进，可以相信，未来规模企业投资农业、投资乡村旅游会不断增加，将给经济基础差、产业发展水平低，但自然生态环境好、乡土文化深厚的空壳村、贫困村带来振兴与发展的机会。

规模企业资金实力雄厚、运营理念新颖，在乡村旅游公共服务市场化供给中可发挥积极作用。因此，除了要借鉴特许投标规制的基本方法以外，更需要大胆探析新的运作模式，如TOT（移交—运营—移交）、ROT（重整—运营—移交）、BT（建设—移交）以及RC（区域特许经营），激励企业对乡村旅游公共服务的投入。特别是针对整体基础薄弱的乡村，可以选择整个村落的整体特许经营，甚至将乡村文化、自然环境一致，空间连片的几个村落进行整体特许经营，做到统一规划、统筹配置乡村旅游的公共基础设施，充分盘活闲置资源，提供高效的公共服务。

（二）区域间竞争规制

区域间竞争规制是通过将受规制的全国垄断企业分为几个地区性企业，使特定地区的企业在其他地区企业的刺激下，努力提高自身内部效率的一种规制方式。但这一方式在具体的实施过程中存在难点，地区之间存在的差异使得规制者在确保及时获取有效运营成本的基础上确定具体的规制价格，促进地区间企业开展间接竞争仍然存在着较大困难。

对于乡村旅游，虽然目前与其相关的经营企业大多以中小型为主，但涉及基础性公共设施配套建设或投资规模较大的新型乡村旅游公共设施建设，仍有可能涉及垄断企业。同时，随着乡村旅游转型提升，乡村旅游经营企业的品牌化运作和品牌连锁开始出现，这种规制的思路同样值得借鉴。如乡村旅游自驾车营地建设是专业性较强的公共配套设施，未来，专业品牌企业会在各地进行连锁投资与经营，政府可以先树立标杆，给异地连锁企业以竞争压力，促使连锁企业不断提升内部效率。

此外，区域间竞争规制的思路还可以嫁接到特许投标规制之中，产生新的适合乡村旅游公共服务的规制方式。如在乡村旅游整体开发的区域，不同村落的旅游规划与风貌设计、旅游公共设施的配套建设与运营可同时分别特许给相关企业，使企业之间产生竞争压力，迫使企业不断改良方案，提高效率。被列为浙江省首批特色小镇创建名单的杭州市龙坞茶镇在乡村整体改造中就是采用这一方式，需改造的几个村同时委托不同的设计公司进行乡村旅游规划与风貌设计，这对中标企业形成较大的竞争压力，因为其方案是否优良、改造后效果的好坏会直接影响设计公司在行业中的口碑，从而使各设计公司对设计方案编制更加认真与投入，进而提高方案质量与效率。

(三)价格上限规制和联合回报率规制

RPI—X价格上限规制方案由李特查尔德在1983年设计出来,并最早于1984年运用于英国电信业。李特查尔德认为价格上限规制是一种典型的高强度固定价格合同,它的制定不依赖企业成本信息,能激励被规制企业努力降低成本,并且企业自身也具有调整价格的激励和自由[257]。价格上限规制即政府规定价格上限,被规制者可以努力在这个上限以下通过提高经营效率来降低服务成本以获得更高的收益。价格上限规制通过赋予被规制者更多定价的自由决策权,可以更有效地促使被规制者考虑成本提高效率,因此是目前应用最为广泛、效果最明显的一种激励性规制。联合回报率是以投资回报率规制为基础的一种规制方式,规制者根据被规制者提出要求提高投资回报率的申请,具体考察那些影响价格变化的因素,对企业提出的投资回报率水平做必要调整,最后确定一定的投资回报率范围,被规制者可以在这一范围内根据具体的经营目标自主确定投资回报率。

这两种规制形式,虽然均是为了避免被规制企业采取限制产量、提高价格的行为,以增加消费者剩余,减少社会福利的损失,但对被规制企业节约成本和产品(服务)质量的影响存在差异。在回报率规制下,被规制企业倾向于过多地使用资本,缺乏节约成本的动力,根据已经证明了的A—J效应,即企业为获取更多的绝对利润,尽可能的扩大资本基数,运用过多的资本投资以代替其他投入品,从而造成生产低效率[258]。因此,回报率规制是一种低强度激励,通常情况下,有利于产品技术水平和质量的提高;价格上限规制作为一种典型的激励性规制手段,可以弥补回报率规制易产生过多地使用资本的弊端,一般被称为高强度激励,但这一规制需求防范的风险是企业为降低成本提供质次的公共服务产品,因此,采用这一规制形式必须辅之以严格的质量监督管理,避免损害消费者的利益。

对于乡村旅游公共服务市场化供给,两种激励规制方式的选择,既要考虑乡村旅游公共服务的属性类别,也要考虑企业的特征与能力。企业角度,可以根据自身的能力与政府进行谈判,选择有利于自己的激励方式;政府角度,则要善于甄别企业的运营管理能力,选择合适的企业与适度的激励强度,避免企业化供给效率还不如政府自身供给效率现象的产生。总之,若企业自身专业能力、创新能力、成本控制能力强,则可选择价格上限方式,以使企业获得较大的回报,反之,则应选择联合回报率规制。但就目前来看,从事乡村旅游的企业大多为中小微企业,由农业企业拓展而来的本地企业也较多,企业的组织化程度、专业化程度往往较低,对旅游经济与旅游经营活动也缺乏深入的了解，对于这些企业应以保障其合理的收益为基础，采用联合回报率规制较为妥当。

（四）利润分享规制与延期偿付率规制

利润分享规制是指通过采取为将来购买提供价格折扣等形式让消费者直接参与公用事业的超额利润分配或分担亏损。这样，不仅可以通过刺激消费，促使企业充分发挥规模经济效益，有效降低经营成本，还有助于实现企业与消费者之间的公平分配。这类规制在公益性事业中运用的比较多。如电力商品作为一种公共所有的垄断性产品，政府一方面要制定高于成本的价格以消除企业亏损，同时要避免形成垄断价格，以保证输配电力产业的正常发展。在实际的定价过程中，政府对其进行利润分享规制，将利润和风险在企业和消费者之间转移，实现社会公益的增长和社会需求的均衡，达到规模效应，保证公平分配。乡村旅游发展中，一些涉及公益性的公共服务也可以推进这一规制，如由于开展农家乐经营活动，农户的水电费用会大大增加，可以采用利润分享让农户参与水电供给企业的超额利润分配。根据《浙江省电网销售电价表》，农户用电收费标准为 0.508 元/kW・h，而农家乐一般以商业用电进行计算：不满 1kW 为 0.946 元时，1～10kW 为 0.908 元/kW・h。农家乐不同于一般商业企业，其利润相对较低，供电公司可考虑对农家乐经营户用电采取一定的价格折扣，通过部分让利与经营户，实现双赢。另外，乡村或乡村周边的一些公益性较为明显的景点，也可以通过提前订购、折扣优惠等形式，让利给农家乐经营者，让其帮助向乡村旅游者推广，如顾渚村模式，对于入驻农家乐的旅游者，可享受景区门票 7 折优惠。

延期偿付率规制则是允许消费者先消费商品或服务，在一定时期后再付费的规制方式。该规制典型运用于金融行业，在中小企业贷款业务中，以延迟付款的方式减轻企业的还贷压力，并在一定程度上提高偿还率来保障借贷双方的利益、促进金融机构乃至金融市场健康发展。商业银行的延期偿付率规制尤为明显。政府通过对银行的贷款延期偿付率进行规制，缓解中小企业困境，以保证消费者和企业的基本利益，刺激相应的金融产品消费，从而促进共同发展。旅游行业中，乡村旅游的开发与运营需要大量的资金支持，除政府的财政支持外，通常借助金融机构等进行融资以获得发展资金，尤其是农家乐的投入建设，经营户往往因自身资金不足而向银行贷款，获得金融支持，但经营初期的收入较低，还贷压力较大，政府通过延期偿付率规制为农家乐经营户争取足够的还贷时间，支持其经营发展。

(五)菜单规制

它是将多种规制方案组合成一个菜单,以供被规制者选择的一种综合性规制方式。基于产业链的乡村旅游公共服务市场化供给,不仅公共服务内容庞杂,而且相关企业层次多样,单一的激励性规制无法满足乡村旅游公共服务市场化供给的需求。因此,激励性规制方式也应多样化,让企业有充分的选择余地。

总之,在诸多的激励性规制方法中,基于成本的规制激励性相对较弱,基于绩效的规制则激励性较强;激励性规制最终要实现的目标是实现成本节约、质量保证与消费者剩余的均衡,因此规制者在选择方式时必须加以充分考虑。

(六)规制与契约精神

规制是否有效,还与契约精神有关。无论是规制者还是被规制者,都必须具有社会契约精神。社会契约(social contracts)最初作为一种社会规范,是随着人类社会形态的发展而自然产生的,可以分为社会伦理层面的社会契约和经济层面的社会契约。社会伦理层面的社会契约主要体现在社会治理中,政府应当确保社会成员的权力实现,在协调各利益主体的基础上代替人们执行公意,并逐步转换角色,实行公共权力的多主体性[259];而经济层面的社会契约一般为企业社会契约,是指规制机构与受规制企业签订合同,就产品价格、运行成本等主要指标作出约定,规制机构根据企业执行约定的情况实施相应的奖励和惩罚措施,以鼓励企业降低成本、节约能源、保护环境和提高服务水平[260]。企业社会契约蕴含三个基本原则:自由性、平等性以及功利性,这要求缔约各方平等的、自由的表达意思,并以“帕累托改进”的方式使至少一方改善利益[261]。

委托—代理主要是在信息不对称情况下,研究委托代理双方通过激励来获得潜在利益的问题,目的在于激励代理人[262]。委托—代理本质上是一种契约关系,通过这一契约,委托人授权给代理人为委托人的利益从事某项活动,而代理人则被授予相当大的自主决策权[263]。在委托—代理过程中,委托人和代理人具有不同的效用函数,由于代理人较委托人拥有更多的信息,在两者利益冲突时,代理人更可能追求自身效用最大化,从而损害委托人的利益。为切实解决信息不对称情况下和代理人的规避型风险态度所引发的“道德风险”和“逆向选择”问题,代理人以行动效用最大化原则选择具体行动[264],并与委托人按一定契约分配财产剩余索取权,将剩余分配与经营绩效挂钩，达到委托代理的均衡合约，实现委托人和代理人风险共担，达到激励效果。

乡村旅游公共服务市场化供给的企业生产—政府采购过程中，委托—代理合同的签订十分重要，要明确双方的权利和义务，细化服务内容、标准和责任，保障双方的基本权利，实现共同发展。但同样重要的是双方必须要有契约精神，如被规制者能够实现比合同更好的业绩，规制者应给予奖励，否则给予处罚，以鼓励被规制者更好地履行契约，并激励其获得更好的业绩。需要引起重视的问题是，若被规制者取得好业绩反而引来下一轮更苛刻的规制，则被规制者就会失去动力，在运营管理中不再下功夫提高效率。因此，在不同的阶段，针对不同的企业如何把握不同的激励方法与强度，都需要做出谨慎考虑。

四、激励性规制的选择

在规制经济学里，把具有不同激励强度的成本补偿机制称之为激励性规制。现实经济活动中之所以要设计和采用不同强度的激励性规制，主要是由于规制目标往往不是单一的，没有哪种规制机制能够解决所有问题，在信息不对称的情况下顾此失彼的现象经常发生[265]。结合基于产业链的乡村旅游公共服务市场化供给模式，规制者则一定要根据乡村旅游公共服务的自身特性、需求与受益状况以及政府的监控能力等具体情况，量身打造最适合的激励性规制框架。本文按照公共服务的属性类别，提出以下差异化的激励性规制思路与方法，如表 7-1 所示。

表 7-1　乡村旅游公共服务分类及激励性规制

类别	属性特征	主要内容	可选择的合作企业	主要激励性规制与方式
公共池塘资源类	非排他性和可竞争性	乡村景观/景点建设、乡村旅游游客服务中心、社区休闲设施、车站及旅游集散中心、社区环境与卫生条件等	核心企业、上游企业为主	产权激励、联合回报率等

续　表

类别	属性特征	主要内容	可选择的合作企业	主要激励性规制与方式
收费产品类	可排他性和非竞争性	乡村旅游观光巴士/旅游专线车、停车场建设、自驾车营地、旅游保险、社区基础公共服务等	配套企业、核心企业	特许投标、价格上限、凭单制、产权激励等
纯公共产品类	非排他性和非竞争性	需要专业技术支撑公共服务，旅游基础配套公共服务，服务性的公共服务	核心企业、配套企业、下游企业、上游企业	产权激励、特许投标等

(一)公共池塘资源类

1.属性特征

公共池塘资源，既不同于纯粹的公益物品(不可排他，共同享用)、私人物品(可以排他、私人享用)，也有别于收费物品或俱乐部物品(可以排他，共同享用)，而是一种人们共同使用整个资源系统但分别享用资源单位的的公共资源，兼具非排他性和竞争性[266]。这两个特性往往使资源管理者和用户陷入决策困境。由于公共池塘资源类产品消费具有非排他性，但消费总规模有一定的限制性，即具有一定的承载力，要求消费者消费时不能超越这个承载力。但用户在对资源进行使用过程中，资源的数量和品质必然会有所降低。同时，为了实现短期利益最大化，单个用户往往过度开发和利用资源，从而威胁到资源的可持续利用和整体的长期利益，引起资源的破坏，带来安全隐患，或成本的快速增加[267]。

2.主要内容

在乡村旅游的范围内，这类公共服务主要涉及乡村景观/景点建设、乡村旅游游客服务中心(办事咨询窗口、媒体旅游触摸屏、旅游解说服务)、社区休闲设施、车站及旅游集散中心、社区环境与卫生条件(旅游厕所、垃圾桶等)等社区范围为主的设施类乡村旅游公共服务。

3.可选择的合作企业

由于这类乡村旅游公共服务主要涉及社区范围内的基础设施，与乡村旅游产业链的核心企业及上游企业关联度更为密切，从企业问卷的结果分析，供给意愿均值核心企业最高，上游企业基本次之，如表6-15中，因此，在选择合作企业时,可以考虑以核心企业和上游企业为主。

4.主要激励性规制与方式

由于这类乡村旅游公共服务投入资金要求相对较高,并且运营和维护成本相对较大,横向比较,这类公共服务企业供给意愿和能力均较弱,因此需要政府采取较强的激励方式激发企业的积极性。主要方式可采用产权激励和联合回报率激励。

(1)产权激励

在遵守政府的投入、收益、资产增值、经营模式等方面的限制性契约条款基础上,赋予企业剩余索取权、剩余控制权、收益分享权、无形资产受益权等。但这一方式的前提条件是进一步界定乡村旅游公共服务的产权。对于这一类的乡村旅游公共设施与服务,都可以打包让企业一并建设和维护管理,如乡村旅游公共厕所,政府只要制定设施建设标准、服务标准,并保证如厕免费前提下,允许企业进行多样化经营,让企业获得剩余索取权和收益。这种模式在国外有非常成功的案例,即德国的汉斯瓦尔公司1990年拍得全柏林公厕经营权,并向政府承诺免费提供服务,但同时获得厕所外墙广告的经营权,成为其平衡支出以及获取收入的最大来源。

(2)联合回报率激励

考虑到当前乡村旅游产业链中的核心企业和上游企业以中小微型企业为主,经营能力有限,可以选择以回报率激励为主的方法,确保企业有利可图。

(二)收费产品类

1.属性特征

收费产品类从社会产品的属性划分,类似于私人产品,虽不同于私人产品付费即可取得的所有权属性,但消费者能够拥有其使用权,并同样具有排斥他人消费的特性。这类物品在特定的时空条件下只能为某一特定的主体所使用,消费具有对抗性[268]。最典型的特征是该类产品具有可排他性和竞争性,当别人增加一单位对该产品的消费将减少他人对该产品的一单位的消费[269]。从共享性上说,收费产品类与部分准公共产品具有一致性,即具有排他性,别人无法同时消费它。并且,其利益具有外溢性,收费产品类所提供的利益一部分由所有者享有,是可分的;另一部分可由所有者以外的人享有,具有不可分性[270]。在乡村旅游公共服务中,消费者所拥有的享受机会及其结果具有平等性,但由于公共服务的边际效益递减以及政府的失灵现象[271]，需对该类公共服务进行成本补偿，从而收费产品类的出现能够保证基本的社会福利，不出现过度拥挤现象。

2. 主要内容

乡村旅游公共服务中主要涉及乡村旅游观光巴士/旅游专线车、停车场建设、自驾车旅游营地、旅游保险、社区水电供应、社区通信、社区金融服务等涉及社区内外的基础配套设施的建设，其中有相当一部分内容属于基础性公共服务。

3. 可选择的合作企业

理论上收费产品类乡村旅游公共服务只要放开市场准入，就会有企业进行供给。但调查发现，企业对这类公共服务供给意愿不高。原因是：对于上游、核心、下游企业，主要问题是供给能力不足；而对于外围企业，是由于政府政策不明朗，缺乏引导和组织，企业对投资收益没有信心。这类公共服务供给意愿最强的还是核心企业和上游企业，特别是对于停车场、旅游营地等旅游交通公共服务来说；但基础性的公共服务供给还是需要配套企业专业化的供给。因此，这类公共服务政府合作企业在于核心企业、配套企业和上游企业。

4. 主要激励性规制与方式

由于核心企业、上游企业与配套企业在提供乡村旅游公共服务时有一定的内在动力的差异，因此，激励方式也需要差异对待。可灵活采用特许经营、价格上限、凭单制、产权激励等多种手段，既鼓励企业供给、保障其投资收益，又要防止垄断、企业逐利等侵害旅游者利益。

(1)价格上限

对于收费类公共服务项目，价格上限是十分有效的方式。如对于乡村自驾车营地建设，政府可以规定价格上限，并明确其要提供的服务以及质量要求，企业在履行契约的前提下，通过成本控制或运营效率的提升，获得最大的盈利。对于乡村旅游停车场的收费，也可以根据不同车型制定停车价格上限，政府根据实际情况进行一定的补贴。

(2)特许投标

针对目前乡村旅游公共服务建设投资压力大的现状，可主要采用BOT协议方式，但需要注意以下问题：一是要设置放开准入条件，引入竞争；二是明确详细内容，如规模、时间、履约标准、项目收入的性质和范围；三是整个过程要确保透明度高，招标和选标程序明确。为了做到客观公正，政府可以委托第三方进行招投标，要将合同签订过程作为一种竞争压力，使企业自主提高供给效率。

(3)凭单制

凭单制使用的前提是存在多个供应主体竞争的可能,以及消费者有选择的能力,它是从消费者角度,通过强化其选择权而巧妙植入市场竞争机制,凭单制可以是公平导向、效率导向,或公平与效率兼顾导向。

在乡村旅游公共服务中的应用就是根据实际需要,针对特定的公共服务内容、特定的消费者群体进行。如乡村旅游消费券,可以通过激励消费,使被规制者充分发挥规模经济效益,有效降低经营成本,获得稳定的收益。但消费券的发放必须具有针对性,这样才能达到预期的效果。如浙江省长兴县曾经通过旅行社有针对性地向外省市游客发展旅游消费券,其中在被认定挂牌的农家乐可以使用,促进当地农家乐的消费。此外,也可以向弱势群体,如退休老人发放乡村旅游乘车券,方便其乡村度假时对周边地区的游玩。

(三)纯公共产品类

1. 属性特征

非排他性是指一个人在消费这类产品时,无法排除他人也同时消费这类产品。非竞争性是指增加一个消费者不会减少任何一个人对该产品的消费数量和质量,其他人消费该产品的额外成本为零,即增加消费者的边际成本为零。

纯公共产品类是指使用和消费上不具有个人排他性的物品,具有完全的非排他性、非竞争性及非可分割性,且不能确定价格,公益性更为明显。一般而言,纯公共产品类初始投资较大,但后续经营投入少,具有较大的规模效应,同时公益性更为明显,面向集体内所有人提供[272]。这类公共产品所提供的是社会最基本的和最重要的公共资源,数量较大,范围比较稳定[273],但消费者偏好相差较小,收益比较均匀,通常不用付费,而是由政府通过无偿征税来提供[274]。

2. 内容、选择合作企业、主要规制性激励与方式

就乡村旅游而言,纯公共产品类公共服务包含内容复杂,企业的供给能力和意愿差异性较大。具体可分为:

（1）专业技术支撑公共服务

对于旅游资讯网站、旅游资讯服务电话、手机短信平台、乡村旅游资源规划编制等需要以专业技术作为支撑进行供给的，政府可以通过合同外包的形式，购买企业提供的专业服务，免费提供给旅游者。这类公共服务应该选择专业性的配套企业合作，如当前随着智慧乡村旅游建设的加快，迫切需要专业企业承担这类公共服务的供给。同时，考虑配套企业供给乡村旅游公共服务是以经济为重要动力，需要选择类似产权激励这样的强激励的方式；对于乡村旅游发展规划等编制服务，则可以通过招标谈判形式，激励规划编制企业更好地提供服务。

（2）旅游基础配套公共服务

对于旅游标识系统建设、环境及资源保护等可进行产权界定的基础设施建设，也可通过特许招标和产权激励的方式激励企业进行高效供给。调查发现，这类公共服务供给意愿核心企业较强，政府可主要选择核心企业和配套企业为主要合作企业，并根据其不同的需求，灵活选择激励规制方式。对于有些财政投资的公共设施的维护，也可以采用运营维护协议，如对目前乡村社区中一些文体休闲设施进行专业性的维护，提高使用率。

（3）服务性的公共服务

对于志愿者服务、信息资源分享、服务培训和推广营销等服务，调查显示产业链上的企业均有能力和意愿供给，且下游企业意愿最高。政府可以以选择专业能力较强的下游企业为主，通过服务协议的方式，引入竞争机制，激发企业提供优质高效的服务，并采用补贴等方式激励其履行合同。

第八章　乡村旅游公共服务市场化供给对策研究

当乡村旅游发展的制约因素从单纯的资源约束转向需求约束为主，而目前我国乡村旅游产品结构、产品质量和产品种类又不能很好地符合市场需求时，这两者之间的矛盾便给乡村旅游整体效益提升和农民收益的持续增长带来困惑，突破方式之一就是通过发展乡村旅游公共服务来全面提升乡村旅游的品质与效率。由于利益纽带的存在，基于产业链的乡村旅游公共服务市场化供给是可以依靠的路径，但当前推进仍然面临较大的困难与阻力，主要原因在于：第一，乡村旅游产业链发育不够健全，政府在选择购买时常常面临无利益相关性企业可选的窘境，或者因利益相关企业有限，不能形成竞争关系；第二，当前从事乡村旅游的相关企业组织化、专业化程度较低，自身管理水平不高，提供公共服务意识和能力不足，或不能达到政府预期的目的与要求；第三，契约精神不定，无论企业还是政府契约精神存在不妥。因此，政府一方面要加大乡村旅游产业链的培育，另一方面要加快职能转变，创新社会治理方法。

第一节　大力培育乡村旅游产业链

乡村旅游产业链即是以乡村旅游核心企业为基础，承担为游客提供不同休闲需求的价值创造功能的相互内在联系的产业共生体，通过信息流、客源流、物质流，形成一种具有内在相互联系（互补、竞争、协作等）的企业集合。我国乡村旅游发展虽然已有二三十年历史，但产业成熟度明显滞后于产业发展规模，乡村旅游发展对政府、政策、行政的依赖性较强，市场化程度偏低，还没有形成成熟的产业链。

一、乡村旅游产业链现状

分析我国乡村旅游产业链现状，主要问题表现在以下几个方面。

（一）产业链既短又窄

乡村旅游产业链长度是指链条起点到终点的环节的多少，宽度则是各环节横向产品和服务的多少，环节越多、产品与服务越丰富，产业链就越成熟。对于产业链短的问题，目前虽然有些乡村旅游发达地区形成产业链雏形，与交通、景区、农产品生产基地、服务用品供给、旅行社等均有一定合作，但相当一部分地区还是以核心企业唱主角，一个农家乐或一个农业园区就是整个乡村旅游产业链，追求大而全，经营者的能力决定其经营的好坏。这种形式在当前具有一定的普遍性，说明乡村旅游专业化分工严重不足，产业链上游的农产品加工、旅游商品化深度开发、服务用品的专业化供给，以及下游的品牌化宣传销售、旅游交通、安全、金融、医疗等专业配套服务等均没有得到有效整合，其主要原因在于产业之间缺乏横向合作，相互之间的融合度低，相关部门合作意识薄弱以及核心企业的能力有限。产业链窄主要表现为各环节提供的产品和服务均较为单一与雷同，可供旅游者多样化选择的内容较少，缺少深度体验和参与性强的旅游产品，其主要原因在于：第一，由于乡村旅游的季节性、附属性、可复制性等特点，经营者缺乏创新动力与能力；第二，整体上缺乏统筹长远的发展思路与规划，差异化引导与发展、规范化的经营与市场维护存在不足；第三，乡村旅游相关投资政策还有待突破，投资多元化存在局限。

（二）产业链易断裂

产业链的顺利运行需要各环节紧密衔接与协调，一旦产生断裂，产业链就不能顺畅运行，信息流、客源流和物质流就不能良性循环。乡村旅游产业链的断裂现象十分明显，原因是当前乡村旅游产业链相关环节孤立存在现象明显，未能与其他相关环节或部门发生紧密的技术经济联系，无法产生协同效应。在我国现行体制下，涉及乡村旅游的管理部门众多，如农业、林业、渔业、商业、交通、旅游、农办、服务业等，而目前乡村旅游发展对政府的依赖性又较强，由于不同的部门管理职责不同，部门之间又缺乏相应的沟通与协调机制，产业链环节的关联度就会受到部门职能边界的制约而容易造成产业链的断裂，制约链条整体效益的发挥。如农办管理农家乐，但在农家乐的宣传推广上能力有限，农业局管理农产品生产基地建设，但对休闲农业和旅游经营活动经验不足，对相关企业指导欠缺。当前很多农家乐还停留在这样的经营模式中，即“吃农家饭、住农家屋、干农家活、享农家乐”等各项活动全包，相关的专业配套服务，如碗筷洗涤、被褥清洗也是自己独立完成，客源则靠口碑，愿者上门，与旅行社等中介企业、专业服务企业等均没有依存关系，各环节没有利益关联、信息流通不畅通，容易导致供给与需求不匹配。

（三）核心环节组织化程度偏低

乡村旅游产业链突出的问题就是组织化程度偏低，重点体现在核心环节的生产组织化程度较低。在以农家乐为特色的乡村旅游发展中，受我国家庭生产经营在农业生产中的主体地位的制约，家庭为主的小生产与旅游大市场的矛盾始终存在；经营者的组织化程度偏低，受生产组织化程度低的影响，大部分农家乐经营户以独立经营为主，规模小、经济实力弱、融资困难大、经营水平差、技术含量低、服务理念缺乏等问题突出。发展农民专业合作经济组织是提高农民组织化程度的重要途径，2007 年 7 月 1 日，《中华人民共和国农民专业合作社法》正式颁布实施，大力推进了专业合作组织的发展，乡村旅游专业合作社也有了一定的发展，但与其他农业生产专业合作社有较大的区别，在合作内容、合作社功能与作用、管理方式等方面均有待于进一步探索与完善。

乡村旅游专业合作社是农村地区的广大农民按照合作社的原则和规章制度，自愿联合组织、实行民主管理、以开展旅游接待服务为主业，通过发展乡村旅游共同分享收益的新型经济组织。有利于提高乡村旅游的产品质量和服务质量，实现乡村旅游产业要素的集聚和乡村旅游产业规模的发展[275]。但与一般的农民合作经济组织相比，乡村旅游专业合作社发育时间明显较短，其组织结构、运作方式还很不规范。目前大部分的乡村旅游专业合作社组织形式较为松散，运作资金缺乏，自我发展能力受限；内部管理不够规范，稳定性差，运作机制普遍不够健全；从业人员的总体素质偏低及其固有的“小农意识”导致乡村旅游专业合作社发展面临困境[276]。未来乡村旅游专业合作社应在合作内容、合作社功能与作用、管理方式等方面进行进一步的探索与完善。

（四）利益协调机制不健全

乡村旅游产业链上分布着多元经济主体，各经济主体应该公平合理地分享产业链利益，产业链才能健康发展。但是，目前乡村旅游产业链极不成熟，不论在理论上还是实践中，对于谁是链核企业的界定还存在争议。链核企业一般为产业中具有竞争力、或具有垄断优势的实力企业，但就乡村旅游产业链核而言，一些学者认为掌握市场和定价权的应该是链核企业，那么担负着旅游组织协调工作和掌握客源信息的旅行社或旅游运营平台等中介机构就是乡村旅游的链核企业，但现实是，由于当前乡村旅游产品低端，消费水平较低下，旅行社的盈利空间有限，一些旅行社并不十分愿意在乡村旅游市场开拓上花太大的精力；而目前一些旅游运营平台，虽然有客源和预定等线上优势，但对于实现旅游者从客源地到乡村旅游地的空间移动方面能力有限。而对于经营着乡村旅游吸引物的核心企业，则大部分组织化程度低，旅游经营专业知识有限，无法承担龙头企业的重任，利益协调更无从谈起。

应当承认，随着大资本介入乡村旅游的开发，一些地区乡村旅游龙头企业显现，"企业＋农户"的发展模式快速发展，对于提升乡村旅游的品质起到了积极作用。但由于一些外来的龙头企业在资金、经营能力等方面具有较大的优势，而农户经营分散、规模小、专业化程度低，以及买方市场结构和信息的不对称，龙头企业掌握着实际的定价权。有时，企业为了自身的利益，通过压价等方式导致农户利益受损，而农户则会主动违约，导致龙头企业受损，这也是当前外来企业介入的乡村旅游发展中所存在的主要利益问题。因此，需要构建一个既具有约束效用、又具有激励作用的利益协调机制，实现利益共享、风险共担。

(五)产业链风险叠加明显

乡村旅游发展以农业、农村、农民为依托，所以它既要承担来自农业生产的风险，包括农业生产的自然风险、质量风险等，又要承担来自旅游市场的风险，同时，还要面临由于产业链联系不紧密带来的运行风险以及政策风险等。乡村旅游中大量的采摘活动就与农业生产风险有着密切的关系，果实产量的多少、品质的好坏直接与自然环境和气候状况有着密切关系，低温冻害、干旱洪涝等都会对农作物产量带来严重影响。同时，旅游消费虽然成为常态，但旅游市场依然要受到来自经济、社会、文化、自然等各种因素的影响，如节假制度、回归家庭、自然灾害等都会让乡村旅游市场产生数量、构成、时空分布等方面的波动。乡村旅游产业链的风险包括：产业链联系不紧密或断裂现象的存在，带来信息脱节、供应短缺、人流不畅等问题，影响乡村旅游地的整体形象，也会影响一些时令活动的开展；乡村旅游开发中也存在一些政策不明朗现象，给经营者带来风险，如农家乐消防问题长期以来困惑着农家乐住宿业的发展，给经营者带来很大的不确定性，特别是对于外来投资者，投资规模相对较大，有一些就因为消防问题而遭停业整顿；对于乡村旅游采摘基地的建设，政府不仅要对农产品的生产进行补贴、配套农田基本设施建设等，还必须在农产品营销推广、加工等环节进行支持，不然一些农户若扩大种植规模，而政府不能同时解决其农产品的销售，包括旅游者采摘推广与营销问题，农户同样会遭受经济损失。

二、乡村旅游产业链培育

我国乡村旅游发展水平总体低下，培育产业链任重而道远，针对以上问题，重点要做好以下几方面工作。

（一）充分认识乡村旅游产业链系统性特征

首先必须充分认识乡村旅游产业链的系统性特征，即乡村旅游产业链应具有整体性、层次性、动态性。整体性指产业链各环节企业是一个有机整体，它们是产业链上的共生单元，通过相互依存、相互制约、相互竞争，在合作中得到发展和优化，实现相互之间的物质交流、能量传导、信息传递，从而促进互惠发展。层次性则指技术越发达、市场经济越成熟，产业链的纵向和横向层次越丰富，主要表现为垂直一体化下产业链向前进入旅游产业的营销和市场反馈环节，向后延伸至乡村旅游资源的规划开发和产品的概念设计，以及横向一体化下产业链上本地资源的整合、城乡资源的整合以及乡村旅游的区域整合[277]。动态性指在经济社会等外界环境的共同作用下，乡村旅游产业链具有螺旋式上升发展的态势，主要原因在于：第一，旅游市场的细分化，旅游产业专业化分工不断细化，各相关旅游节点企业交易程度提高，促进了乡村旅游产业链的提升；第二，产业链的逐步延伸也要求旅游产业深化专业化分工来提高市场交易程度，推动更高级的产业链形成，如此循环往复，乡村旅游产业链得到不断延伸发展[278]。

在需求拉动、土地流转政策逐步推进、技术应用不断加强等大背景下，乡村旅游发展面临良好的机遇，需要充分认识乡村旅游产业链的系统性特征，鼓励创新思维与创新发展，促进乡村旅游产业链的快速成熟与壮大。

（二）打破空间隔阂，推进城乡互动

乡村旅游产业链是一个包含价值链、企业链、供应链和空间链四个维

度的概念，其中空间链是指同一条乡村旅游产业链在不同地区间的分布。在以往的乡村旅游发展中，较多地将目光聚焦在乡村社区，忽视了成熟的乡村旅游产业链空间上应该表现为跨城乡性，即需要地处城乡的各环节企业围绕乡村旅游这一产业纽带，分工协作，才能共同促进乡村旅游发展。

培育乡村旅游产业链，就首先要改变城乡隔阂的传统思维定式，要充分发挥城乡产业的区位优势和不同的条件，形成合理的产业分工体系，实现乡村旅游产业发展的良性互动。因此，一方面要使信息、技术等要素在地处城市的旅游企业中得到重新组合，对乡村旅游发展形成重要的市场信息、品牌推广、技术指导与专业培训等支持；另一方面要促进资本和劳动力要素在乡村空间的优化组合，改善乡村旅游产品结构，提高经营者素质，降低交易成本，获得乡村旅游发展的规模效益。

（三）壮大产业链中核心企业力量

核心企业在产业链中发挥着组织、引导等重要作用，但乡村旅游产业链中的核心企业整体经营能力弱，组织化程度不高，在产业链中很难有效发挥核心引导作用，因此，壮大产业链核心企业的力量十分必要。另一个重要原因是，由于乡村旅游核心企业大部分是来自基层，根植于乡村，对社区居民的公共服务需求了解更为贴切，其提供的公共服务惠民性会得到更好的体现。

1.提高农民的组织化程度

从小农经济到市场经济，从个体经营到专业化经营，首先是要提高农民的素质，这是农民组织化程度提升的前提，其提升的途径之一是要对经营者进行素质教育与专业能力培训，二是要出台积极政策，鼓励具有先进理念、掌握现代技术的年青一代回乡务农，带动农村人口整体素质的提升。

此外，要加快培养和壮大乡村旅游经济合作组织，以经济合作组织提高核心企业的组织化程度以及市场应对能力，更好地发挥核心企业在产业链中的组织调控作用。经济合作组织同专业化的现代企业相比，其能力明显处于弱势。不同于一般企业，虽然也是经济组织，但相对较为松散，其目的在于为其成员服务，规模相对较小，覆盖面比较窄，运行机制有待完善[279]。因此，需要通过积极探索土地股份合作制的有效实现形式，在土地所有权、承包权、经营权“三权分离”的基础上，推动农业产业向高素质劳动力集中并实现规模经营，激发农业经营者对高新技术的内在需求，提升村集体同城市企业的博弈能力，并通过社会保障功能的社会化，促进农村剩余劳动力向二、三产业转移[280]。

2. 壮大龙头企业

龙头企业是乡村旅游产业链培育的重要主体，对于带动乡村旅游产业链的成长具有重要作用。龙头企业主要产生于两个渠道，一是外来企业，随着土地流转工作的快速推进，未来工商资本投资乡村旅游将会日益增多，二是本地农业企业，随着农业现代化发展，经营者开始从事休闲农业。

壮大培育龙头企业，首先加大品牌企业培育力度，通过品牌培育，增加核心企业在市场中的影响力，增强其在产业链中的话语权。其次通过降低门槛，实行财税优惠政策、专业帮扶指导等方式促进企业发展与成长，提高企业的专业化程度。尤其是对于原农业企业，在传统农业向休闲农业发展中会面临巨大的困惑与挑战，政府需要做好细致的跟踪服务，及时协调解决其转型过程中遇到的困难。

(四)完善产业链运行机制

产业链的运行机制涉及利益分配机制、风险共担机制、竞争谈判机制、信用契约机制、沟通协调机制、监督激励机制六种，其中信用契约机制是基础，利益分配机制是核心，风险共担机制是保证[281]。结合乡村旅游的实际，乡村旅游产业链运行机制指各环节相互联系、相互作用、相互制约，保障产业链平衡运行、实现产业链功能的运转方式。包括动态发展机制、组织机制、利益协调机制、风险控制机制。

动态发展机制是指乡村旅游产业链形成、发展的机理与过程，以及产业链成长要素之间相互作用、相互制约的关系及功能。产业链的发展主要受制于市场交易程度与社会分工程度，联系到乡村旅游产业链，其成长要素涉及到市场、技术、资本、人才、信息以及管理，其中市场需求是根本，技术、资本和人才是重点，信息是关键，管理是提高效率的重要手段。目前，我国乡村旅游市场需求日益旺盛，但各要素均相对薄弱，因此，迫切需要破解这些成长要素的制约，使其形成良性互动与相互制约功能，促进乡村旅游产业链的发展壮大。

组织机制是指乡村旅游产业链组织的表现形式，以及与各主体之间的联结实现方式，是产业链运行的载体。要使产业链中不同产业部门或不同企业同步协调运行，形成稳定的战略联盟，共同分享利益、共同承担风险，产业链的组织形式和组织工作是至关重要的，组织中的各参与主体链接的状况将会直接影响各个产业链的运行效率和利益。但由于缺少在产业链中发展龙头作用的核心企业，乡村旅游各主体之间较难形成稳定的战略联盟。

利益协调机制是指乡村旅游产业链各主体之间在利益方面的相互联系、相互制约的关系，以及通过利益诉求—利益分配—利益协调实现产业链利益和谐的过程，是产业链各主体形成战略联盟的基础。在乡村旅游发展中，由于各主体利益诉求存在显著差异，容易引发利益冲突，利益协调显得尤为重要。当前的主要问题是：社区参与程度不高，社区不能充分享受到乡村旅游发展带来的利益；利益主体之间沟通渠道不畅，不能及时了解相关信息并及时做出利益分配的调整；利益补偿标准不统一或不清晰，无论是主观还是客观原因，标准模糊导致协调依据不足；乡村社会组织发育不充分，无法与外来企业进行对等谈判。这些问题与缺陷限制了各主体间的利益协调，需要通过转变政府职能、鼓励社区参与、畅通利益表达渠道、明确利益分配方案、完善利益协调监督机制等来确保利益协调的顺利进行。

风险控制机制是指识别乡村旅游产业链上的各种风险，分析其形成机理，并由此确定风险控制手段的过程。产业链中应有预警机制，并在组织成员中实现利益共享、风险共担的机制。对于浙江省沿海乡村旅游地，夏天受台风影响较多，因此，对台风这一风险的存在应有充分的认识，并做好各种应急预案。各环节企业应该加强合作，及时传播信息，减少利益损失，若由于突发原因无法进行某项乡村旅游活动，应在第一时间告知客源组织者，而客源组织者也应有多套预备活动方案，供游客进行其他选择。

第二节　完善政策体系与加快职能转变

能否真正使市场在资源配置中起决定性作用，除了取决于政府发挥什么样的作用外，还取决于政府如何发挥作用[282]。对于基于产业链的乡村旅游公共服务的市场化供给，政府的重要职责就是要从乡村旅游发展的实际出发，充分利用乡村旅游产业链各环节企业之间的利益相关性，通过完善政府机构管理、设置合理的制度，激发企业提供乡村旅游公共服务。

一、完善政府机构与政策体系

（一）政府机构

政府政策体系与服务职能本身是乡村旅游公共服务的组成部分，其好坏不仅影响市场化供给的效率，也直接反映政府自身公共行政服务的能力与水平。乡村旅游系统的复杂性决定了其公共服务涉及领域广泛、部门多样，要促进乡村旅游的协调发展，必须完善政府组织机构，履行政府应承担的职能，这样才能更好地发挥政府的作用，提高公共服务的效率。世界各国的经验充分证明，只有完善政府组织机构和政策体系，才能促进乡村旅游持续发展。如法国早在1988年便成立了隶属国会农业委员会的农业观光服务处，作为推广农业旅游的中央机构。该机构拥有行政权力，与国家农业咨询委员会等密切合作，开展多方面的推动乡村旅游的服务性工作[283]。英国为促进乡村旅游的发展，从发展战略层面对乡村旅游进行政策扶持，制定法律法规，重要的有《土地基本开发法》《国家公园与乡村亲近法案》《土地替代性使用与农村经济计划法案》《亲近乡村法案》等[284]，并不断完善乡村公共基础设施建设，给予必要的资金支持，制定相应的评价、监督、检查和评估标准，以促进乡村旅游的可持续发展[285]。

（二）政策体系

为解决乡村旅游发展中基础设施滞后、公共服务不足，以及用地难、信贷难等突出问题，政府应加快制定相关政策，促进乡村旅游持续健康发展。

1. 土地及融资政策

土地与融资是当前乡村旅游发展中遇到的最大难题。虽然自十七届三中全会以来，农地承包经营权的流转在各地相继推进，但并没有出现快速繁荣景象，其原因之一就在于承包经营权流转的交易成本过高，包括因人均耕地少可能带来的交易收益低于交易成本，供求双方信息搜索成本、谈判成本以及执行成本过高等，因此，要在国家政策的大框架下，积极探索创新，推进农地流转。

早在2014年初，浙江省嘉善县作为全国首个县域科学发展示范点，开始对农村宅基地县域流转、农村土地承包权转让和置换、农村产权制度改革以及农村集体经营性建设用地制度改革进行试点，即允许建立农村宅基地在县域行政区域范围置换、有偿使用、有偿退出机制，稳步推进农民住房财产权抵押、担保、转让试点，并全面实施宅基地确权登记颁证，进一步完善宅基地管理；允许以农村二轮承包为基础，开展农村土地承包关系长久不变的体制改革，组建农村土地股份合作社，开展土地所有权、承包权和经营权相分离的改革，实现承包权可抵押、担保，同时，探索开展农村土地承包权转让和置换试点；规范县农村产权交易中心，完善县镇村三级联动的农村产权市场交易运行机制，建立农村产权市场评估体系，制定完善农村产权抵押融资和交易办法，促进农村各类产权公开、公正、规范流转交易；允许加快推进农村集体经营性建设用地制度改革，在符合规划和用途管制的前提下，开展集体经营性建设用地出让、租赁、入股试点，推进农村集体经营性建设用地入市流转改革。这一改革，不仅使经营户融资难问题得到缓解，而且为工商企业投资农业提供了方便。这一试点中，政府的职能重在建立一个能有效减少农地流转纠纷的监督机构和能快速处理家地流转纠纷的仲裁机构，培养契约精神，建立一个促进家地承包经营权流转的辅助支持系统。

2.税费优惠补贴政策

要加快制定促进乡村旅游公共服务体系建设的相关政策，灵活应用包括提供资金、税收优惠、贷款优惠、用地优惠等各种政府补贴政策，激励企业提供旅游公共服务，着力解决乡村旅游基础设施滞后、公共服务不足、环境卫生落后等重点问题；对于能够促进乡土文化保护与弘扬、乡村生态环境保护的具有公益性的乡村旅游项目进行补贴或税费减免，反之则要加重税费或取消补贴。同时，为保障税费优惠补贴政策落实到位，要制定相应的评价、监督、检查和评估标准，并做到信息公开，操作规范。如鼓励企业在提供公共服务产品时使用环境保护、节能节水、安全生产等专业设备，该设备投资额的10％可从企业当年应纳税额中抵免；对于非物质文化遗产传承人的经营活动，工商、卫生、环保、消防等部门可免收办证费用，并可以提高营业税起征点或减免相关税费，用电价格低于一般商业用电价格，等等。

3.财政投入政策

设立乡村旅游发展资金，用于乡村旅游的规划编制、基础设施建设补贴、品牌宣传与推广、人才培训等，并做到统筹使用经费，避免重复与浪费。国家旅游局已明确要求在中央财政支持下，利用旅游发展基金，撬动各级地方政府旅游专项资金和社会力量投入，着力解决乡村旅游道路、停车场、旅游地厕所、旅游标识建设不足问题。如截止2014年，山东省累计安排3亿元乡村旅游发展专项资金，重点支持山东省乡村旅游业发展，主要用于对乡村旅游经营户进行“改厕改厨”奖励以及对乡村旅游人才培训、宣传促销、重点项目建设等给予扶持，突出打造“美丽乡村”，进一步推动农村发展、农民致富。又如为深化推进“四季鲜果之旅”品牌培育，从2013年起，绍兴市上虞区财政每年安排不少于1800万元的品牌深化培育专项资金，用用“四季鲜果之旅”品牌培育专项策划、规划、设计，基地配套建设，品牌包装营销和接待服务功能提升。

4.人才队伍建设与政策制定

管理者队伍建设。由于乡村旅游是新兴的乡村产业,乡村旅游公共服务更是全新的领域,基层管理者对其也缺乏足够的认识与了解,因此,首先必须加大管理者队伍建设,特别是基层管理人员队伍建设,各级政府可以根据实际需要,对乡镇干部进行必要的专业知识的培训和管理能力的培养,主要培养其乡村旅游经营管理实务、服务公众和服务企业的意识、组织协调能力和对突发事件的处理能力等。

经营人才队伍建设。乡村旅游公共服务的生产和运作均具有一定的专业性,因此专业经营队伍建设也是政府合同外包的前提,无论对于提升企业社会责任,提高供给公共服务的意愿,还是对于提供公共服务的能力均具有十分重要的作用。人才培养包括经营管理知识、服务技术等培训,普及环保知识和乡土文化教育,诚信经营意识教育和契约精神的培养。并通过必要的技术考核与上岗管理、诚信管理来规范经营人员队伍。调查发现,当前农家乐经营者还是以中老年为主,青年人所占比例较小,针对这一现状,要大力提倡"新乡村主义",鼓励有理想的优秀青年去乡村创业。首先要吸引走出去的青年一代回乡创业,他们既熟悉乡村环境,对乡村心存感情,又掌握较高的技术与专业知识,更容易与城市人沟通,要通过各种贷款措施和政策优惠吸引这部分青年人。如我国台湾地区为鼓励年轻人回乡创业而推出第一桶金计划,并专门设有台湾巡回专家辅导团队,以帮扶年轻人;此外,一些乡村也借助"农村再生"计划,通过提供资金支持,吸引年轻人回乡创业。大陆近年来在回乡创业上也积极推行优惠政策,在营造良好的创业环境的同时,对返乡创业人员给予创业担保贷款,并加强创业知识产权保护。其次要鼓励对乡村旅游感兴趣的青年大学生到乡村当村官,借助其丰富的专业知识和管理技能,指导社区农民参与乡村旅游,提升专业技术与服务水平。

志愿者队伍建设。志愿者队伍建设,可包括专业技能志愿者和服务志愿者,前者重在帮助经营户提升经营技能和服务技能,后者主要在乡村旅游旺季提供辅助性旅游服务。如衢州市柯城区消防大队专门组织消防志愿者,联合七里乡政府安全员、村两委人员等,在"农家乐"聚集区开展消防宣传,为"农家乐"经营户送上消防安全套餐;云南省开远市积极组建一支乡村旅游青年志愿者讲解队伍,从事乡村旅游和政务活动的讲解服务工作。

二、加快各级政府职能转变

在激励性规制中，政府的职能与角色需要从生产者、管理者转变为激励者、服务者、监督者与协调者，且不同层次的政府其职能与提供的服务要加以区别，厘清职能边界，明确职责，提升服务效率。总体来说，中央政府是立法或行政机关的管理者，基层政府是通过建立和执行契约对企业进行规制的规制者，省市级政府的职能则是建立规制机构或法庭来贯彻上级机构的立法精神，并监督下级政府的规制规则和权限。

（一）中央政府

对于中央政府，在乡村旅游公共服务激励性规制中应重点承担制定法律法规、发展规划、政策制度与基本配制标准等，并要根据各地实际提出指导性意见的建议。

1. 完善乡村旅游公共服务体系的法制建设

在乡村旅游公共服务体系建设过程中，必须有较为完善的法律法规，用以规范其建设的方向、运行秩序和决策方式，保障其公平性、效率性、规范性与长期性。2013 年 10 月出台的《旅游法》第一次以法律的形式明确了国家发展旅游业、完善旅游公共服务的义务，并明确义务的内容，包括建立健全规则的义务，鼓励、支持和奖励的义务，倡导的义务，资金保障的义务，安全保障的义务；从旅游公共服务体系建设的角度，明确了旅游公共服务的目的就是保障旅游者的权利，鼓励各类市场主体参与旅游公共服务的供给，规范关键旅游公共服务产品，提出构建旅游公共服务体系的机制[286]。《旅游法》为乡村旅游公共服务体系的建设提供了法律依据，但还需要根据乡村旅游的特征，对相关内容进行细化，制定导则，引导下级部门进行实际操作。同时，要进一步完善政府购买公共服务的法律制度，包括政府购买公共服务的种类、程序、管理等方面的详细的规定，规避实际操作中政府人员的寻租行为和承接公共服务的企业的道德风险，加强政府自身在购买公共服务当中的能力建设。总之，通过立法，进一步增加乡村旅游公共服务项目，并通过政府购买的方法加以实施，保障公共服务的供给。

2. 出台相关指导意见与行业标准

乡村旅游特性导致的乡村旅游公共服务需求的特殊性，给公共服务的配置带来难题，既要考虑旅游者、经营者和社区居民的服务需求与利益均衡，季节性波动对需求的影响，也要考虑乡村地区空间位置、资源环境等限制性因素，公共服务配置内容、配置标准都要符合乡村旅游的实际，不能以城区旅游公共服务配置的思维去指导乡村。如旅游服务中心在乡村是否必须都要配置，如何配置及可否共享，配置的标准如何确定；又如乡村旅游公共旅游交通如何选择，停车场是否为必须的公共服务，乡村旅游巴士专线是否应该优先配置，如何鼓励发展乡村旅游公共交通服务；乡村旅游规划应该包含的基本内容是什么，生态保护、安全红线是否应该是必须的基本内容，对于需求波动性较大的公共服务是否可以采用临时性设施和服务。总之，乡村旅游公共服务有许多现实性的问题，中央政府应当尽快出台针对性的乡村旅游公共服务配置内容、设置标准、设置的形式等指导性意见，避免不适当的过度建设，提高公共服务的效率。

3. 统筹协调，优化机制

针对当前乡村旅游公共服务体系建设存在多头管理、区域壁垒等问题，要在协调机制、统筹建设上提出指导性方案，建立跨部门、跨区域的交流合作机制，促进公共资源的共享与公共财政资源的合理分配。

在当前的最美乡村建设中，各部门都将乡村作为投入的重点，特别是一些被列为示范村（点）的乡村更是受到政府资金的青睐，各部门、各渠道、各层次的专项资金源源不断，不排除重复包装与申请。因此，需要规范政府资金的使用，建立公开的信息平台，工作程序更加规范与透明，引入监督机制，避免重复配置，更好地体现政府在公共设施配置上的公平性。

此外，当前要重点探索与解决的是土地与资金两大要素，加快探索具有规制性激励效益的用地政策和金融政策；明确乡村社区旅游公共服务类型，制定开放准入的指导性意见，让更多的企业知道乡村旅游公共服务建设内容，并加入到公共服务的供给中来。

（二）省市级政府

省市级政府具有承上启下的作用，既要根据上级相关政策与指导意见，结合本地区实际，制定地方性乡村旅游公共服务的政策、规划、标准等，又要对下级政府实行监督与指导。

1. 制定符合地方需求的乡村旅游公共服务体系建设方针政策

我国各地乡村经济社会文化发展差异性较大，自然环境条件不一，各省市级政府要在国家基本法律和政策的总框架下，根据本地区乡村旅游发展的基础、阶段、目标等，对区域内乡村旅游公共服务体系建设提出更为具体的意见和建议，通过规划统筹考虑乡村旅游公共服务体系建设，通过政策积极引导乡村旅游公共服务的建设，对基层政府工作的开展起到具体的指导作用。

2. 积极探索出台适合本地区的相关指导性意见

根据实际需求，进一步细化乡村旅游公共服务相关政策，鼓励基层政府进行改革试点，提出具体的指导性的意见与建议。乡村旅游公共服务市场化供给涉及内容多，并有它的特殊性，在市场化供给过程中有许多实际问题需要探索，如乡村旅游公共服务相关的土地政策与金融政策，不同类型乡村旅游公共服务的产权界定，公共服务市场化供给的开放准入要求，政府采购的具体程序，契约中约束条件的内容及界定，相关乡村旅游公共服务的价格上限的确定，等，均应该进行认真的调查与思考，为基层政府工作开展提供依据。

3. 规范操作程序，提高服务效率

统筹协调本地区事务，分配财政资金，更好地营造公平、公正的氛围，推进乡村旅游公共服务公平化。促进各部门信息公开、传播畅通，完善监督管理制度；进一步简政放权，深化行政审批制度改革，优化审批流程、压缩审批时限、提高审批效率。

（三）县（区、市）、乡镇基层政府

县（区、市）、乡镇政府作为直接面对基层的地方政府，是各种制度政策落实过程中的践行者与探索者，在激励性规制中，除了要承担执行上级指令以外，更重要的是对企业做好服务工作。特别是乡镇基层政府，要在上级政府统筹协调、制度配套、加大财政转移支付的基础上，加快机构改革、职能创新，使基层政府快速实现由管制型政府向服务型政府转变。

1. 制定乡村旅游公共服务体系建设方案

基层政府要根据乡村旅游发展的需要，成立专门的乡村旅游管理机构，编制乡村旅游发展规划，合理配置旅游公共服务。要确定公共服务的供给内容、供给规模，供给方式等。

2. 做好服务工作，协调利益矛盾

（1）信息公开，行政透明

及时发布与更新乡村旅游公共服务建设项目的信息；制定具体的招商引资政策，细化激励政策；规范招标程序，接受公众监督，选择合适的外包企业，做到信息公开畅通，招标过程公正透明。

(2)提供跟踪服务,及时解决难题

对签约企业进行跟踪服务,协调其与相关部门的关系,帮助企业解决在生产建设、经营维护过程中出现的各种问题。

(3)监督引导,诚信服务

一方面,要严密监督企业履行合同条款的情况,并设置退出和淘汰机制,保证公共服务供给绩效和公共目标的实现;另一方面,政府也要诚信服务,要严格履行契约,避免因人事变动、部门调整等因素引起波动与变化,给企业一个稳定的投资经营环境。

3. 大胆创新乡村旅游公共服务的新形式

作为基层政府,要敢于对乡村旅游公共服务的形式进行大胆创新。要充分尊重乡村旅游公共服务季节性、受益局限性等特点,依据本地区乡村旅游发展的特征,积极探索适合实际的乡村旅游公共服务体系建设,提高供给效率。

第一,将一些固定设施转化为流动设施,如旅游公厕、垃圾箱、安全设施等,均可以根据需要,在乡村旅游旺季进行安置。不同乡村有不同的采摘季节和不同的节庆活动,这些完全可以流动使用。

第二,将必须配套的设施转化为共享设施,如乡村旅游社区的游客中心建设,即可以考虑与其他的公共服务功能融合,形成综合公共服务中心,也可以考虑几个乡村旅游社区统一在交通便利处和用地条件较好的地点建游客服务中心,特别对于保护要求较高的古村落、用地紧张的乡村,均可采用这种方式,有意识地引导集聚化发展,并实现公共服务的共享。

第九章　研究结论与展望

第一节　研究结论

发展旅游公共服务是我国旅游业转型升级和建设世界旅游强国的必然选择，提高乡村旅游公共服务水平则是提升乡村旅游产业素质、促进可持续发展的必要前提。长期以来，政府被认为是乡村旅游公共服务供给的主导力量，其他主体被边缘化，没有得到应有的重视，但随着乡村旅游公共服务需求的日益增长以及政府职能的转变，市场化供给将是乡村旅游公共服务供给的重要途径。本研究是对基于产业链的乡村旅游公共服务市场化供给模式的探讨，希望为乡村旅游公共服务市场化供给提供一种路径以及相应的理论依据。研究主要得出以下结论。

结论一：当前乡村旅游公共服务的供需现状及其暴露出来的问题，迫切需要创新供给模式，市场化供给是必由之路。政府主导的单一模式供给能力不足，无论数量、种类还是质量上都已无法满足公众对乡村旅游公共产品和服务的多元化的需求，并且容易与大众需求产生脱节；市场化供给模式的低成本、高效率能有效弥补其缺陷。

结论二：市场化供给模式中，基于产业链的模式是较为有效的路径。以利益为纽带促进企业之间合作，具有长效性，能够避免公共服务供给中的短期行为；建立乡村旅游产业链，促进产业融合，增强企业间的联系，可以更大程度实现资源共享，促进价值提升，形成规模效应，从而为乡村旅游公共服务市场化供给创造良好的环境和条件；乡村旅游公共服务的内容丰富多样，集聚在乡村旅游产业链上的不同企业可以根据自身的实际情况与供给能力，为乡村旅游提供相应的公共服务。

结论三：产业链企业对乡村旅游公共服务供给均有较大的意愿，但在实际提供中则受到多种因素的影响，并且产业链不同环节中的企业对影响因素敏感性存在差异。研究表明，市场化供给主要受内在动力、障碍因素和政府激励三大方面的影响，其中内在动力因子主要包括提升企业软实力、获得经济利益，障碍因素因子主要包括自身观念、供给能力和制度环境，政府激励因子则主要包括经济补偿、运营支持和政府服务；但不同类型企业对因子的敏感程度不同，上游、核心、下游企业最大的内在动力是提升软实力，最大的障碍因素是供给能力不足，配套企业的内在动力和障碍因素则分别是获得经济利益和制度环境；对于政府激励，除经济补偿四大类企业高度一致外，上游和核心企业对运营支持敏感，而下游和配套企业对政府服务敏感。

结论四：政府采取激励性规制可以有效控制企业的供给行为，使得市场化供给更为高效。市场能够在资源配置中发挥什么作用，取决于政府如何发挥引导作用。由于当前我国乡村旅游产业链总体不成熟，政府对乡村旅游公共服务市场化供给的引导不可或缺。激励性规制重在通过引入竞争和提供正面诱因设计规制方案，能给受规制企业以更多的自主选择权，从而达到提高受规制企业公共服务生产效率的目的，因此在乡村旅游公共服务市场化供给中，政府采用激励性规制可以更好地影响乡村旅游公共服务配置的方向、结构和效率。

结论五：完善政策体系和转变政府职能是促进市场化供给的重要前提。基于当前乡村旅游产业链发育不够健全的客观实际，政府首先要大力培育乡村旅游产业链；充分利用乡村旅游产业链各环节企业之间的利益相关性，通过完善政府机构管理、加快职能转变、设置合理的制度与对策，激发企业提供乡村旅游公共服务。

第二节　研究不足与展望

一、研究不足

研究过程中遇到的困难及其带来的不足。由于我国旅游公共服务发展处于初级阶段，对旅游公共服务市场化供给问题，特别是乡村旅游公共服务市场化供给问题的研究尚处于探索阶段；同时，由于国内外旅游发展模式的不同，对旅游公共服务认知与研究存在差异，这导致本研究可借鉴的国内外相关文献较为有限，对乡村旅游公共服务内涵、体系等针对性研究存在缺陷。在实际调研中，由于受访者对乡村旅游公共服务缺乏理解，尽管采取访谈式问卷，尽量做到一一解答，但对于一些上了年纪的相关企业、乡村旅游经营者和乡村社区居民来说，对问题的理解还是存在一定的偏差；同时也正是因为不理解乡村旅游公共服务，许多受访者拒绝做问卷，导致企业、经营者和社区居民样本数量相对较少。

研究方法的局限带来的不足。本研究只是对乡村旅游公共服务市场化供给的共性研究和理论性研究，而实际上，我国乡村旅游实践丰富，发展阶段各不相同，消费者层次存在多样性，对乡村旅游公共服务的需求存在较大的差异，分类、分阶段研究，或结合案例的研究，其结论可能更具有价值和可操作性；同时，由于各种原因，问卷调查的时间主要集中在乡村旅游旺季，对潜在旅游者的问卷中青年人比例偏多，导致样本抽样存在一定缺陷，影响了分析的精确度；分析方式也较为简单，主要采用因子分析法研究影响企业市场化供给的主要因子，缺乏对因子之间的相关性研究，因此，也不能对其内在的逻辑关系做出合理的解释。

二、研究展望

乡村旅游公共服务已受到高度关注，对乡村旅游公共服务的研究也将成为学术热点。从本研究出发，可进一步探索乡村旅游公共服务市场化供给影响因子的相关性；分类、分层、分阶段探讨相关的影响因子，为针对性的激励性规制与政策制定提供依据；也可从激励性规制研究出发，研究不同类型激励性规制的相关理论、方法以及在乡村旅游公共服务市场化供给中的应用价值。从延伸研究出发，未来值得关注的问题是乡村旅游公共服务供给效率问题，要建立科学的绩效评价体系，对多元化供给模式进行测评，促进供给效率的提升。

后　记

在研究成果即将正式出版之际，笔者心情忐忑，但充满感激。对乡村旅游公共服务市场化供给的研究对自己来说是一个挑战，但幸运的是，在本研究过程中，国家和各级政府部门对乡村旅游日益关注，特别是将乡村旅游公共服务提到重要的位置，这给予我莫大的鼓励，使我坚信研究有益于乡村旅游和乡村经济的发展。同时，在研究过程中笔者得到了众多人士的无私帮助，使研究成果最终得以完成。在此笔者要特别致谢浙江省农业和农村工作办公室邵峰副主任，浙江省农家乐休闲旅游工作联席会议办公室费建庆调研员，浙江省旅游局规划发展处李剑锋副处长，浙江旅游科学研究院娄庆典院长、陈凯院长助理，他们给予了我诸多建设性的意见与建议；感谢衢州市旅游局市场开发处祝天生以及相关酒店、旅行社负责人与乡村干部，桐庐县合村乡人民政府孔建，驴妈妈旅游网李丹总经理及相关工作人员，嘉兴湘城旅游发展有限公司朱建华总经理，浙江国际旅游集团公司江焰董事长，杭州格文数字技术有限公司马利刚总经理，壹联盟旅业CEO林荣斌先生，他们协助我完成大量的资料收集、实地考察与问卷调研；感谢我的小伙伴陈洁、秦勤、刘慧洁、邹巍、许晓晓、刘姗姗等，他们帮助我完成了资料与文献的收集与整理、问卷的实施与统计；感谢浙江工商大学出版社鲍观明社长、郑建主任，他们为本研究成果的顺利出版付出了辛勤努力；最后要感谢我的家人，感谢父母给予我坚韧不屈的性格，感谢两位姐姐给予我生活上的关照，感谢先生给予我有价值的建议以及实地考察中的陪伴，感谢女儿以90后的思维与方式激发我研究的灵感。

谨以此书献给帮助过我和热爱乡村旅游的人们！

参考文献

[1] 徐云松,詹兆宗.旅游公共服务体系建设促杭州转型升级[J].旅游学刊,2012,27(2):11-12.

[2] 马波.开发关中地区乡村旅游的构想[J].国土开发与整治,1995,5(2):59-64.

[3] 张树民.乡村游推动农村产业升级[N].光明日报,2012-107-26(16).

[4] GRONAV W, KAGERMEIER A. Key factors for successful leisure and tourism public transport provision[J]. Journal of Transport Geography ,2007,15(2):127-135.

[5] PRIDEAUX B. The role of the transport system in destination development[J]. Tourism Management,2000,21(1):53-63.

[6] Khadaroo, Seetanah. Transport infrastructure and tourism development [J]. Annals of Tourism Research,2007,34(4):1021-1032.

[7] THOMPSON K, PSON K, SEHOFIELD P. An investigation of the relationship between public transport performance and destination satisfaction[J]. Journal of Transport Geography, 2007, 15(2): 136-144.

[8] FRADE I, RIBEIRO A. Bicycle sharing systems demand[J]. Procedia－Social and Behavioral Sciences,2014(111):518-527.

[9] ROMAN M, ROMAN M. Bicycle Transport as an Opportunity to Develop Urban Tourism-Warsaw Example[J]. Procedia-Social and Behavioral Sciences ,2014(151):295-301.

[10] BUHALIS D, LAW R. Progress in Information Technology and Tourism Management: 20 years on and 10 years after the Internet-The state of eTourism research[J]. Tourism Management,2008,29(4):609-623.

[11] Xiang Z, WOBER K, FESENMAIER DR. Representation of the on-

line tourism domain in search engines[J]. Journal of Tuavel Research, 2008,47 (2), 137-150.

[12] SPRROW B, Liu J, WEGNER DM. Google effects on memory: cognitive consequences of having information at our fingertips[J]. Science,2011,333 (6043), 776-778.

[13] Xiang Z, Gretzel U. Role of social media in online travel information search[J]. Tourism Management. 2010,31 (2): 179-188.

[14] Wang D, PARK S, FESENNAIER DR. The role of smartphones in mediating the touristic experience[J]. Journal of Travel Research, 2012,51 (4):371-387.

[15] Zheng xiang, VINCE NT P, Magnini, et al. Information technology and consumer behavior in travel and tourism: Insights from travel planning using the internet[J]. Journal of Retailing and Consumer Services ,2015(22:)244-249.

[16] HEGGLE T , HEGGIE TM,KLIEWER C. Recreational travel fatalities in US national Park[J]. Journal of Travel Medicine,2008,15 (6):404-411.

[17] MF FLOGAL MF, GIBSON H. The Effect of Risk Perceptions on Intentions to Travel in the Aftermath of September 11, 2001[J]. Journal of Trave& Tourism Marketing, 2004, 15(2): 19-38.

[18] GEORGE. R. Tourist's perceptions of safety and security while visiting Cape Town[J]. Tourism Management,2003,24(5):575-585.

[19] Aris-Anuar, ANN Jaini, KAMARUDIN H, etal. Effectiveness Evaluation of Safe City Programme in Relation to the Tourism Industry[J]. Procedia Engineering, 2011(20):407-414.

[20] HAVER TC, JONES E. Labour market and skills needs of the tourism and related sectors in Wales[J]. International Journal of Tourism Research,2008,10(4):353-363.

[21] Branislav Kršák, Alica Tobisová, Michaela Sehnálková. Education in Information Technology as a tool for tourism development[J]. Procedia－Social and Behavioral Sciences,2014(116):1096-1100.

[22] JOHN R K,VELERLA J. 21st Century Leisure Current Issues(the 2nd Edition)[M]. Pennsylvania : Venture Publishing, Inc. State College,2004:50-58.

[23] CRACOLICI MF, NIJKAMP P. The attractiveness and competitiveness of tourist destinations: A study of Southern Italian regions[J]. Tourism Management,2009,30(3):336-334.
[24] 刘小军.对加强旅游公共服务的思考[J].旅游调研,2007(9):12-13.
[25] 中华人民共和国国家旅游局.中国旅游公共服务“十二五”专项规划[Z]. www. cnta. gov. cn,2011-12-30.
[26] 王信章.旅游公共服务体系与旅游目的地建设[J].旅游学刊,2012,27(1):6-7.
[27] 喻江平.旅游目的地旅游公共服务体系建设研究[D].秦皇岛:燕山大学,2012.
[28] 李爽,黄福才.城市旅游公共服务体系建设之系统思考[J].旅游学刊,2012,27(1):7-9.
[29] 董培海,李伟.关于“旅游公共服务体系”的解读——兼评我国旅游公共服务体系建设[J].旅游研究,2010,2(4):86-90.
[30] 李炳义,梅亮.城市旅游公共服务体系的构建[J].城市发展研究,2013,20(1):98-102.
[31] 王京传,李天元.服务接触:目的地建设旅游公共服务体系的新视角[J].旅游学刊,2012,27(3):7-9.
[32] 谷艳艳.城市旅游公共服务体系构建与质量评价——以上海市为例[D].上海:上海师范大学,2011.
[33] 李晓.苏州旅游公共服务体系构建实证研究——基于游客满意度视角[J].江苏商论,2012(8):118-120.
[34] 王莹,汤星星.旅游公共服务设施游客满意度指数模型构建与实证研究——以杭州市为例[J].北京第二外国语学院学报,2013,35(7):54-62.
[35] 程道品,程瑾鹤,肖婷婷.旅游公共服务体系与旅游目的地满意度的结构关系研究——以桂林国家旅游综合改革试验区为例[J].人文地理,2011(5):111-116.
[36] 王志华,汪明林.旅游景区安全研究[J].焦作大学学报,2007,21(1):63-65.
[37] 钱亚林,李东和,徐波林,等.基于SEM的旅游公共服务满意度模型研究——以黄山风景区为例[J].北京第二外国语学院学报,2014,36(1):63-71.
[38] 何琼峰,李仲广.基于入境游客感知的中国旅游服务质量演进特征和

影响机制[J]. 人文地理,2014(1):154-160.
[39] 徐菊凤,潘悦然. 旅游公共服务的理论认知与实践判断——兼与李爽商榷[J]. 旅游学刊,2014,29(1):27-38.
[40] 郑向敏,卢昌崇. 论我国旅游安全保障体系的构建[J]. 东北财经大学学报,2003(6):16-20.
[41] 谢朝武,周沛. 面向旅游者安全的公共服务体系研究[J]. 华侨大学学报(哲学社会科学版),2011(1):30-38.
[42] 曹辉,林梅. 基于内容分析法的森林公园旅游安全事件研究[J]. 北京林业大学学报(社会科学版),2013,12(3):28-34.
[43] 陈水雄,陈炫,范武波. 休闲农业及其旅游安全特性研究——兼谈海南休闲农业旅游安全保障体系的构建[J]. 生态经济,2013(12):158-161.
[44] 邹永广,郑向敏. 基于突变理论的目的地旅游安全评价研究[J]. 中国安全生产科学技术,2014,10(8):175-181.
[45] 楼文高,王广雷,冯国珍. 旅游安全预警 TOPSIS 评价研究及其应用[J]. 旅游学刊,2013,28(4):66-74.
[46] 李爽,李建中. 城市旅游公共信息服务系统建设——以厦门市为例[J]. 资源开发与市场,2010,26(7):652-654.
[47] 吴泓. 公共旅游信息服务体系构建路径和模式——基于智慧城市视角[J]. 现代经济探讨,2014(9):67-71.
[48] 杨志义. 台湾旅游目的地之公共服务建设[J]. 旅游学刊,2012,27(1):9-10.
[49] 刘加凤. 常州智慧旅游公共服务平台建设研究[J]. 中南林业科技大学学报(社会科学版),2012,6(5):22-24.
[50] 张国丽. 智慧旅游背景下旅游公共信息服务的建设——以浙江为例[J]. 科技经济市场,2012(3):41-44.
[51] 何建民. 旅游公共信息服务网站建设及服务质量标准[J]. 旅游学刊,2012,27(2):7-9.
[52] 朱晖. 论城市公共信息服务平台的建立[J]. 民营科技,2013(6):113.
[53] 李娜. 哈大高铁项目建设对大连市旅游业的影响研究[D]. 大连:辽宁师范大学,2011.
[54] 于秋阳,杨斯涵. 高速铁路对节点城市旅游业发展的影响研究——以西安市为例[J]. 人文地理,2014(5):142-148.
[55] 钱佳,汪德根,牛玉. 城市居民对高速公路免费政策的支持度及出游行

为变化——以苏州市为例[J].旅游学刊,2015,30(4):50-61.
[56] 乔亚静.基于旅游发展的天津站交通枢纽公共服务体系建设研究[J].中国集体经济,2015(36):151-152.
[57] 陈方,戢晓峰,魏雪梅.基于 TOD 策略的旅游新区公共交通系统规划方法——以阳宗海风景区为例[J].人文地理,2013(2):131-135.
[58] 刘锋."民生改善"引领旅游发展方式转变[J].旅游学刊,2010,25(8):9-10.
[59] 赖斌.基于民生视角的民族地区旅游资源开发模式研究[J].西南民族大学学报(人文社会科学版),2015,36(1):150-153.
[60] 鲁明勇.民族地区旅游业民生效应评价——以张家界市为例[J].贵州民族研究,2011(2):87-93.
[61] 崔凤军.民生"八 字""乐" 在其中[J].旅游学刊,2010,25(7):6-7.
[62] 陈平平,吴水田.日本旅游优惠服务措施——兼谈对广东旅游业发展的启示[J].广州大学学报(社会科学版),2003,2(2):89-92.
[63] 林震华,任叶.湖州构筑旅游惠民长效机制[N].中国旅游报,2009-07-29(2).
[64] 叶兴法,林轶男.迎国庆,宁波力推旅游惠民新举措[J].中国旅游报,2011-09-28(23).
[65] 李爽,甘巧林.游客对大型节事活动旅游公共服务感知评价研究——基于第 16 届广州亚运会期间的考察[J].经济地理,2011,31(6):1047-1053.
[66] 王小勤,张宝康.2010 年上海世博会安全保卫探讨[J].上海公安高等专科学校学报,2006,16(6):54-59.
[67] 索宝凤,王华,杨向格.简析旅游志愿者服务体系及其构建[J].重庆科技学院学报(社会科学版),2011(21):94-96.
[68] 迈克尔·博兰尼.自由的逻辑[M].长春:吉林人民出版社,2011.
[69] 埃莉诺·奥斯特罗姆.公共事物的治理之道:集体行动制度的演进[M].上海:上海译文出版社,2012.
[70] 匡林.公私合营国家旅游促销方向[N].中国旅游报,2001-01-22(3).
[71] 安金明.完善旅游公共服务要强调三个融合[J].旅游学刊,2012,27(3):4.
[72] 刘露.多中心治理视角下的旅游公共服务模式探究[J].商业时代,2012(7):101-103.
[73] 邹成成,石长波.旅游公共服务的体系构建研究[J].商业经济,2013

(4):55-57.

[74] 李爽,甘巧林,刘望保.旅游公共服务体系:一个理论框架的构建[J].北京第二外国语学院学报,2010,(5):8-15.

[75] 余斌.旅游公共服务体系建设中的政府职能研究——以广东省旅游局为例[D].广州:华南理工大学,2012.

[76] 钱益春.旅游基础设施融资模式初探[J].特区经济,2006(9):241-242.

[77] 吴国清.跨行政区旅游公共服务一体化提供机制设计[J].商业经济与管理,2014(5):45-50.

[78] 章晳妮.旅游公共服务供给体系研究——对伙伴式运营模式的探讨[D].上海:上海师范大学,2011.

[79] 叶全良,荣浩.旅游公共服务供给制度变迁的路径依赖与创新选择[J].湖南社会科学,2012(2):65-68.

[80] 胡洪彬.台湾旅游公共服务体系及其对大陆的启示[J].台湾研究集刊,2013(5):60-68.

[81] 李爽,甘巧林,尹丹丹,等.广州市旅游公共服务供给现状与路径优化研究[J].热带地理,2010,30(4):430-434.

[82] 徐凌子.黄山市旅游公共服务建设探讨[J].湖州师范学院学报,2014,36(8):88-93.

[83] ES 萨瓦斯.民营化与公私部门的伙伴关系[M].中文版.北京:中国人民大学出版社,2002.

[84] 盖伊·彼得斯.政府未来的治理模式[M].北京,中国人民大学出版社,2001.

[85] 唐纳德·凯特尔.权力共享:公共治理与私人市场[M].北京:北京大学出版社,2009.

[86] 李森.论旅游公共服务及依法监管[J].社科纵横,2010,25(6):81-83.

[87] 李爽,黄福才.旅游公共服务市场化与政府的作用研究[J].资源开发与市场,2011,27(8):728-731.

[88] 李爽,黄福才,钱丽芸.旅游公共服务多元化供给:政府职能定位与模式选择研究[J].旅游学刊,2012,27(2):13-22.

[89] 李爽.旅游公共服务供给机制研究[D].厦门:厦门大学,2008.

[90] 熊元斌,常文娟.旅游公共服务市场化中的政府作为研究[J].生产力研究,2013(1):102-103.

[91] 单新萍,魏小安.乡村旅游发展的公共属性、政府责任与财政支持研究

[J]. 经济与管理研究，2008 (2):64-68.

[92] 黄秀娟. 论乡村旅游公共物品和服务的供给[J]. 福建农林大学学报(哲学社会科学版),2009,12(1):36-39.

[93] 宋娜,郝颜革. 休闲农业公共服务体系的创新动力研究[J]. 调研世界,2009(11):15-16,29.

[94] 徐晓娜. 完善休闲农业公共服务体系发展的路径分析[J]. 经营管理者,2010(2):98.

[95] 郭焕成,韩非. 中国乡村旅游发展综述[J]. 地理科学进展,2010,29(12):1597-1605.

[96] 黄璜. 浙江省发展乡村旅游的经验与启示[J]. 安徽农业科学,2011,39(21):13023-13025.

[97] 宋秋姝,王杜春. 发展北京市乡村旅游的几点建议[J]. 商业经济,2011(10):52-53.

[98] 李俊梅. 乡村旅游地公共服务第三部门供给问题探析[J]. 生态经济(学术版),2012(2):212-214.

[99] 陈香兰,孙惠莲,郭建. 乡村旅游的环保机制建设研究乡村旅游的环保机制建设研究[J]. 安徽农业科学,2012,40(1):251-252.

[100] 王莹,秦勤. 乡村旅游公共服务供需现状与对策研究——基于浙江龙泉"农家乐"特色村的调查[J]. 安徽农业科学,2013,41(19):8220-8222.

[101] 刘云刚,罗启亮. 绿道建设对乡村旅游的影响研究——以广东增城为例[J]. 城市观察,2014(1):67-81.

[102] 保罗. 萨缪尔森,威廉. 诺德豪斯. 经济学[M]. 18 版. 北京:人民邮电出版社,2008.

[103] Samuelson,PAUL A. The Pure Theory of Public Expenditure [J]. Review of Economics and Statistics,1954(36):387-398.

[104] 曼瑟尔・奥尔森. 集体行动的逻辑[M]. 上海:上海三联书店,1995.

[105] 斯蒂格利茨. 经济学[M]. 北京:中国人民大学出版社,1997.

[106] JM 布坎南. 民主财政论——财政制度和个人选择[M]. 北京:商务印书馆,1993.

[107] 乔纳森・H・特纳. 现代西方社会学理论[M]. 天津:天津人民出版社,1988.

[108] 欧文・E・休斯. 公共管理导论[M]. 北京:中国人民大学出版社,2001.

[109] 尼古拉斯·亨利. 公共行政与公共事务[M]. 北京:中国人民大学出版社,2002.

[110] 曹闻民. 论公共服务改革中的政府责任[J]. 中国行政管理,2000(10):40-42.

[111] 汤敏轩, 李习彬. 政府公共服务职能的科学界定[J]. 国家行政学院学报, 2004(5):21-24.

[112] 宿一兵,汤庆熹. 美国公共服务理论对中国农村公共服务改革之启示[J]. 湖南农业大学学报(社会科学版),2005(6):8-10.

[113] 句华. 公共服务中的市场机制:理论、方式与技术[M]. 北京:北京大学出版社,2006.

[114] 唐娟. 政府治理论[M]. 北京:中国社会科学出版社,2006.

[115] 廖晓明,黄毅峰. 论我国政府在公共服务供给保障中的主导地位[J]. 南昌大学学报 (人文社会科学版),2005,36(1):17-21.

[116] 杨大明. 明理识途,尽心履职,切实加强旅游公共服务[EB/OL]. (2009-10-02). http://www. sxtour. gov. cn/tour _ netpaperview. asp? id=55.

[117] 李爽. 旅游公共服务供给机制研究[D]. 厦门:厦门大学,2008.

[118] 温锦英. 强化旅游公共服务 促旅游业持续发展[J]. 时代经贸,2008(11):132-133,135.

[119] 世博会课题组. 世博旅游公共服务体系研究 [EB/OL]. (2008-01-16). http://lyw. sh. gov. cn/research/index_42. aspx.

[120] 吴源,郭盛晖. 广州亚运旅游公共服务体系构建及保障措施[J]. 企业导报,2010(5):155-157.

[121] 董培海,李伟. 关于"旅游公共服务体系"的解读——兼评我国旅游公共服务体系建设[J]. 旅游研究,2010,2(4):86-90.

[122] 张泰城,王伟年. 旅游公共服务建设中地方政府行为分析[J]. 中州学刊,2009(4):114-118.

[123] 李爽,黄福才,李建中. 旅游公共服务:内涵、特征与分类框架[J]. 旅游学刊,2010,25(4):20-26.

[124] 黄燕玲,罗盛锋,丁培毅. 供需感知视角下的旅游公共服务发展研究——以桂林国家旅游综合改革试验区为例[J]. 旅游学刊,2010,25(7):70-76.

[125] 张萌,张宁,朱秀秀,等. 旅游公共服务:国际经验与启示[J]. 商业研究,2010(395):120—124.

[126] 徐菊凤. 旅游公共服务：理论与实践[M]. 北京：中国旅游出版社，2013.
[127] 国家旅游局.《中国旅游公共服务"十二五"专项规划》[Z]. 2011-12-30.
[128] 熊凯. 乡村意象与乡村旅游开发刍议[J]. 地域研究与开发，1999(3)：70-73.
[129] 彭大鹏，廖继超. 社区概念的变化及其在中西历史经验上的差异[J]. 中共四川省委党校学报，2008(3)：66-69.
[130] 黄大金. 中国乡村社区治理研究[D]. 长沙：湖南农业大学，2010.
[131] 刘小军. 对加强旅游公共服务的思考[J]. 旅游调研，2007(9)：12-13.
[132] BURTON W. Toward a Theory of the Voluntary Nonprofit Sector in Three-Sector Economy. In E. Phelps. eds. Altruism Morality and Economic Theory[M]. New York：Russel Sage，1974.
[133] 程遂营. 中国乡村旅游：现状、热点与薄弱环节[J]. 旅游学刊，2006(4)：10-11.
[134] 陈海威，田侃. 我国建立基本公共服务体系问题探讨[J]. 理论导刊，2007(6)：44-45.
[135] 蔡放波. 略论加快建设我国基本公共服务体系[J]. 学习与实践，2007(5)：62-69.
[136] 钱红. 完善农村公共服务体系的思考[J]. 中共云南省委党校报，2005，6(5)：122-124.
[137] 李爽，甘巧林，刘望保. 旅游公共服务体系：一个理论框架的构建[J]. 北京第二外国语学院学报，2010(5)：8-15.
[138] 黄平芳，朱美兰. 乡村旅游社区的民生需求及建设实证研究[J]. 农林经济管理学报，2014，13(5)：558-563.
[139] 吴国清. 跨行政区旅游公共服务一体化提供机制设计[J]. 商业经济与管理，2014(5)：45-50.
[140] 唐松. 乡村旅游问题、困境与出路[J]. 中国乡镇企业，2014(1)：10-13.
[141] DAUGSTAD K. Negotiating landscape in rural tourism[J]. Annals of Tourism Research，2008，35(2)：402-426.
[142] MARTILIA JA，JAMES JC. Importance－performance analysis[J]. Journal of Marketing，1977，41(1)：77-79.
[143] 王莹，秦勤. 乡村旅游公共服务供需现状与对策研究——基于浙江龙

泉“农家乐”特色村的调查[J]. 安徽农业科学. 2013,41(19):8220-8222.

[144] 李庆雷,杨春和. 地方政府竞争:理解中国旅游经济现象的重要视角[J]. 湖南财政经济学院学报,2012,28(125):78-84.

[145] 高明. 我国农村公共物品政策演变:论从制度外走向制度内供给的必然[J]. 华中农业大学学报(社会科学版),2012(4):1-6.

[146] 汪永成. 亲流动性要素的服务型政府:形成机理与矫正策略——一种分析和解决当前中国民生问题的新视角[J]. 学习与探索,2008(3):46-52.

[147] 李涛,周业安. 中国地方政府间支出竞争研究——基于中国省级面板数据的经验证据[J]. 管理世界,2009(2):12-22.

[148] 傅勇,张晏. 中国式分权与财政支出结构偏向:为增长而竞争的代价[J]. 管理世界,2007(3):4-12.

[149] 张新文,李文军. 论我国地方政府公共服务的“趋中”供给及治理取向[J]. 东北大学学报,2010,12(6):524-528.

[150] 张培,刘婧. 论地方政府“旅游形象工程”的“虚”与“实”[J]. 和田师范专科学校学报,2006,26(2):36-37.

[151] 姜炳寅,张晓光,李惠. 农村公共物品供需矛盾及对策研究[J]. 农村财政与财务,2005(3):17-19.

[152] 王嘉让. 西部地方政府公共服务创新[J]. 陕西省经济管理干部学院学报,2005,19(1):28-31.

[153] 唐忠义,顾杰,张英. 我国公共服务监督机制问题的调查与分析[J]. 中国行政管理,2013(1):19-22.

[154] 顾杰. 有公共服务必有公共服务监督[N]. 光明日报,2012-106-21.

[155] 滕锡尧,王朋琦. 试论新农村建设中的“共同利益”和“公共服务”[J]. 中国浦东干部学院学报,2011,5(5):52-56.

[156] 麻宝斌,季英伟. 中国基本公共服务均等化改革分析[J]. 社会科学战线,2009(12):162-167.

[157] 彭涛,唐未兵. 以投资结构调整促进经济发展方式转变[N]. 光明日报,2014-04-09(15).

[158] 钱益春. 旅游基础设施融资模式初探[J]. 特区经济,2006(9):241-242.

[159] 杨玲. 支持河南省旅游产业发展的财政政策研究[J]. 河南社会科学,2007,15(4):25-27.

[160] 熊元斌,常文娟. 旅游公共服务市场化中的政府作为研究[J]. 生产力研究,2013(1):102-103.

[161] 李爽,甘巧林,尹丹丹,等. 广州市旅游公共服务供给现状与路径优化研究[J]. 热带地理,2010,30(4):430-434.

[162] 高军波,周春山. 西方国家城市公共服务设施供给理论及研究进展[J]. 世界地理研究,2009,18(4):81-89.

[163] Black,Duncan. The Theory of Committees and Elections[M]. Cambridge: Cambridge University Press,1958.

[164] 詹姆斯·M·布坎南,戈登·塔洛克. 同意的计算——立宪民主的逻辑基础[M]. 北京:中国社会科学出版社,2000.

[165] 邱丽果. 多中心理论视角下对我国农村公共物品供给制度的思考[J]. 才智,2010(15):190-192.

[166] 郑淑娟. 多中心理论视角下的社区公共物品供给[J]. 湖南工业职业技术学院学报,2007,7(4):45-47.

[167] 戴维·奥斯本,特德·盖布勒. 改革政府:企业家精神如何改革者公营部门[M]. 上海:上海译文出版社,1996.

[168] 刘露. 多中心治理视角下的旅游公共服务模式探究[J]. 商业时代,2012(7):101-103.

[169] 雷彦沛. 社区公共物品供给治理与多中心理论论略[J]. 新西部,2007(4):53-55.

[170] ES 萨瓦斯. 民营化与公司部门伙伴关系[M]. 北京,中国人民大学出版社,2003.

[171] 盖伊·彼得斯. 政府未来的治理模式[M]. 北京,中国人民大学出版社,2001.

[172] PIERRE J. The Marketization of the State: Citizens, Consumers, and the Emergence of Public Market. in B. Guy Peters and Donald J. Savoie ,eds. Governance in a Changing Environment[M]. London: McGiII-Queen's Press,1994.

[173] 唐纳德·凯特尔. 权力共享:公共治理与私人市场[M]. 北京:北京大学出版社,2009.

[174] 阮萌. 当代公共物品市场化供给的国际经验及启示[J]. 经济纵横,2009(1):107-109.

[175] 邢淑霞. 西方公共服务市场化的经验与启示[J]. 商业时代,2009(16):32-33.

[176] 孙璐,吴瑞明.公共服务市场化存在的问题与对策[J].安徽农业科学,2007,35(8):2479-2481.

[177] 李砚忠.关于我国公共服务市场化若干问题的分析[J].社会科学,2007(8):61-66.

[178] 魏娟.政府在公共基础设施建设市场化中的作用探析[D].重庆:西南政法大学,2008.

[179] 李慧.公共产品供给过程中的市场机制[D].天津:南开大学,2010.

[180] 古明加.论我国农村公共产品供给的市场化[J].学术论坛,2007(1):86-89.

[181] 熊元斌,常文娟.旅游公共服务市场化中的政府作为研究[J].生产力研究,2013(1):102-103,113.

[182] 李爽,黄福才,钱丽芸.旅游公共服务多元化供给:政府职能定位与模式选择研究[J].旅游学刊,2012,27(2):13-22.

[183] 董培海,李伟.关于"旅游公共服务体系"的解读:兼评我国旅游公共服务体系建设[J].理论参考,2012,2(4):86-90.

[184] 安金明.完善旅游公共服务要强调三个融合[J].旅游学刊,2012,27(3):4-5.

[185] 郁义鸿.产业链类型与产业链效率基准[J].中国工业经济,2005(11):35-42.

[186] 李万立.旅游产业链与中国旅游业竞争力[J].经济师,2005(3):123-124.

[187] 刘贵富,赵英才.产业链:内涵、特性及其表现形式[J].财经理论与实践,2006(3):114-117.

[188] 杨公朴,夏大慰.现代产业经济学[M].上海:上海财经济大学出版社,2002.

[189] 龚勤林.论产业链构建与城乡统筹发展[J].经济学家,2004(3):121-123.

[190] 蒋国俊,蒋明新.产业链理论及其稳定机制研究[J].重庆大学学报(社会科学版),2004(1):36-38.

[191] 李心芹,李仕明,兰永.产业链结构类型研究[J].电子科技大学学报(社科版),2004(4):60-63.

[192] 郑学益.构筑产业链,形成核心竞争力——兼谈福建发展的定位及其战略选择[J].福建改革,2000(8):14-15.

[193] 刘贵富.产业链的基本内涵研究[J].工业技术经济,2007,26(8):

92-96.
[194] 李心芹,李仕明等.产业链结构类型研究[J].电子科技大学学报(社科版),2004(4):60-63.
[195] 张晶.基于旅游产业链视角下对转型升级的思考——以贵州乡村旅游为例[J].林业经济,2012(5):58-60.
[196] 王起静.转型时期我国旅游产业链的构建[J].山西财经大学学报,2005,27(5):63-67.
[197] 杨丽娥.旅游产业链刍议[J].经济问题探索,2008(6):122-124.
[198] 赵磊,夏鑫,全华.基于旅游产业链延伸视角的县域旅游地演化研究[J].经济地理,2011,31(5):874-880.
[199] 陈丽如.四川省旅游产业链整合升级对策研究[J].成都工业学院学报,2014,17(1):25-27.
[200] 弓志刚,李亚楠.乡村旅游产业链共生系统的特征及模式的演化和构建——以山西省为例[J].农业现代化研究,2011,32(1):73-77.
[201] 赵承华.我国乡村旅游产业链整合研究[J].农业经济,2007(5):18-19.
[202] 迈克尔·波特.竞争优势[M].北京:华夏出版社,2005.
[203] 卢明华,李国平.全球电子信息产业价值链及对我国的启示[J].北京大学学报(哲学社会科学版),2004,41(4):63-69.
[204] 陈柳钦.论产业价值链[J].南京商学院学报,2007,23(4):57-63.
[205] 张捷,张进,刘佳.基于价值链理论的科学技术与旅游业结合模式研究[J].旅游科学,2005,19(1): 12-16.
[206] 黄继元.旅游企业在旅游产业价值链中的竞争与合作[J].经济问题探索,2006(9):97-101.
[207] 江波,夏惠.信息化条件下的旅游产业价值链[J].湖南广播电视大学学报,2008(1):82-83.
[208] 贺红权,张婉君,刘伟.旅游产业价值链解读[J].华东经济管理,2011,25(8):46-48.
[209] 吕华鲜,尹铎.昭平县旅游产业价值链整合研究[J].广东农业科学,2011,38(7):182-184.
[210] 劳本信,杨路明.电子商务环境下的旅游价值链重构[J]. 商业时代,2005(23): 78.
[211] 张红凤.西方规制经济学的变迁[M].北京:经济科学出版社,2005.
[212] 陈宏平,陇小渝.规制的困惑——规制政策的动态演变及其成本分析

[J]. 西南师范大学学报(哲学社会科学版),1999,25(1):6—16.

[213] 陈富良. 我国经济转轨时期的政府规制[M]. 北京:中国财政经济出版社,2000.

[214] 汤在新. 宏观调控和微观规制、产业政策[J]. 当代经济研究,2000(5):39-42.

[215] 王健,王红梅. 中国特色政府规制理论新探[J]. 中国行政管理,2009(3):36-40.

[216] 肖兴志,王萍. 规制研究中的若干理论问题[J]. 上海行政学院学报,2001(2):80-86.

[217] 王健. 理顺宏观调控和微观规制关系[J]. 国家行政学院学报,2002(5):20-25.

[218] 钱津. 论市场经济中的微观规制[J]. 经济纵横,2008(8):25-29.

[219] BRIASSOULIS H. Sustainable tourism and the question of the commons[J]. Annals of Tourism Research , 2002, 29(4): 1065—1085.

[220] 梁明珠,王伟. 公共性旅游资源开发与保护的政府规制研究[J]. 人文地理,2010(6):150-153.

[221] 张守艳. 论风景名胜区旅游资源的政府规制[J]. 山东师范大学学报(自然科学版),2005,20(1):75-77.

[222] 章尚正,马贤胜. 旅游资源开发与保护中的制衡机制失衡与政府规制优化[J]. 旅游科学,2009,23(5):1-7.

[223] 魏翔,朱德良. 基于公共经济学的旅游经济政府规制研究[J]. 经济问题探索,2005(12):109-111.

[224] 邹统钎,马欣,张昕玲,等. 乡村旅游可持续发展的动力机制与政府规制[J]. 杭州师范大学学报(社会科学版),2006(2):64-67.

[225] 单新萍,魏小安. 乡村旅游发展的公共属性、政府责任与财政支持研究[J]. 经济与管理研究,2008(2):64-68.

[226] 邓新,张露平. 激励性规制理论的产生过程研究[J]. 湖北行政学院学报,2007(5):110-111.

[227] 植草益. 微观规制经济学[M]. 北京:中国发展出版社,1992.

[228] 刘华涛. 政府激励性规制理论述评[J]. 行政论坛,2007(2):11-13。

[229] STIGLER GJ. The Theory of Economic Regulation[J]. Bell Journal Economics, 1971(2):3-21.

[230] 于良春. 自然垄断与政府规制——基本理论与政策分析[M]. 北京:

经济科学出处社,2003.

[231] 陈富良.放松、规制与强化规制——论转型经济中的政府规制改革[M].上海:上海三联书店,2001.

[232] DEMSET2 H. Why Regulate Utilities? [J]. Journal of Law and Economics, 1968(11):55-65.

[233] LOEB M, MAGAT W. A decentralized Method of Utility Regulation[J]. Journal of Law and Economics,1979,22(2):399-404.

[234] LAFFONT J-J, TIROLE J. Using Cost Observation to Regulate Firms[J]. Journal of Politic Economy,1986,94(3):614-641.

[235] Shleifer, A. A Theory of Yardstick Competition[J]. Rand Journal of Economics, 1985(16):319-327.

[236] 王俊豪.政府管制经济学导论——基本理论及其在政府管制实践中的应用[M].北京:商务印书馆,2001.

[237] 张锐,李华.中国电力产业激励性价格规制的比较分析与选择[J].社会科学辑刊,2005(5):97-100.

[238] 张德昌.中国自然垄断产业激励性规制改革[D].沈阳:辽宁大学,2006.

[239] 唐欣.公用事业市场化背景下的政府激励性规制研究[D].广州:暨南大学,2007.

[240] 赵舒,王伟,孙利辉.激励性规制在电信产业中的应用分析[J].产业经济研究,2005(2):34-38.

[241] 孙玉升.中国铁路产业激励性规制改革研究[D].沈阳:辽宁大学,2011.

[242] 田赫.我国城市公交行业的激励性规制研究[D].沈阳:辽宁大学,2013.

[243] 冯中越,石宏锋.城市公用事业的管制与竞争研究——以北京市燃气行业为例[J].北京社会科学,2005(3):24-30.

[244] 沈航.激励性规制在电力行业中的应用[J].商业经济,2013(3):87-88.

[245] 梁明珠,王伟.公共性旅游资源开发与保护的政府规制研究[J].人文地理,2010(6):150-153.

[246] 王莹,金刘江.供应链视角下"农家乐"服务品质提升探讨[J].商业研究,2010(11):169-173.

[247] 黄继元.旅游企业在旅游产业价值链中的竞争与合作[J].经济问题

探索,2006(9):97-101.
[248] 弓志刚,李亚楠.乡村旅游产业链共生系统的特征及模式的演化和构建——以山西省为例[J].农业现代化研究,2011,32(1):73-77.
[249] 张朝枝,邓曾,游旺.基于旅游体验视角的旅游产业价值链分析[J].旅游学刊,2010,25(6):19-25.
[250] 汪延明.区域产业链信任治理－以青藏地区旅游业为例的研究[J].经济管理,2014,36(3):29-39.
[251] 邓新,张露平.激励性规制理论的产生过程研究[J].湖北行政学院学报,2007(5).110-111.
[252] 植草益.微观规制经济学[M].北京:中国发展出版社,1992.
[253] 曹永栋,陆跃祥.西方激励性规制理论研究综述[J].中国流通经济,2010(1):33-36.
[254] 何大安.产业规制的主体行为及其效应[M].上海:格致出版社,2012.
[255] 王树文.我国公共服务市场化改革与政府管制创新[M].北京:人民出版社,2013.
[256] Demsetz,Harold. Why regulate Utilities[J]. Journal of Law and Economics, 1968(11):55-65.
[257] LITTLECHILD S. Regulation of British Telecommunications Profitability[M]. London : HMSO,1983.
[258] AVERCH H, JOHNSON L. Behavior of the Firm under Regulatory Constraint [J]. American Economic Review, 1962 (52): 1052-1069.
[259] 赵孟营.从新契约到新秩序: 社会治理的现代逻辑[J].北京大学学报(哲学社会科学版),2015,52(2):106-114.
[260] 海峡 ,杨宏山.激励性规制: 政府规制发展的新趋势[J].陕西行政学院学报,2007,21(4):36-39.
[261] 李淑英.社会契约论视野中的企业社会责任[J].中国人民大学学报,2007,(2):51-57.
[262] 让-雅克·拉丰,大卫·马赫蒂摩.激励理论:委托—代理模型[M].北京:中国人民大学出版社,2002.
[263] 戴中亮.委托—代理理论述评[J].商业研究,2004(19):98-100.
[264] 苏琦,陈法仁,彭翀.股东、政府及管理层之间的委托代理分析[J].当代经济管理,2007,29(2):45-50.

[265] 王燕,李文兴.网络产业价格规制对投资行为的扭曲及改进方案[J].中国软科学,2004(8):92-96.
[266] 埃莉诺.奥斯特罗姆.公共事物的治理之道[M].上海:上海三联出版社,2000.
[267] OSTROM E,BURGER J,FIELD C B. Revisiting the commons: Local lessons, global challenges [J]. Science, 1999, 284 (5412): 278-282.
[268] 陈晓春.私人产品与公共产品的性质与成因研究[J].湖南大学学报(社会科学版),2002,16(6):36-39.
[269] 程浩,管磊.对公共产品理论的认识[J].河北经贸大学学报,2002(6):10-17.
[270] 吕江.准公共产品与非营利组织刍议[J].中共山西省委党校学报,2006,29(5):63-65.
[271] 朱红琼,汪洋,张彩梅.准公共产品成本补偿的规范分析[J].贵州财经学院学报,2003(1):40-42.
[272] 李中义,胡续楠.公共产品的特征、均衡及其有效供给[J].国有经济评论,2014,6(2):31-43.
[273] 付海萍.公共产品理论和市场化改革[J].西部财会,2005,(1):18—19.
[274] 杨丽,雷霆.基础民主政治建设与新疆农村纯公共产品供给体系的完善[J].经济问题,2007(7):99-101.
[275] 刘涛.乡村旅游专业合作社发展研究——基于莱芜城岭村和房干村的案例分析[J].社会科学家,2012(1):77-81.
[276] 胡敏.我国乡村旅游专业合作组织的发展和转型——兼论乡村旅游发展模式的升级[J].旅游学刊,2009,24(2):70-74.
[277] 周格粉,肖晓.全产业链模式:我国区域乡村旅游发展的重要选择[J].广东农业科学,2013(3):234-236.
[278] 赵磊,夏鑫,全华.基于旅游产业链延伸视角的县域旅游地演化研究[J].经济地理,2011,31(5):874-880.
[279] 刘静雅,张荣林.我国农民专业合作经济组织发展问题研究[J].山东大学学报,2007(3):155-120.
[280] 黄丽.土地股份合作制:农业高新技术扩散的内生性制度保证[J].西北农林科技大学学报(社会科学版),2008,8(4):12-15.
[281] 刘贵富.生态产业链研究——产业链基本理论[M].长春:吉林科学

出版社,2006.

[282] 周绍明.市场能否在资源配置中起决定性作用取决于政府如何发挥作用[N].光明日报,2014-104-9(15).

[283] 张环宙,许欣,周永广.外国乡村旅游发展经验及对中国的借鉴[J].人文地理,2007,(4):82-85.

[284] LESSON J D. Environment Law [M]. London: Pitman Publishing,1995.

[285] 杨丽君.英国乡村旅游发展的原因、特征及启示[J].世界农业,2014(7):157-161.

[286] 侯作前.旅游公共服务体系完善与提升的保障[N].中国旅游报,2013-105-13(2).

附1：

乡村旅游公共服务的需求与现状调查

尊敬的女士、先生：

为了了解您对乡村旅游社区公共服务的需求，以及当前乡村旅游公共服务的发展状况，我们正在进行一项专题研究，在此诚挚邀请您填写这份问卷，您的意见和建议将为我们提供非常重要的参考价值。本问卷只用于我们的课题研究，并采取不记名方式填写，我们承诺决不会公开您的任何个人信息，敬请放心！非常感谢您的支持与配合，祝您幸福安康，合家欢乐！

调研工作者姓名：________

一、对乡村旅游公共服务要素的需求与评价

1. 以下内容涉及乡村旅游公共交通服务。您对其重要性的具体评判及满意程度为（请在相应的方框内打钩√，下同）：

编号	乡村旅游公共交通服务	重要程度						满意程度				
		不重要	不太重要	介于中间	比较重要	非常重要	不清楚	不满意	不太满意	介于中间	比较满意	非常满意
Q1	旅游交通的通达性及便捷度											
Q2	乡村观光巴士/乡村旅游专线车											
Q3	车站及旅游集散中心建设											
Q4	旅游导示牌/交通引导标识建设											

续 表

编号	乡村旅游公共交通服务	重要程度						满意程度				
		不重要	不太重要	介于中间	比较重要	非常重要	不清楚	不满意	不太满意	介于中间	比较满意	非常满意
Q5	停车场建设											
Q6	自驾车旅游营地建设											
Q7	总体评价											

2. 以下内容涉及乡村旅游公共信息服务。您对其重要性的具体评判及满意程度为：

编号	乡村旅游公共信息服务	重要程度						满意程度				
		不重要	不太重要	介于中间	比较重要	非常重要	不清楚	不满意	不太满意	介于中间	比较满意	非常满意
Q8	获取乡村旅游信息的便捷性											
Q9	乡村旅游信息服务内容丰富性											
Q10	乡村旅游信息获取渠道多样性											
Q11	乡村旅游咨询服务中心建设											
Q12	乡村旅游热线电话/短信服务											
Q13	乡村旅游网站服务水平											
Q14	乡村旅游信息户外平台建设（如乡村旅游广告）											
Q15	总体评价											

3. 以下内容涉及乡村旅游安全保障服务。您对其重要性的具体评判及满意程度为：

编号	乡村旅游安全保障服务	重要程度						满意程度				
		不重要	不太重要	介于中间	比较重要	非常重要	不清楚	不满意	不太满意	介于中间	比较满意	非常满意
Q16	乡村旅游安全预警/提示服务											
Q17	紧急救援及突发事件处置服务											
Q18	乡村旅游保险服务水平											
Q19	乡村旅游设施安全性/安全标识											
Q20	住宿安全											
Q21	饮食安全											
Q22	医疗保障水平											
Q23	总体评价											

4.以下内容涉及乡村旅游惠民便民服务。您对其重要性的具体评判及满意程度为：

编号	乡村旅游惠民便民服务	重要程度						满意程度				
		不重要	不太重要	介于中间	比较重要	非常重要	不清楚	不满意	不太满意	介于中间	比较满意	非常满意
Q24	乡村旅游社区厕所建设											
Q25	社区水电供应											
Q26	社区通信条件											
Q27	社区金融服务											
Q28	社区治安条件											
Q29	社区环境与卫生条件											
Q30	社区娱乐休闲设施建设											

续 表

编号	乡村旅游惠民便民服务	重要程度						满意程度				
		不重要	不太重要	介于中间	比较重要	非常重要	不清楚	不满意	不太满意	介于中间	比较满意	非常满意
Q31	乡村旅游景区/景点建设											
Q32	总体评价											

5.以下内容涉及乡村旅游行政服务。您对其重要性的具体评判及满意程度为：

编号	乡村旅游行政服务	重要程度						满意程度				
		不重要	不太重要	介于中间	比较重要	非常重要	不清楚	不满意	不太满意	介于中间	比较满意	非常满意
Q33	旅游者权益保护和投诉处理											
Q34	乡村旅游消费环境监督及监测											
Q35	乡村旅游优惠券的发放											
Q36	乡村旅游政策、法规的制定与落实											
Q37	政府财政支持											
Q38	乡村旅游规范和标准的制定											
Q39	从业人员职业技能培训服务											
Q40	乡村旅游专业人才培养											
Q41	乡村旅游形象宣传与推广											
Q42	乡村旅游规划制定与实施											

续 表

编号	乡村旅游行政服务	重要程度						满意程度				
		不重要	不太重要	介于中间	比较重要	非常重要	不清楚	不满意	不太满意	介于中间	比较满意	非常满意
Q43	乡土文化保护与挖掘及弘扬											
Q44	总体评价											

6.以下内容涉及乡村旅游地的软环境建设。您对其重要性的具体评判及满意程度为：

编号	乡村旅游地软环境建设	重要程度						满意程度				
		不重要	不太重要	介于中间	比较重要	非常重要	不清楚	不满意	不太满意	介于中间	比较满意	非常满意
Q45	乡村整体环境											
Q46	乡村自然风光											
Q47	乡村的村容村貌											
Q48	乡村社区居民态度											
Q49	经营者及服务人员的素质											
Q50	语言交流便利											
Q51	当地休闲度假/旅游氛围											
Q52	总体评价											

Q53. 总体评价，您对乡村旅游公共服务的重要性与满意程度是：

重要程度					满意程度				
不重要	不太重要	介于中间	比较重要	非常重要	不满意	不太满意	介于中间	比较满意	非常满意

Q54. 您对乡村旅游公共服务的供给和建设方面有何意见和建议？请写下来：

____

____

二、您的个人信息

Q55. 请问您的身份是(请在相应选项上打钩，下同)

1. 乡村旅游者　　2. 乡村旅游经营者　　3. 乡村旅游社区居民

Q56. 性　　别：1. 男　　2. 女

Q57. 婚姻状况：1. 已婚　　2. 未婚

Q58. 年　　龄：1. 15～24 岁　2. 25～34 岁　3. 35～44 岁　4. 45～54 岁　5. 55～64 岁　6. 65 岁以上

Q59. 文化程度：1. 小学　2. 初中　3. 中专、高中或职业学校　4. 大专或本科　5. 研究生或以上

以下问题请旅游者作答：

Q60. 所在地：

1. 本地

2. 浙江省内：________市

3. 浙江省外：________省(市)

Q61. 职业：

1. 公务员　　2. 企事业管理人员　　3. 专业/文教技术人员

4. 机构/公司职员　　5. 私营企业主　　6. 离退休人员

7. 工人　　8. 农民　　9. 军人

10. 学生　　11. 其他

Q62. 月收入：

1. 无收入　　2. 1000 元以下　　3. 1001～3000 元

4. 3001～5000 元　　5. 5001～8000 元　　6. 8001～10 000 元

7. 10 001～30 000 元 8. 30 001 元以上

Q63. 您本次旅游的交通方式：

1. 私家车　　2. 公共交通

Q64. 您是通过什么渠道了解本乡村旅游地的：

1. 亲朋好友　　2. 网络媒体　　3. 报纸电视等传统媒体

4. 政府宣传促销　　5. 旅行社　　6. 当地城市宾馆

7. 其他(请说明：________)

以下问题请经营者作答：

Q65. 您来自：1. 本地　　2. 外地

Q66. 您的经营类型是：

1. 农家乐(家庭农场)　2. 观光采摘园　3. 高科技示范园区

4. 生态农业园　5. 市民农园　6. 民俗文化村

7. 度假休闲农庄　8. 乡村旅游服务公司　9. 其他(请说明：______)

Q67. 投资金额：

1. 小于10万元　2. 11万元～50万元　3. 51万元～100万元

4. 101万元～500万元　5. 501万元～1000万元　6. 1000万元以上

Q68. 您认为当地乡村旅游发展的依托是：

1. 城市依托型　2. 产业依托型　3. 文化依托型

4. 景区依托型　5. 生态依托　6. 其他(请说明______)

Q69. 您的企业提供的服务有(可多选)：

1. 餐饮　2. 住宿　3. 棋牌

4. 垂钓　5. 采摘　6. 农业观光

7. 民俗体验　8. 体育健身项目　9. 休闲娱乐项目

10. 温泉度假　11. 其他(请说明：________)

再次感谢您的支持！衷心祝福您身体健康、生活愉快！

附 2：

乡村旅游公共服务市场化供给企业意愿调查

尊敬的女士/先生：

乡村旅游社区公共服务不仅能提升旅游者的旅游品质，也能为企业创造更好的经营环境。为进一步提高乡村旅游社区公共服务的供给水平，我们正在进行一项专题研究，调查乡村旅游产业链节点企业供给公共服务的意愿、内在动力、障碍因素以及激励措施等问题。在此诚挚邀请您填写这份问卷，您的意见和建议将是我们研究的重要依据。本问卷只用于我们的课题研究，并采取不记名方式填写，我们承诺决不公开您及您所在企业的任何信息，敬请放心！非常感谢您的支持与配合！祝您工作顺利，幸福安康！

问卷编号：________　　调研工作者姓名：________

一、您所在的企业属于（请在相应选项上打钩✓，下同）

1.观光采摘园	2.高科技示范园区	3.生态农业园
4.休闲度假农庄	5.文化企业	6.农作物种植企业
7. 农副产品加工企业	8.手工艺品加工企业	9.旅游策划规划公司
10. 旅游物资供应企业	11.旅行社	12. 旅游电子商务公司
13.酒店	14.旅游景区	15.交通企业
16.环保企业	17.咨询企业	18.其他（请说明：____）

二、您所在的企业是否直接接待乡村旅游者

1.是　　　2.否

三、请您站在企业的角度回答以下问题

A. 您的企业是否愿意提供乡村旅游公共服务？

编号	供给意愿	很不愿意	不很愿意	一般	愿意	很愿意
Q1	您的企业是否愿意为乡村旅游提供一些公共服务					
Q2	您的企业是否愿意与乡村旅游产业链上的相关企业分享部分企业内部资源(如信息、人力资源、渠道等)					

B. 您的企业有能力且愿意提供的乡村旅游公共服务有哪些？

编号	供给内容	完全没有能力	没有能力	一般	有能力	完全有能力	很不愿意	不很愿意	一般	愿意	很愿意
Q3	乡村道路建设										
Q4	停车场建设										
Q5	乡村厕所修建										
Q6	游客服务中心建设										
Q7	乡村露营地建设										
Q8	旅游标识系统建设										
Q9	乡村休闲娱乐设施建设										
Q10	排水、排污等基础设施建设										
Q11	村容村貌整治，乡村环境保护及美化										
Q12	乡村旅游安全设施建设										
Q13	乡村景观建设和保护										

续 表

编号	供给内容	完全没有能力	没有能力	一般	有能力	完全有能力	很不愿意	不很愿意	一般	愿意	很愿意
Q14	乡村节庆活动参与										
Q15	特色农副产品与工艺品设计与开发										
Q16	特色乡村旅游产品与服务开发										
Q17	乡土文化保护与挖掘及弘扬										
Q18	帮扶经营者提高服务技能										
Q19	帮助社区居民提高旅游意识										
Q20	提供乡村社区居民就业机会										
Q21	分享企业信息服务平台										
Q22	分享企业营销渠道										
Q23	提供旅游志愿者服务										
Q24	协助乡村旅游社区开展宣传推广工作										

除此之外，您的企业有能力且愿意提供的乡村旅游公共服务还有哪些？

____

____

C. 您的企业愿意提供乡村旅游公共服务的内在动力是：

编号	内在动力	不同意	不很同意	一般	同意	非常同意
Q25	企业可获得直接的经济利益					
Q26	企业可获得间接的经济利益					
Q27	有助于企业树立良好的形象					
Q28	有助于丰富企业文化内涵					
Q29	有助于提升企业的品牌形象					
Q30	体现企业应有的社会责任					
Q31	营造企业良好的发展环境					

D. 您认为目前影响企业提供乡村旅游公共服务的障碍因素是：

编号	障碍因素	不同意	不很同意	一般	同意	非常同意
Q32	政府鼓励政策不明朗					
Q33	经营期限过短且不愿提供					
Q34	政府缺乏配套激励措施或激励程度不够					
Q35	不能给企业经营创造实际价值					
Q36	企业不具备提供乡村旅游公共服务能力					
Q37	乡村旅游公共服务不应由企业来承担					
Q38	企业缺乏投资信息与投资渠道					
Q39	政府缺乏引导与组织					
Q40	没能构建企业与乡村旅游利益关系					

除此之外，您认为目前影响您企业提供乡村旅游公共服务的障碍因素还有哪些？

____

____

E. 您认为政府应该采取何种激励措施会激发您的企业提供乡村旅游公共服务?

编号	政府激励措施	不同意	不很同意	一般	同意	非常同意
Q41	制定鼓励政策					
Q42	搭建企业与乡村旅游的桥梁并为企业营造良好的经营环境					
Q43	加强对企业的宏观指导和服务					
Q44	建立完善契约制度					
Q45	给予企业财政资金支持					
Q46	落实税收减免优惠政策					
Q47	奖励推动乡村旅游公共服务发展的企业					
Q48	允许企业从中获取一些经济利益					
Q49	土地政策要有所倾斜					
Q50	解决企业融资问题					
Q51	简化企业行政审批手续					
Q52	为企业提供技术支持					
Q53	建立完善的保险体系					

除此之外,您认为政府还应该采取的激励措施有哪些?

____

____

再次感谢您的支持!衷心祝福您身体健康、生活愉快!